FORSCHUNG ZUM
SACHUNTERRICHT

PROBLEME UND PERSPEKTIVEN DES SACHUNTERRICHTS, BAND 7

FORSCHUNG ZUM SACHUNTERRICHT

herausgegeben

von

Brunhilde Marquardt-Mau, Walter Köhnlein
und Roland Lauterbach

KLINKHARDT

1997

VERLAG JULIUS KLINKHARDT · BAD HEILBRUNN

Schriftenreihe der
Gesellschaft für Didaktik des Sachunterrichts e.V.

und des Instituts für die Pädagogik der Naturwissenschaften

GD/SU Die Gesellschaft für Didaktik des Sachunterrichts (GDSU) e.V. ist ein Zusammenschluß von Lehrenden aus Hochschule, Lehrerfort- und Weiterbildung und Schule. Ihre Aufgabe ist die Förderung der Didaktik des Sachunterrichts als wissenschaftlicher Disziplin in Forschung und Lehre sowie die Vertetung der Belange des Schulfaches Sachunterricht.

IPN Institut für die Pädagogik der Naturwissenschaften (IPN)
an der Universität Kiel, Olshausenstr. 62, 24098 Kiel

Das IPN ist ein Institut der Wissenschaftsgemeinschaft Blaue Liste und wird als Forschungseinrichtung des Landes Schleswig-Holstein gemäß der „Rahmenvereinbarung Forschungsförderung zwischen Bund und Ländern" finanziert. Seine Aufgabenstellung ist überregional und gesamtstaatlich.
Das IPN soll durch seine Forschungen die Pädagogik der Naturwissenschaften weiterentwickeln und fördern.
Das Institut gliedert sich in die Abteilungen Didaktik der Biologie, Didaktik der Chemie, Didaktik der Physik, Erziehungswissenschaften, Pädagogisch- Psychologische Methodenlehre (einschließlich Datenverarbeitung) und die Zentralabteilung.

Die Deutsche Bibliothek – CIP-Einheitsaufnahme

Forschung zum Sachunterricht / hrsg. von Brunhilde Marquardt-Mau ... - Bad Heilbrunn : Klinkhardt, 1997
(Probleme und Perspektiven des Sachunterrichts ; Bd. 7)
ISBN 3–7815–0876–5
NE: Marquardt-Mau, Brunhilde [Hrsg.]; GT

Gesamtherstellung: WB-Druck GmbH & Co. Buchproduktions-KG, Rieden
Printed in Germany 1997
Gedruckt auf chlorfrei gebleichtem alterungsbeständigem Papier
ISBN 3–7815–0876–5

Inhalt

Vorwort

Der vorliegende Band enthält eine Auswahl an Vorträgen, die auf der Jahrestagung 1996 der GDSU zum Thema „Forschung zum Sachunterricht" gehalten und für diese Publikation ausgearbeitet wurden, ergänzt durch einen Beitrag zu den curricularen Entwicklungen und Forschungsaufgaben für den Sachunterricht in Japan.

Wir knüpfen damit an die Konzeption der vorausgegangenen sechs Bände an und hoffen, mit der Buchreihe den Diskurs zum Sachunterricht in Forschung, Lehre und Praxis - auch über die unmittelbaren Belange unserer Gesellschaft hinaus - zu fördern.

Durch das Entgegenkommen des Instituts für die Pädagogik der Naturwissenschaften (IPN) an der Universität Kiel war es möglich, diesen Band relativ rasch nach Band 6 zu drucken und diese Reihe damit wieder in den Zeitplan der Jahrestagungen einzupassen. Ohne den unermüdlichen Einsatz von Edeltraut Glockner und Barbara Kämper wäre dies jedoch nicht gelungen. Dafür danken wir allen Beteiligten sehr herzlich.

Die Herausgeber

Fachdidaktische Forschung für den Sachunterricht: Einleitung

Roland Lauterbach, Universität Leipzig

Vom 14. bis 17. März 1996 fand die 5. Jahrestagung der Gesellschaft für die Didaktik des Sachunterrichts (GDSU) in Leipzig statt. Das Thema der Tagung hieß Forschung zum Sachunterricht. Die frühe Skepsis, ob es genügend Interesse bei den Mitgliedern wecken könne, erwies sich als unbegründet. Die Anzahl der eingereichten Beiträge wie die der Tagungsteilnehmer übertraf die der Vorjahre. Die Aufsätze in diesem Band - mit Ausnahme des Beitrags von N. Harada - haben die Autoren aus den Leipziger Tagungsbeiträgen entwickelt.

Die GDSU hatte ihre Mitglieder dazu eingeladen,

- von Ihren Forschungen zu berichten,
- einzelne Forschungsfragen zu präzisieren,
- vorliegende Forschungen zu kommentieren und zu diskutieren,
- den Gebrauchswert von Forschungsergebnissen für Unterricht, Lehrplanentwicklung, Lehrerbildung und Bildungsplanung zu prüfen,
- aber auch grundsätzlicher nach der Rolle von Forschung und dem Verhältnis von Forschung und Lehre für die Didaktik des Sachunterrichts zu fragen,
- methodologische Probleme zu bearbeiten,
- Forderungen für Forschungsvorhaben zu begründen,
- Kriterien für Forschung zu entwickeln und
- Aufgaben zu definieren, die wir als Gesellschaft anzugehen hätten.

Die Tagung selbst erbrachte vor allem eine Bestandsaufnahme des Forschungswissens und der Forschungsmethoden, die für die Didaktik des Sachunterrichts und damit für den Sachunterricht bedeutsam sind. Die Klärung ihrer Relevanz, um Prioritäten setzen zu können, und die Suche nach charakteristischen Forschungstypen, um die Ziele und Aufgaben der Didaktik des Sachunterrichts wirksam unterstützen zu können sowie Verständigung und Kooperation zu erleichtern, wurden auf den Herbst vertagt[1].

Der Komplex Forschung folgte zwangsläufig aus den vorausgegangen Jahresthemen: Sowohl die Verhandlungen zum Curriculum Sachunterricht als auch die Beiträge zur Lehrerbildung Sachunterricht hatten mehr Fragen aufgeworfen als Antworten gegeben.

Systematisch resultierte daraus die Forderung nach weiterführender Forschung: Mit ihr sollen methodisch hinreichend verläßliche Antworten wenigstens auf die prinzipiell beantwortbaren Fragen gefunden werden.

Für die GDSU war noch ein struktureller Grund von Bedeutung. Die Ausbildung der Grundschullehrerinnen und Grundschullehrer an Universitäten bleibt ohne die Entwicklung eigenständiger empirischer Forschung gefährdet. Lehre und Forschung sind aus historischen und systematischen Gründen aufeinander angewiesen. Ihren Stellenwert für die Lehrerbildung habe ich - wie andere Autoren in Band 6 dieser Reihe[2] - diskutiert.

Ich möchte daran erinnern und zweierlei ergänzen:

1. Auf der Jahrestagung 1995 ging es um die Lehrerausbildung, genauer um Fragen des Studiums. In diversen Beiträgen und in den Diskussionen gewann das Thema Forschung zunehmend an Bedeutung.

- Wie realistisch ist es, daß Studierende für das Lehramt an Grundschulen forschend studieren?
- Wie sind Theorie und Praxis im Studium aufeinander zu beziehen?
  Welche Rolle spielt dabei die Forschung?
- Wie verhalten sich Forschung und Lehre inhaltlich und organisatorisch zueinander?

Das waren nur einige der Fragen. Offensichtlich sind sie ohne ein geklärtes Forschungsverständnis bedeutungslos. Daß sich die GDSU diese Fragen gewissermaßen vor aller Wissenschaftspraxis stellt und auch stellen muß, ist zunächst historisch bedingt. Für an den Universitäten etablierte Disziplinen gelten weiterhin die Feststellungen Knorr-Cetinas, Forscher handelten quasichaotisch und bezüglich der Geltung ihrer Tätigkeit oft methodologisch

[1] Die 4. Jahrestagung Grundschulforschung fand vom 26. bis 28.9.1996 in Dortmund statt. Dort befaßte sich die Arbeitsgruppe Sachunterrichtsforschung mit empirischen Forschungsparadigmen.

[2] Vgl. Marquardt-Mau, B. et al.: Lehrerausbildung Sachunterricht. Bad Heilbrunn: Klinkhardt.

schlicht. Der institutionalsierte Rahmen und die eingespielten sozialen Kontrollen regulieren die Forschungspraxis.

Die Didaktik des Sachunterrichts ist eine junge Wissenschaft, auch wenn die Leipziger Pädagogen schon vor mehr als einhundert Jahren die Zugehörigkeit der gesamten Lehrerausbildung zur Universität für in der Sache selbstverständlich ansahen. Ihre Prinzipien und Regulativen der Forschung haben sich noch nicht entwickelt, geschweige denn in Forschungsstilen manifestiert. Es gelten zunächst noch die Maßstäbe und Orientierungen aus den etablierten Disziplinen. Abweichungen werden selten honoriert, selbst wenn diese fachlich erforderlich sind. Sie werden eher als mangelnde Formatierung der disziplinären Wissenschaftspraxis ausgelegt. Zum methodologischen Problem kommen Fragen der Dignität und damit der Wertschätzung des Forschungsgegenstandes. Hier nun werten Universitäten die Optimierung der Entwicklungsbedingungen für junge Menschen oftmals geringer als für nachwachsende pflanzliche Rohstoffe. Die Einsicht, daß der größte Finanzskandal jeder Volkswirtschaft im Verzicht auf die Frühförderung ihrer Menschen liegt, hat sich bis heute nicht überall durchgesetzt.

2. Die Didaktik des Sachunterrichts zählt zu den Fachdidaktiken. Sie befindet sich bei genauer Prüfung in demselben Dilemma wie die Fachdidaktiken der traditionellen Schulfächer. Diese hätten zu klären, ob sie sich als Didaktik der Schulfächer, beispielsweise als Didaktik des Geschichtsunterrichts, des Physikunterrichts, des Biologieunterrichts, des Gemeinschaftskundeunterrichts, oder als Didaktik der Korrespondenzdisziplinen, beispielsweise der Physik, Biologie, Geschichte und jeder anderen an der Universität vertretenen Disziplin oder eines Disziplinenverbunds verstehen.

Didaktik der Gemeinschaftskunde signalisiert als Begriff - wie *Didaktik des Sachunterrichts* auch - eine Didaktik des Schulfachs, d.h. *dessen* Kritik und Rekonstruktion ist beabsichtigt, nicht aber die einer wissenschaftlichen Disziplin oder eines Weltzusammenhanges.

Die schlichte Vorstellung, Didaktik bezeichnete die affirmative Vermittlung eines Wissensbestandes an die junge, die nachkommende Generation, halte ich seit J.A. Comenius für historisch überholt und systematisch nicht begründet. Eine Didaktik vom Fach zu eben diesem Zwecke führt lediglich zu dem bekannten Vorschlag, man möge die Didaktik - und damit auch die Ausbildung der Lehrer - den Lehrern selbst überlassen. Sie seien ohnehin in der schulischen Vermittlung des bewährten Wissensbestandes geübt. Dagegen setzen sich Fachdidaktiker der Hochschulen zwar zur Wehr und die GDSU hat sich dem Protest zwangsläufig angeschlossen. Er überzeugt jedoch nur zum Teil, wenn am institutionellen Ort der Fachdidaktik kein eigenes attraktives Forschungsfeld entsteht und der Auftrag von Fachdidaktik sich auf die Vermittlung bekannten Wissens beschränkt.

Folglich ist es nicht ohne Risiko für die Didaktik des Sachunterrichts, wenn sie sich nur als Wissenschaft vom Lehren und Lernen *im* Sachunterricht versteht und innerhalb des Existenzsrahmens dieses Schulfaches verbleibt. Sie wäre dann etabliert, wenn ihre Erkenntnisse gesellschaftlich als unverzichtbar über die Grenzen des Unterrichts hinaus angesehen werden.

Die Didaktiken der Naturwissenschaften haben beispielsweise eigene Fragestellungen und auch Forschungsmethoden entwickelt, die originär nur in diesen Fachdidaktiken, anderswo aber nicht erarbeitet werden konnten. So gilt die physikdidaktische Interessensforschung keinem psychologischen oder allgemeindidaktischen pädagogischen Forschungszweig nachgeordnet, gleiches trifft auch für die naturwissenschaftsdidaktische Vorstellungsforschung zu. Es handelt sich inzwischen um selbständige Forschungsgebiete der Fachdidaktiken, deren Herkunft sich zwar über die Personen, die sie vertreten, auf ältere Disziplinen zurückverfolgen lassen, die aber erkennbar nicht mehr zurück in die Herkunftsdisziplin führen. Sie bieten diesen nunmehr neues Wissen an, das diese aus sich selbst wohl kaum entwickelt hätten, und sie bieten ihr Wissen auch anderen gesellschaftlichen Subsystemen an, die sich vordem kaum um die naturwissenschaftlichen Fachdidaktiken gekümmert haben.

Die Didaktik des Sachunterrichts ist noch eine sehr junge Universitätsdisziplin. Sie wird sich den universitären Traditionen kaum ohne Schaden verschließen können. Dazu gehört die Idee und das Ideal der Grundlagenforschung. Danach hätte die Didaktik des Sachunterrichts ein eigenständiges empirisches Forschungsfeld zu entwickeln, das weiterhin von anderen lernt, aber nach und nach selbstbewußt mit eigenem Wissen auftreten kann.

3. Schließlich knapp ein letzter Punkt. Seit längerem wird eine methodische Auseinandersetzung um die Leistungen und Grenzen empirischer Forschungsmethoden geführt. Die Schlagworte heißen „qualitativ" und „quantitativ".

Bisher hat sich die deutsche Grundschulpädagogik und die Didaktik insgesamt nur zögerlich mit Fragen empirischer Forschung befaßt. Ihre Stärken lagen im Konzeptuellen und in der sprudelnden Produktion von Unterrichtsvorschlägen. Die systematische Überprüfung beabsichtigter Wirkungen und unbeabsichtigter Folgen geschah kaum. Da selbst in einer Schulklasse die Erfolge oder Mißerfolge nicht zwangsläufig evident sind, sehen wir vor allem das, was wir sehen möchten. Was unsere gewünschte Wahrheit in Zweifel zieht, übersehen wir dagegen leicht. Lehrer blicken suchend auf einzelne Kinder, um bei einer Bestätigung fortfahren zu können, und sie überschauen die Schulklasse als Ganze. Gezählt wird nicht.

International blieb die Zurückhaltung bei empirischer Forschung nicht unbeachtet. Auf die angelsächsische Frage, warum wir die Behauptung, unsere Auffassung von Didaktik sei unterrichtswirksam, nicht empirisch belegen, antworteten deutsche Didaktiker bisher eher ausweichend. Erst seit wenigen Jahren befassen sich die Grundschulpädagogik und die Fachdidaktiken mit qualitativen und quantitativen empirischen Methoden.

Pädagogische empirische Forschung ist quantitativ *und* qualitativ. Ihr Wert liegt in der systematischen Sicht des Unterrichts, die sie erzwingt, und in dem Bemühen um die Annäherung an die Wirklichkeiten, die Kinder und Lehrerinnen bestimmen. Dieses Selbstverständnis lese ich aus den Beiträgen dieses Bandes.

Wolfgang Einsiedler zieht Bilanz von etwa 25 Jahren empirischer Forschungen zum Sachunterricht. Darunter faßt er sowohl quantifizierende als auch qualitative Forschungsarbeiten. Zu letzteren zählt er hauptsächlich Analysen von Schülervorstellungen, Schüleräußerungen im Unterricht und von Dokumenten. Verhaltene Kritik und freundliche Anerkennung helfen der Orientierung. Insgesamt sei der Ertrag der Sachunterrichtsforschung allerdings nicht reichhaltig genug, es fehle an umfangreichen und kontinuierlichen Forschungssträngen.

Vor allem aber drängt er darauf, theoriegeleitete Forschung zu entwickeln und im internationalen „mainstream" mitzuschwimmen. Beides seien Voraussetzungen für die nachhaltige Steigerung der Qualität und der sichere Weg zur Anerkennung im Wissenschaftsbetrieb. So regt er insbesondere die Beteiligung an der Schülervorstellungsforschung an, die sich seit mehreren Jahren bemüht, die Entwicklung und Veränderung von Begriffen und Zusammenhangswissen mit Hilfe des Konzeptes „conceptual change" zu theoretisieren.

Universitäten fällt es sicherlich leichter, auch für unsere Wissenschaft Forschungsmittel bereitzustellen, wenn die internationale Präsenz nachgewiesen ist. Die Didaktik des Sachunterrichts kann sich allerdings nicht darauf einlassen, ihre didaktische Mitte jeweils hin zu den präferierten internationalen Forschungsschwerpunkten verschieben zu lassen. Einsiedler verlangt dies auch nicht. Seine abschließenden Thesen zur Weiterentwicklung der Sachunterrichtsforschung weiten das Aufgabenfeld für zukünftige Forschung. Die erste fordert mehr deskriptives und explanatorisches Wissen zum Sachunterricht, die zweite die Etablierung eines Forschungsverbundes. Für beide sind ihm breite Zustimmung gewiß. Seine dritte These jedoch, weniger Praxisorientierung, mehr Forschungsorientierung und internationale Publikationen zu den Bereichen „Social Science" und „Natural Science" zu veröffentlichen, werden kaum ohne Widerspruch bleiben.

Für Unstrittig halte ich, daß wir das, was zu unserem Gebiet international gearbeitet und diskutiert wird, bei uns ständig rezipieren und stetig kritisch diskutieren müssen.

Detlef Garz befaßt sich mit der „Frage nach dem methodisch unterstützten Gelingen von Praxis", die er mit der Darstellung und Diskussion qualitativer Forschung verbindet. Sein Beitrag ist darauf gestimmt, Skeptikern aus den quantitativen Forschungsrichtungen zu begegnen, die die Wissenschaftlichkeit eines Forschungsanspruchs in Frage stellen, der sich ausschließlich von den Problemen und Sichten der Betroffenen definiert und auch methodisch leiten läßt. Er betont die aufklärerischen Leistungen methodisch gestützter Reflexion. Das, was ist, rechtfertigt noch nicht, daß es auch so bleiben solle. Urteil und Kritik des Unterrichts sind ständig erforderlich. Qualitative Methoden erhöhen deren Treffsicherheit und Wirksamkeit. Von Lehrerinnen und Lehrern eingesetzt, können sie die Innovation der Praxis vorbereiten, diese begleiten und sie nachhaltig sichern. Das sind die Erwartungen. Uns bleibt der Auftrag, mit ihnen ein Forschungsprogramm für die Didaktik des Sachunterrichts zu entwickeln.

Was in den Übersichts- und Grundsatzreferaten von Wolfgang Einsiedler oder Detlef Garz gewünscht wurde, lösten mehrere Tagungsbeiträge ein. Zunächst gehe ich jeweils auf jene Forschungsprojekte ein, die bereits durchgeführt wurden, danach auf die programmatischen Vorhaben. Mir kommt es vor allem auf paradigmatische Betonungen an. Die kritische Würdigung bleibt dem gemeinsam geführten Diskurs vorbehalten.

Hartmut Giest berichtet von einer empirischen Untersuchung zur Handlungsorientierung im Sachunterricht. An diesem Beitrag werden wir uns aus mehreren Gründen abarbeiten müssen. Ich nenne hier nur die drei wichtigsten: Erstens diskutiert er den inzwischen proliferierenden Handlungsbegriff in unserem Gebiet, präzisiert ihn für seine Untersuchung und überprüft Unterricht daraufhin. Damit macht er ihn für uns diskutierbar. Zweitens stellt er mit seiner Untersuchung explizit ein Paradigma empirischer Forschung für den Sachunterricht vor. Drittens lädt er zur Kenntnisnahme und Wertschätzung der sowjetischen und ostdeutschen Pädagogik und Psychologie ein, die in der Substanz und Bedeutung vergleichbar sind mit den Arbeiten Jean Piagets und seiner

Mitarbeiter und Nachfolger. Die Veröffentlichungen Joachim Lompschers beispielsweise lassen sich in ihrem Status und ihren Wirkungen für den Grundschulunterricht der DDR mit denen von Hans Aebli für den westdeutschen Sachunterricht vergleichen. Uns bietet sich die historische Gelegenheit, miteinander voneinander zu lernen, damit wir unser Gebiet gemeinsam weiterentwickeln können. Das setzt allerdings voraus, daß wir uns die wechselseitige Anerkennung auch erlesen und im gemeinsamen Diskurs erarbeiten. Ein Vergleich der Literaturverzeichnisse von W. Einsiedler, D. Garz und H. Giest legt dies nahe. Wir werden sie in unseren eigenen Arbeiten zusammenführen und nach und nach ergänzen müssen.

Das klassische Paradigma quantitativer pädagogischer empirischer Forschung stellen *Helmut Geiser, Jürgen Baumert* und *Robert H. Evans* vor. Der hohe Anspruch läßt sich allenfalls an Großforschungseinrichtungen wie dem Institut für die Pädagogik der Naturwissenschaft an der Universität Kiel oder dem Max-Planck-Institut für Bildungsforschung in Berlin formulieren und einhalten. Die Ergebnisse sind für den Sachunterricht bedeutsam, wenn sich auch die ursprüngliche Fragestellung und folglich die Untersuchung selbst nur vermittelt auf den Sachunterricht bezieht. In den Forschungsfragen kommt „Sachunterricht" weder explizit noch implizit vor. Auch zu diesem Beitrag nur drei kurze Anmerkungen:

Erstens erfüllt der Forschungsbericht die Forderungen W. Einsiedlers nahezu auf den Punkt. An ihm läßt sich das quantitative empirische Forschungsprogramm kritisch und produktiv diskutieren.

Zweitens bietet er Studierenden wie Lehrenden einen exzellenten Einstieg in die Modi internationaler empirischer pädagogischer Forschung. Ich erwarte, daß eine professionalisierte Lehrerschaft mit wissenschaftlicher Ausbildung zukünftig nationale wie internationale Forschungsergebnisse unterrichtswirksam rezipieren, d.h. verständig und kritisch lesen und verwerten wird. Andernfalls wäre ihre Status gefährdet. Der Anspruch, auch der dieses Beitrags, ist aus heutiger Sicht sicherlich hoch angesetzt. Dennoch werden wir uns ihm stellen müssen.

Drittens verdeutlicht der Beitrag, daß die Hochschulen mit den spezialisierten, gut ausgestatteten Forschungseinrichtungen einen Forschungsverbund eingehen sollten. Ohne ihn kann die institutionelle Forschungsmacht dieser Einrichtungen die zukünftige Entwicklung der Didaktik des Sachunterrichts leicht gefährden. Deshalb müßte frühzeitig geklärt und institutionalisiert werden, daß die Forschungsthemen gemeinsam festgesetzt, bearbeitet und ausgewertet werden.

Für die Beiträge aus dem IPN, die in diesem Band abgedruckt sind, trifft die zuletzt genannte Befürchtung nicht zu. *Klaus-Henning Hansen* wertet die Daten aus einer Schülerbefragung, die er mit *Udo Klinger* in der Orientierungsstufe des Landes Rheinland-Pfalz durchgeführt hat, hinsichtlich der Erfahrungen und Einschätzungen des Sachunterrichts sekundär aus. Es ist eine dankenswerte Dienstleistung. Die Anlage der Untersuchung, die Forschungsergebnisse und deren Interpretation lassen sich kritisch kommentieren. Dennoch können wir sie nicht gelassen entgegen nehmen. Sie erinnert daran, daß eine systematische empirische Untersuchung zum Sachunterricht noch aussteht und dringend durchgeführt werden müßte.

Helmut Geiser, Brunhilde Marquardt-Mau und Rolf Langeheine haben eben dies vor. Sie wollen Grundschullehrerinnen und Grundschullehrer in allen Bundesländern danach befragen, in welchem unterrichtlichen Rahmen, mit welchen Methoden, zu welchen Themen und in welchen Kontexten derzeit Sachunterricht an unseren Grundschulen stattfindet und welche Faktoren und Zusammenhänge einen pädagogisch wünschenswerten Sachunterricht fördern bzw. verhindern. Das Projekt „Erhebung zur Praxis des Sachunterrichts (EBESA)" geht daher alle Mitglieder der GDSU an und erfordert folglich von Anfang an unsere kritische Mitwirkung und Begleitung.

Kornelia Möller und Claudia Tenberge bereiten eine empirische Untersuchung zum Aufbau von Selbstvertrauen im Sachunterricht vor. Ausgehend von begrifflichen und theoretischen Defiziten, die in den Ansätzen der allgemeinen Schulpädagogik identifiziert werden, wird ein Konzept des „handlungsintensiven Lernens" im Sachunterricht entwickelt. Die Orientierungsfrage lautet: „Welchen Beitrag kann handlungsintensives Lernen im Sachunterricht zu einer (positiven) Entwicklung des Selbstvertrauens des Kindes leisten?" Die methodische Anlage der Untersuchung ist noch nicht ausgearbeitet. Sie orientiert sich vorerst an quantitativen Paradigmen.

Irene Frohne hat dagegen bei ihrer Forschungsarbeit qualitative Methoden eingesetzt. Sie untersuchte Veränderungen des pädagogisch-didaktischen Handelns von Grundschullehrerinnen und Grundschullehrern im Rahmen einer Fortbildung zum Umweltlernen. Ihr Beitrag eignet sich daher vorzüglich, um auch die methodischen Vorstellungen von D. Garz auf den Sachunterricht beziehungsweise auf das pädagogisch-didaktische Handeln kritisch zu diskutieren.

Marlies Hempel untersuchte Lebensentwürfe von Grundschulkindern zunächst anhand von Texten, zu denen Kinder von ihren Lehrerinnen auf verschiedene

Weise angeregt wurden, danach anhand der Kinderäußerungen aus Leitfaden-Interviews. Sie diskutiert die Erträge und Grenzen der von ihr verwendeten Methoden und lädt damit ungesagt ebenfalls zur Diskussion mit D. Garz ein.

Astrid Kaiser zielt mit ihrem Beitrag auf ein komplexes empirisches Forschungsprogramm. Sie will die Lernvoraussetzungen ermitteln, die Kinder für die Erschließung der gesellschaftlichen Schlüsselprobleme, die Wolfgang Klafki benannt hat, mitbringen beziehungsweise benötigen. Dies soll umfassend und im pädagogischen Kontext geschehen. Methodisch wäre dieses Vorhaben daher äußerst anspruchsvoll und aufwendig. Es erfordert qualitative wie quantitative Methoden, die aufeinander bezogen und sogar miteinander verbunden werden müßten.

Dietmar von Reeken erinnert mit seiner Bestandsaufnahme zum historischen Lernen, daß sich die Didaktik des Sachunterrichts auch der geschichtlichen Dimension forschend anzunehmen habe. Seine geschichtsdidaktische Übersicht macht zudem darauf aufmerksam, daß die Didaktik des Sachunterrichts und folglich die GDSU das Gespräch mit anderen Fachdidaktiken beziehungsweise fachdidaktischen Gesellschaften suchen und gegebenenfalls institutionalisieren sollte.

Nobuyuki Harada berichtet über die sachunterrichtliche Entwicklungen in Japan. Seit kurzem wird für die ersten beiden Grundschuljahre ein Fach „Lebenskunde" eingerichtet, das unserem Sachunterricht ähnelt. Mit wiederholten Forschungsaufenthalten in Deutschland hat Harada dazu beigetragen. Sein Aufsatz bleibt schon deshalb nicht nur Bericht, sondern ist eine Einladung zum internationalen Gespräch.

Probleme und Ergebnisse der empirischen Sachunterrichtsforschung

Wolfgang Einsiedler, Universität Erlangen-Nürnberg

Im Jahr 1970 wurde im Strukturplan des Deutschen Bildungsrates und in den Empfehlungen zur Arbeit in der Grundschule der KMK vorgeschlagen, anstelle des heimatkundlichen Anschauungsunterrichts und der Heimatkunde das Fach Sachunterricht mit einer neuen Konzeption einzuführen. Es wäre somit bereits 1995 fällig gewesen, im Sinne eines Rückblicks auf 25 Jahre Sachunterricht Bilanz zu ziehen und die konzeptionelle Entwicklung, die seitdem stattgefunden hat, zu resümieren. Eine Darstellung der konzeptionellen Entwicklung ist allerdings nicht dasselbe wie eine Beschreibung der empirischen Sachunterrichtsforschung in diesen Jahren. Der Blick auf die kurze Geschichte unseres Faches kann jedoch helfen zu verstehen, daß in den Aufbaujahren zwangsläufig konzeptionelle Selbstverständnisfragen im Mittelpunkt standen und empirische Forschungen noch relativ wenig Gewicht hatten.

Zur empirischen Sachunterrichtsforschung sollen vor allem die quantifizierende Forschung, aber auch die qualitativen Ansätze, in unserem Falle hauptsächlich Analysen von Schülervorstellungen und verbalen Äußerungen im Unterricht, gezählt werden. Schließlich gehören nach meinem Verständnis zur empirischen Sachunterrichtsforschung auch die Dokumentenanalysen in Form der Auswertung von Lehrplänen, Lehrberichten, Schulbüchern und Schülerarbeitsmappen.

Der Beitrag umfaßt vier Teile. Im ersten Abschnitt soll im Sinne einer Bilanzierung ein knapper Überblick über die Sachunterrichtsforschung versucht werden. Im zweiten Teil kommen einige Probleme der Sachunterrichtsforschung zur Sprache. Der 3. Teil ist ein Vorschlag, Sachunterrichtsforschung stärker theoriegeleitet und mit Bezug auf internationale Mainstreamings anzulegen. Den Abschluß bilden einige Thesen zur Weiterentwicklung der Sachunterrichtsforschung.

1. Versuch einer knappen Bestandsaufnahme

Eine Bestandsaufnahme der Sachunterrichtsforschung ist nicht leicht, weil wir keine zentrale Forschungszeitschrift haben, die gezielt auszuwerten wäre. Die Sachunterrichtsforschung stellt sich publikationstechnisch gesehen als sehr verstreut und inhaltlich sowie methodisch gesehen als sehr heterogen dar. Eine vollständige Übersicht ist im vorgegebenen Rahmen unmöglich, und ich bitte um Nachsicht, wenn ich die eine oder andere wichtige Forschungsarbeit übersehen habe und der Ansatz zu einer Systematik nur sehr vorläufig ist (vergleiche neuerdings die Übersicht bei Glumpler 1996).

1.1 Erprobung neuer Curricula und Unterrichtsansätze

Mit Blick auf die Anfänge des Faches Sachunterricht ist es wohl sinnvoll, mit der Darstellung von Studien zu beginnen, die sich zu Beginn der 70er Jahre mit den neuen Konzeptionen des Sachunterrichts befaßten. So legte Spreckelsen bereits 1973 eine empirische Untersuchung zu seinem Lehrgang „Naturwissenschaftlicher Unterricht" vor, an der 43 Klassen und ca. 1.200 Schüler beteiligt waren (Adler, Cronjäger, Murkisch, Spreckelsen, Ulrich 1973). Es zeigte sich, daß Variablen wie Klassengröße, Lehrererfahrung und z.T. extrem unterschiedliche Ausbildungsqualität der Lehrer keinen Einfluß auf die Unterrichtsergebnisse hatten. Spreckelsen interpretiert dies im Sinne der Stabilität des Lehrgangs, als Vorteil der genauen Ausarbeitung der Lehrsequenzen. Ich meine allerdings, daß in den Daten noch viel mehr Informationen stecken, allein wenn wir die Streuung der Mittelwerte zwischen den Klassen betrachten (Tab. 1). Es wäre u.U. aufschlußreich gewesen, sich die Extremklassen mit den höchsten

	Subtest B1	Subtest B2
Klasse 6	3,310	4,925
Klasse 7	4,067	8,800
Klasse 8	4,857	6,964
Klasse 16	7,593	9,705
Klasse 17	9,083	9,750
Klasse 33	9,714	9,444
Klasse 38	10,280	9,750

Tabelle 1 Streuung der Mittelwerte in den Nachtests zu Spreckelsens Lehrgang „Naturwissenschaftlicher Unterricht"

beziehungsweise den niedrigsten Werten genauer anzusehen.

Wenig bekannt wurden bei uns die Meta-Analysen von Bredderman (1983, 1984) zu den Lehrgängen „Science Curriculum Improvement Study", „S-APA" und „The Elementary Science Study". Insgesamt waren hier 13.000 Schüler in 900 Klassen einbezogen. Bredderman bezeichnet die Lehrgänge als aktivitätsorientiert, weil sie wesentlich mehr Beobachtungs- und Experimentaluntersuchungen umfaßten als die traditionelle buchorientierte Science Education in den USA. Ergebnisse: Bei 42 % von insgesamt 400 Lernerfolgsvergleichen schnitten die neuen Sachunterrichtslehrgänge besser ab, bei 6 % die traditionellen Lehrgänge. Die Effektstärken bei Prozeßlernzielen und bei Kreativität betrugen .52 beziehungsweise .42, das bedeutet: die Erprobungsklassen lagen in ihren Mittelwerten höher als 60 % bis 70 % der Schüler der traditionellen Klassen. Vor allem sozial benachteiligte Schüler profitierten von den neuen Lehrgängen. Bredderman (1984) wertete auch Beobachtungsstudien zu Unterrichtspraktiken aus (Abbildung 1): In den neuen Lehrgängen gab es doppelt so viel Schüleraktivitäten, weniger Lehrer-Schüler-Gespräch, aber auch mehr Lenkung, wohl um Beobachtungen und Experimente anzuleiten. Diese Auswertung gilt für nicht speziell trainierte Lehrer. Bei trainierten Lehrern stieg die Anleitung nur halb so viel, trotzdem waren hier die Schüleraktivitäten ebenfalls doppelt so häufig wie in traditionellen Lehrgängen.

An dieser Stelle ist auch die Arbeit von Klewitz (1989) zu nennen, weil sie sich mit einer Lehrgangssequenz zum naturwissenschaftlichen Unterricht, nämlich dem Diesterweg-Lehrgang befaßt. Klewitz kommt zu einem sehr ernüchternden Ergebnis: Bei 17 von 32 Schülern hatte der Unterricht nach dem Diesterweg-Lehrgang keinen, bei 3 Schülern einen bescheiden positiven Einfluß, und bei 12 Schülern führte der Unterricht zu einem - wie Klewitz sagt - „negativen Lernen". Die Schüler gebrauchten Worthülsen, wurden durch Merksätze blokkiert und erkannten ihre widersprüchlichen Aussagen nicht. Der Autor meint, daß die logische Struktur der Inhalte mit Blick auf die Entwicklungsgrenzen des konkret-operatorischen Stadiums nicht lehr- und lernbar seien, ohne allerdings die Entwicklungsgemäßheit einer alternativen Unterrichtsmethodik zu diskutieren (S.90). Es ist auch bedauerlich, daß Klewitz keine Präkonzepte der untersuchten Schüler festgestellt hat. Er interpretiert die Ergebnisse in enger Anlehnung an Piaget, obwohl sich Piaget ja eigentlich für generelle Strukturen sowie logisch-mathematische Strukturen interessierte und für ihn die naturwissenschaftlichen Inhalte eher sekundäre Bedeutung hatten. Wiesner (1991) kritisierte, daß man wegen dieses anderen Forschungsinteresses Piagets und weiterer

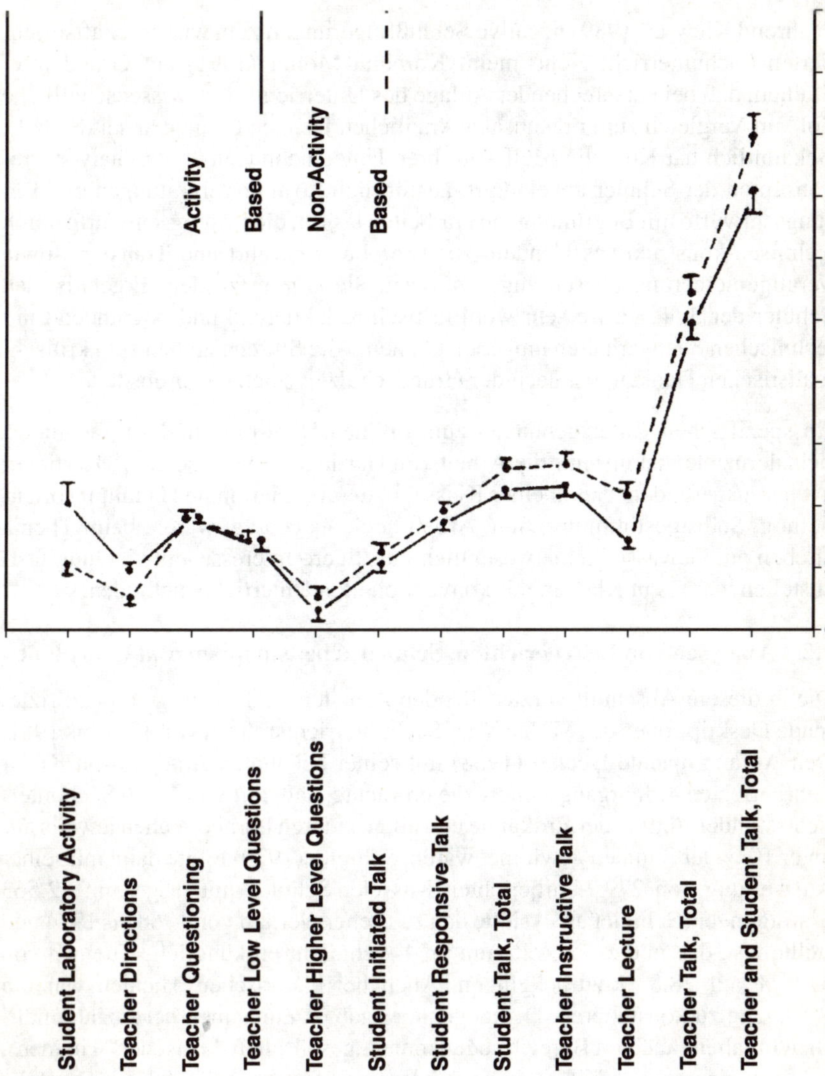

Abb. 1 Verteilung von Schüler- und Lehreraktivitäten in „activity based" und „non-activity based" Lehrgängen (Breddermann 1984)

Mängel der Piaget-Theorie und der Piaget-Methodik heute nicht mehr mit seinem Stadienmodell argumentieren und interpretieren könne.

Während Klewitz (1989) negative Schlußfolgerungen zum wissenschaftsorientierten Sachunterricht zieht, meint Kornelia Möller (1991) auf Grund ihrer Studien, daß bei entsprechender Anlage des Unterrichts der „wissenschaftliche Pol" im Vergleich zum präkausalen kindlichen Denken erreichbar sei (S. 314). Bekanntlich hat Kornelia Möller in ihren Untersuchungen an den naiven Präkonzepten der Schüler angeknüpft, ausführlich Lösungsvermutungen und Lösungsentwürfe mit Begründungen erarbeiten lassen, die Lösungsentwürfe durch technisch-konstruktives Handeln zur Erprobung geführt und Transfer- sowie Verallgemeinerungsphasen angeschlossen. Sie kommt zu dem Ergebnis, daß Schüler der 3./4. Klasse sehr wohl kritisch-reflektierend und begründend mit technischen Sachverhalten umgehen können. Alte Stufenangaben zum kritisch-realistischen Denken erst nach der Grundschulzeit seien daher obsolet.

An spezifischen Untersuchungen zum offenen Unterricht und zu Sachunterrichtslernzielen ist mir nur die Arbeit von Hartinger (1995) bekannt. Hartinger hat herausgefunden, daß in einer Klasse, in der die Merkmale Handlungsorientierung, Selbstbestimmung, freie Arbeit hoch ausgeprägt waren, beim Thema „Leben am Gewässer" eine wesentlich günstigere Interessenentwicklung festzustellen war als in Klassen mit konventionellen Unterrichtsmethoden.

1.2 Analysen von Lehrberichten, Schülerarbeitsmappen und Lehrplänen

Die in diesem Abschnitt vorzustellenden Arbeiten sind sozusagen quantifizierende Deskriptionen des Verlaufs der Sachunterrichtsreform von 1968 bis 1981. Den Anfang machte Höcker (1968) mit seiner bekannten Analyse von Kieler Lehrberichten 4. Jahrgangsstufen, die erbrachte, daß dort von 1.436 Sachunterrichtsstunden 70,9 % der Erdkunde und allen anderen Lernbereichen jeweils nur unter 10 % der Stunden gewidmet waren. Schreier (1979) folgte dann mit seiner Auswertung von 279 Lehrberichten Kasseler Schulen mit insgesamt 22.563 Eintragungen. Schreier analysierte den zeitlichen Verlauf von 1968 bis 1974 und stellte fest, daß in diesem Zeitraum im 4. Schuljahr erdkundliche Themen von 61,6 % auf 28,8 % zurückgingen. Auch bei historischen Themen war ein Rückgang zu konstatieren. Demgegenüber gab es Zunahmen bei sozialkundlichen Inhalten (auch im Bereich sogenannter „gesellschaftskritischer" Themen), bei Biologie von ca. 5 % /6 % (je nach Klassenstufe) auf ca. 19 % Themenanteile und bei Physik/Technik von ca. 2 %/5 % auf ca. 20 % Themenanteile. In einer Analyse von Schülerarbeitsmappen im Raum Nürnberg/Erlangen (Einsiedler, Schirmer 1986) erhielten wir für den Zeitraum bis 1976 ähnliche Trends, nach

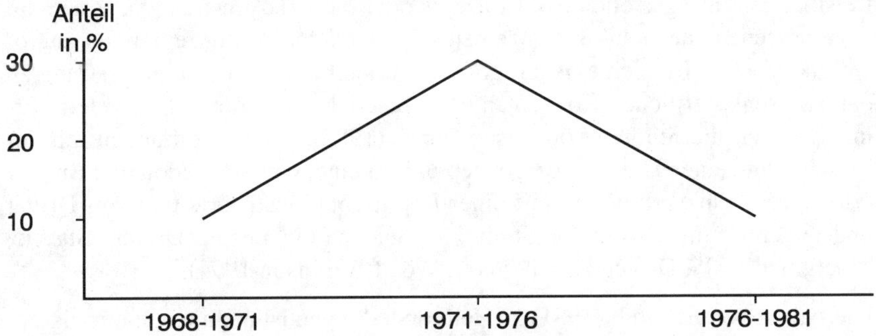

Abb 2 Anteile von Physik/Chemie/Technik-Themen in Schülerarbeitsmappen (Einsiedler, Schirmer 1986)

1976 gingen jedoch die Physik/Chemie/Technik-Themen von 26 % auf 11% zurück, mitbedingt durch eine Lehrplanrevision 1976 (Abbildung 2).

Sehr wertvoll waren die Lehrplan- und Lehrerhandbuch-Analysen von Lauterbach (1976), von Marquardt-Mau (1976) und von Bolscho (1978). Während Bolscho mit quantitativen Auswertungen von Stunden-, Fach- und Themenanteilen vor allem konzeptionellen Problemen und der Frage nachging, ob die Fachorientierung eine hinreichende theoretische Fundierung darstelle, befaßte sich Brunhilde Marquardt-Mau bereits in einem frühen Stadium der Sachunterrichtsentwicklung mit dem Problem einer viel zu engen Sicht von Wissenschaftsorientierung, die inhalts- und methodenlastig war und das wissenschaftskonstitutive Moment des kritischen Hinterfragens und der eigenständigen Urteilsfähigkeit vernachlässigte.

1.3 Forschung zu Schülervorstellungen und Problemlösefähigkeit

Speziell zu Schülervorstellungen im Grundschulalter liegen im deutschsprachigen Raum unter anderem die Arbeiten von Spreckelsen und von Wiesner vor (Hagstedt, Spreckelsen 1986; Stork, Wiesner 1981; Claus, Stork, Wiesner 1982). Spreckelsen knüpft an die internationalen Forschungsansätze zu Misconceptions und Konzeptentwicklung an, lehnt sich dann aber mit seinem Täter-Tat-Auswertungsmuster an sprach- und kulturwissenschaftliche Kategorien an. Die Stufendarstellung mit phänotypischer und genotypischer Analogie ist ein wichtiger Erkenntnisfortschritt, fügt sich jedoch wegen mangelnder Replikation nur schwer in die internationale Forschung zu Schülervorstellungen ein. Wiesner (Stork, Wiesner 1981; Claus, Stork, Wiesner 1982) hat Vorstellungen von Grundschulkindern zu Stromkreis und Optik erarbeitet. Ihm geht es um die konsequente Ableitung von Unterrichtsstrategien aus den Präkonzepten, zum

Beispiel das Infragestellen des Konzepts oder die Brückenstrategie, sowie um angemessene Unterrichtssequenzen entsprechend den Präkonzepten. Im angloamerikanischen Bereich existiert ein wesentlich breiterer Forschungsstrang zu naturwissenschaftlichen Konzepten von Vorschul- und Grundschulkindern. Erinnert sei an die Studien von Susan Carey (1985), bei ihr verbunden mit der Entwicklung einer Theorie des Conceptual Change, von Vosniadou und Brewer (1992, 1994) in Verbindung mit einer Repräsentationstheorie und von Driver und anderen am „Centre for Studies in Science" in Leeds (Driver, Guesne, Tiberghien 1985; Driver, Leach, Scott, Wood-Robinson 1994).

Die Arbeit von Schorch (1981) zu Zeitvorstellungen ist nicht eng naturwissenschaftlich oder historisch angelegt, sondern bezieht sich unter anderem auf die lebenspropädeutische Aufgabe des Sachunterrichts und umfaßt deshalb auch Erhebungen zur selbstbestimmten Zeitgestaltung. Die Ergebnisse münden in Unterrichtsvorschläge und wurden bei der Lehrplanerstellung in Bayern berücksichtigt.

Im soziokulturellen Bereich des Sachunterrichts wird relativ wenig zu Schülervorstellungen geforscht. Zu erwähnen ist die Beobachtungsstudie von Beck und Scholz (Beck, Scholz, Walter 1991; Beck, Scholz 1995), die zwar nicht dem Sachunterricht, sondern dem Sozialleben in einer Klasse insgesamt gewidmet ist, die aber eine Fülle von Ergebnissen zur Entwicklung von sozialen Regeln, Normen und Moralvorstellungen erbracht hat. Die Autoren arbeiteten nach dem Ansatz der „dichten Beschreibung" (Geertz), bei dem versucht wird, durch häufige Beobachtungen und Protokolle, die ohne Vorstrukturierungen auskommen, soziales Handeln zu verstehen. Es gelang so, die Entwicklung sozialer Kompetenzen, der Konfliktregelung, der Gerechtigkeitsvorstellungen, des Verstehens von Sozialbeziehungen etc. vom 1. bis zum 4. Schuljahr in ihrer Komplexität und häufig im Sinne eines „Mehrebenenmodells" zu beschreiben. Stärker sachunterrichtsbezogen ist die kleine Studie von Faust-Siehl und Schweitzer (1991), in der auf der Basis von Fallgeschichten soziale und moralische Vorstellungen von Grundschulkindern analysiert wurden.

1.4 Forschung zum Anschauungsproblem im Sachunterricht

Leider gibt es auch zur Unterrichtsmethodik und speziell zum Anschauungsproblem im Sachunterricht zu wenig empirische Forschung. Die entsprechenden didaktisch-methodischen Empfehlungen sind häufig empirisch nicht belegt und nicht selten viel zu unspezifisch, so zum Beispiel Aussagen zur Realbegegnung, zum handelnden Lernen oder die sozusagen im Sinne einer Summierungsthese vertretene Empfehlung „mit allen Sinnen lernen".

Wie Weidenmann (1993, 1994) mehrfach betont hat, wird beim Anschauungsproblem in der Didaktik immer noch ohne Bezug auf neue Repräsentationstheorien die Typisierung nach den Sinneskanälen optisch, akustisch und haptisch als entscheidend hervorgehoben, obwohl es eigentlich um die Codes gehen müßte, mit denen die Lernenden die kognitiven Strukturen aufbauen. So wird die Verarbeitung von Text und von Bild oder Realgegenstand einfach unter „visuell" subsumiert, obwohl Text und Bild sich auf völlig unterschiedliche Codes der Informationsverarbeitung beziehen. Die didaktischen Anleitungen zur Realbegegnung und zum handelnden Lernen lassen häufig außer acht, daß die Realismusthese in der Mediendidaktik überholt ist und empirisch gut gesicherte neue Theorien zu verschiedenen Formaten der kognitiven Repräsentation vorliegen.

Erforderlich wären somit Ansätze einer Sachunterrichtsforschung zum Anschauungsproblem, die gegenwärtige Repräsentationstheorien berücksichtigen, also etwa Aussagen zu mentalen Modellen im Arbeitsgedächtnis, zur Transformation des Wissens bei der symbolischen Verarbeitung im Langzeitgedächtnis und so weiter. Die neuere mediendidaktische Forschung im Anschluß an diese Theorien betont viel stärker die Strukturierungs- oder Organisationsfunktion durch Anschauungsmittel als die Realitätsdarstellung (vergleiche die Befunde bei Levin, Anglin, Carney 1987). Die daraus resultierende Bedeutung sogenannter logischer Bilder wird in der Sachunterrichtsdidaktik noch zu wenig gesehen.

An unserem Nürnberger Institut haben wir mehrere Untersuchungen zur Strukturierungsfunktion von Bildern in Anlehnung an die genannten Theorien durchgeführt. In einer Studie wurden logische Bedeutungsnetze und hierarchische Begriffsstrukturen mit einer Kontrollmethode verglichen (Treinies, Einsiedler 1993; Abbildung 3 und Abbildung 4). Sowohl beim Begriffslernen als auch bei höheren Denkoperationen waren diese Anschauungsmethoden der Kontrollmethode „Lückentext" der Tendenz nach, wenn auch statistisch nicht signifikant, überlegen.

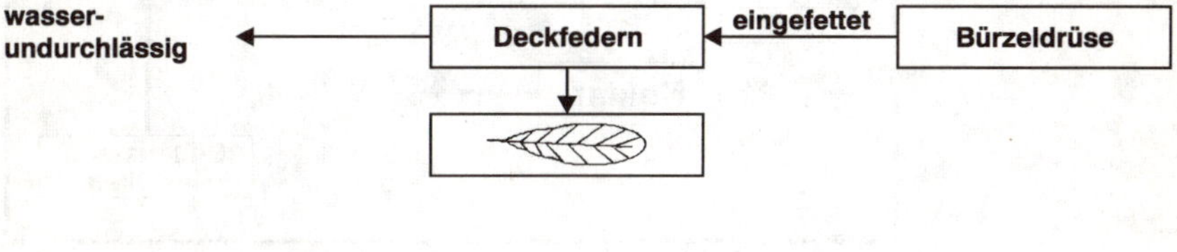

Abb. 3 Bedeutungsnetzartige Darstellung zum Thema „Die Anpassung der Stockente an ihre Umwelt"

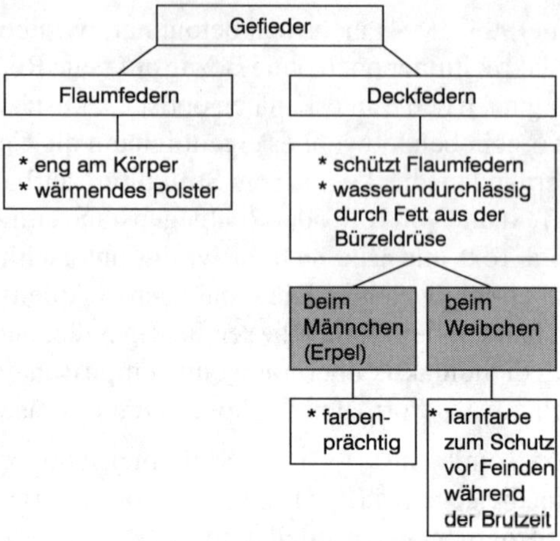

Abb. 4 Hierarchische Begriffsstruktur zum Thema „Die Anpassung der Stockente an ihre Umwelt"

In einer weiteren Untersuchung verglich Sabine Martschinke an unserem Institut hochelaborierte-hochstrukturierte Bilder mit niedrigelaborierten-hochstrukturierten sowie mit hochelaborierten-niedrigstrukturierten Bildern (Martschinke 1996; Abbildung 5).

Ihre Annahme war, daß Grundschulkinder zwar hochelaborierte Anschauungen, d.h. detailreiche Repräsentationen der Wirklichkeit, brauchen, daß aber auch schon für Kinder dieses Alters logische Strukturierungshilfen das Verstehen

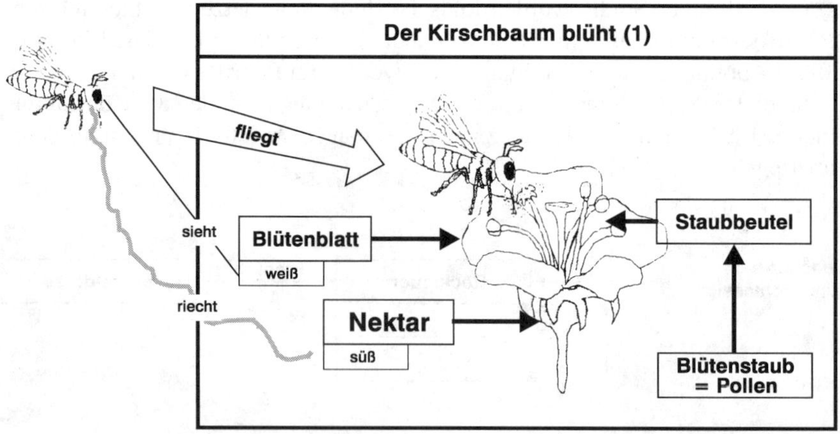

Abb. 5 Hochelaborierte Darstellung (Ausschnitte aus dem Thema "„Von der Blüte bis zur Frucht"). Bei niedrigelaborierter Darstellung würden bildliche Details fehlen, bei niedrigstrukturierter Darstellung Begriffe und Pfeile.

kausalen Zusammenhangswissens entscheidend verbessern. In allen Klassen bis auf eine erfüllten die hochelaborierten-hochstrukturierten Bilder diese Funktion (Abbildung 6).

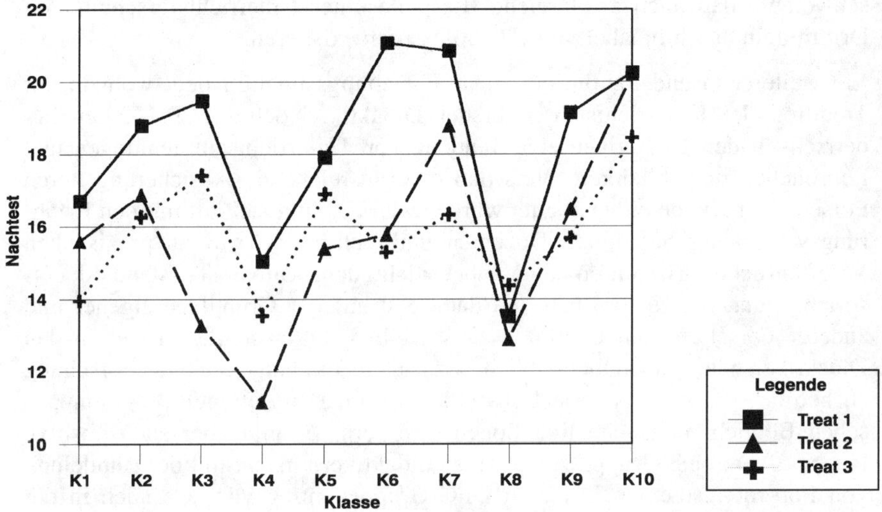

Abb. 6 Klassenmittelwerte in der Studie von Martschinke (1996). Treat 1: hochelaboriert-hochstrukturiert; Treat 2: hochstrukturiert-niedrigelaboriert; Treat 3: niedrigstrukturiert-hochelaboriert.

2. Probleme der Sachunterrichtsforschung

Nach meinem - zugegebenermaßen subjektiven - Eindruck ist der Ertrag der empirischen Sachunterrichtsforschung der letzten 25 Jahre nicht reichhaltig genug. Im Vergleich zu Nachbarwissenschaften wie etwa Unterrichtsforschung oder Entwicklungspsychologie liegen wesentlich weniger Beiträge vor. Selbst in den Hauptgebieten Evaluation von Unterrichtsansätzen, Schülervorstellungen und Unterrichtsmethodik gibt es keine umfangreichen und kontinuierlichen Forschungsstränge. Welches sind die Ursachen für diese Situation?

Ich beginne mit dem allseits bekannten Stichwort „unbefriedigende Infrastruktur der Sachunterrichtsdidaktik". Wir haben in der Bundesrepublik zu wenige voll ausgebaute Lehrstühle für Sachunterricht mit entsprechenden Mitarbeiter- und Schreibkraftstellen, die größere Forschungsprojekte durchführen könnten. Häufig wird Sachunterricht von C2- oder C3-Professoren ohne jede Ausstattung vertreten, und manchmal sehen die Stellenbeschreibungen keinen besonderen Akzent bei der Forschung vor. In einigen Bundesländern bestehen Lehrstühle für Grundschuldidaktik mit Dreifach-Denominationen, nämlich für Didaktik, für Schriftspracherwerb und für Sachunterricht, und der Schwerpunkt liegt dann häufig nicht bei Sachunterrichtsforschung. Umgekehrt sollte man nicht verschweigen, daß auch erfolgreiche Beispiele einer Unterrichtsforschung mit Drittmitteln durch Inhaber von C3-Professuren existieren.

Ein weiterer Grund für die defizitäre Forschungssituation liegt wohl in der Tradition der Unterrichtslehren in der Didaktik. Noch von PH-Zeiten her herrscht in den Didaktiken eine Tendenz vor, Unterrichtsempfehlungen und Lehrbücher zu publizieren, ohne daß eine ausreichende Absicherung durch Forschungsbefunde eingearbeitet würde. Man begnügt sich oft mit den Erfahrungswerten der beteiligten Dozenten und Lehrkräfte, was zu praxisnahen Veröffentlichungen führen kann, aber nicht dem Universitätsstandard entspricht, zunächst zu forschen und dann erst auf der Grundlage eigener und anderer Forschung ein Lehrbuch zu schreiben. Offensichtlich ist es in den Didaktiken häufig noch nicht üblich, sozusagen „mit langem Atem" Forschung zu betreiben, zumal aktuelle Entwicklungen im konzeptionell-programmatischen Bereich oft rasche Reaktionen erfordern. Es gibt aber auch positive Perspektiven: eine Gruppe von Biologiedidaktikern macht mit der Bündelung von Forschungsthemen in einem DFG-Gruppenantrag vor, wie auch in der Didaktik die Forschung gestärkt werden kann.

Nur kurz soll die fehlende Methodenausbildung als weitere Schwierigkeit angesprochen werden. Nach meiner Kenntnis ist es bisher fast nirgendwo gelungen, überdurchschnittliche Lehrerstudenten und unsere Nachwuchswissenschaftler in eine systematische Methodenausbildung einzubeziehen. Dabei macht die Methodisierung der Erfahrungsgewinnung unter anderem das Selbstverständnis einer wissenschaftlichen Disziplin aus (vergleiche Shulman 1988; Roßbach 1996). Nach unseren Erfahrungen in Nürnberg hat es sich als günstig erwiesen, wenn ein Verbund zwischen einem Methodiker, einem Doktoranden und Studenten mit Examensarbeiten entsteht und dieses Team sich intensiv mit den für das spezifische Projekt erforderlichen Methoden befaßt.

Ein ganzes Problembündel stellt die Komplexität und Heterogenität unseres Faches dar. Allein die Programme der letzten beiden Tagungen umfaßten so unterschiedliche Themen wie wirtschaftliches Lernen, historisch-politisches Lernen, ganzheitliche Umwelterziehung, Heimatgeschichte und Heimatbegriff, Schulgartenunterricht, der Beitrag der Chemie, technische Elementarerziehung, epochaltypische Schlüsselprobleme, die Kategorie Geschlecht im Sachunterricht etc. etc. Es geht im Sachunterricht um Grundbegriffe, um das Ordnen von Vorstellungen, um die Einführung in erstes kausales und soziokulturelles Zusammenhangswissen, aber auch um Einstellungen und soziale Handlungsfähigkeit und schließlich um Werthaltungen wie zum Beispiel Toleranz und demokratisches Ethos. In der Sachunterrichtsforschung besteht somit die große Gefahr einer weitgehenden Zersplitterung der Forschungsaktivitäten. Es sollte nicht sein, daß eine einzelne oder ein einzelner isoliert zu einem Spezialthema forscht. Zur Forschung gehört der Austausch mit anderen, die mit ähnlichen Methoden zu gleichen oder ähnlichen Themen forschen. Nur so kommt die in der Forschung unabdingbare gegenseitige kritische Prüfung und Anregung zustande. Vor allem hinsichtlich der Heterogenität unseres Faches gilt also: Aktivitäten konzentrieren, Schwerpunkte bilden.

Ich habe die fünf Bände, die unsere Gesellschaft beziehungsweise die Vorgängervereinigung bisher publiziert hat, daraufhin durchgesehen, inwieweit darin empirische Forschung vertreten ist. Der Akzent der Vorträge und Aufsätze liegt ganz eindeutig bei geisteswissenschaftlichen Beiträgen. Es ist deshalb sehr verdienstvoll, daß auf der Tagung in Vechta eine Diskussion über die Methodisierungsstandards sowie das Forschungsselbstverständnis unseres Faches initiiert wurde (Lauterbach 1995) und daß die Leipziger Tagung 1996 der Sachunterrichtsforschung gewidmet ist. Die Etablierung der Sachunterrichtsdidaktik als universitäres Fach macht es notwendig, von einigen Traditionen Abschied zu nehmen. Didaktik sollte sich nicht unbedingt so verstehen, daß sie jeden Monat zu aktuellen Praxisproblemen Stellung nimmt. Erforderlich ist vielmehr die mittel- und langfristige Perspektive der empirischen Forschung und die kollegiale kritisch-prüfende Auseinandersetzung mit dieser Forschung auf hohem methodischem Niveau.

3. Zur Einordnung der Sachunterrichtsforschung in internationale Theoriestränge

Nach diesen Anmerkungen zu Schwierigkeiten der Sachunterrichtsforschung möchte ich mich wieder einem inhaltlichen Gebiet zuwenden und exemplarisch am Beispiel der Forschung zu Schülervorstellungen vorschlagen, isolierte und zu wenig theorieorientierte Forschungsansätze zu überwinden sowie sich stärker an internationalen Forschungssträngen zu orientieren. Das theoretische Paradigma, in das die Forschung zu Schülervorstellungen einzuordnen ist, ist das des Conceptual Change. Der Begriff ist nicht sehr glücklich, und vor allem die deutsche Übersetzung „begrifflicher Wechsel" wäre irreführend, aber die Bezeichnung Conceptual Change ist nun einmal international üblich. Am besten spricht man wohl von Entwicklung oder Veränderung von Begriffen und Zusammenhangswissen.

a) ältere Ansätze

Das Paradigma „Conceptual Change" wurde Anfang der 80er Jahre von einer Gruppe an der Cornell University mit Autoren wie Posner, Strike und Hewson mit Blick auf den naturwissenschaftlichen Unterricht der Sekundarstufe eingeführt (Posner, Strike, Hewson, Gertzog 1982). Ausgangspunkt war die Überlegung, daß Wissenserwerb nicht so sehr Akkumulation von einem Nullpunkt aus ist, sondern Transformation vorhandener Wissensstrukturen. Schüler wurden mit Wissenschaftlern verglichen, und der Wechsel zum Beispiel physikalischer Vorstellungen wurde in Analogie zum Wechsel physikalischer Theorien in der Wissenschaftsgeschichte betrachtet. Das Denkmodell ist auch auf Grundschulkinder anwendbar, denn auch Grundschulkinder besitzen Alltagsvorstellungen oder Misconceptions, die allmählich korrekten Konzepten weichen sollten. Ich erinnere an animistische Vorstellungen, an das Konzept der Sonnenbewegung um die Erde oder an die Annahme, Wolken seien Behälter. Posner und andere sind noch stark an Piaget orientiert, sie sprechen zum Beispiel von Akkommodation bei umfassendem Conceptual Change und von Assimilation bei geringfügigem Conceptual Change. Nach Posner und anderen müssen vier Bedingungen erfüllt sein, damit es zu Conceptual Change kommt: 1. Unzufriedenheit mit den bisherigen Vorstellungen, 2. Verständlichkeit des neuen Konzepts, 3. Plausibilität des neuen Konzepts, 4. Fruchtbarkeit des neuen Konzepts. Man hat diesen Ansatz als rationales Conceptual Change-Modell, später auch als rational unterkühltes Modell bezeichnet.

Für das Grundschulalter noch einschlägiger ist die Conceptual Change-Theorie von Susan Carey (1985), weil sie am Beispiel der Entwicklung biologischer Vorstellungen 4- bis 10jähriger Kinder erarbeitet wurde. Der zentrale Begriff bei Carey ist der der Umstrukturierung; Novizen werden zu Experten, indem sie durch Umstrukturierung mehr Relationen und mehr abstrakte Schemata in ihren kognitiven Strukturen schaffen. Die Umstrukturierung kann „weich" sein, zum Beispiel bei Wissensausdifferenzierung, oder sie kann „radikal" sein, zum Beispiel bei Aufgabe falscher Konzepte.

Bei der Erforschung biologischer Konzepte wie lebendig, Ernährung, Verdauung, Atmung und so weiter kam Carey zu dem Ergebnis, daß es keine generellen Stufenmodelle der Wissensentwicklung gibt, sondern sehr bereichsspezifische kontinuierliche Wissensveränderungen. Zehnjährige haben biologisch korrekt Begriffe integriert, zum Beispiel Tiere und Pflanzen als lebendig, und sie haben korrekte Oberbegriffe gebildet, zum Beispiel Lebenserhaltung für Essen und

Verdauung. Carey geht auf starke Distanz zu Piaget und ist der Auffassung, daß Stadienmodelle, die verschiedene Entwicklungsbereiche umfassen sollen, nutzlos sind. An Fallbeispielen demonstriert sie, daß auch schon sehr junge Kinder formal-logisch schlußfolgern können und umgekehrt Erwachsene in bestimmten Wissensdomänen dazu nicht in der Lage sind, so daß die Stadien präoperational, konkret-operational und formal-logisch wenig hilfreich sind. Ein generelles Stadienmodell könne für Tausende verschiedenster Begriffs- und Fähigkeitsentwicklungen gar nicht gültig sein, und Piaget vermenge immer wieder bereichsspezifische Entwicklungsbeschreibungen, die es bei ihm ja auch gibt, mit der Entwicklung genereller Fähigkeiten.

Zusammenfassend kann man sagen, daß vor allem durch Susan Carey der Blick auf die Bereichsspezifität der Wissensentwicklung gelenkt wurde. Kinder besitzen bereichsspezifische theorieähnliche Strukturen, die sich nicht durch qualitative Sprünge bei den operationalen Levels verändern, sondern durch Integration und Differenzierung inhaltlichen Wissens.

b) neuere Ansätze

Die Conceptual Change-Theorien von Posner und anderen und von Carey gelten bereits als ältere Ansätze. Im folgenden möchte ich einige neuere Conceptual Change- und darüber hinausreichende Entwürfe ansprechen, die meines Erachtens für die Sachunterrichtsforschung relevant sind. Im deutschsprachigen Raum sind es vor allem Schnotz und Duit, die kognitionspsychologische und didaktische Überlegungen zu Conceptual Change angestellt haben (Schnotz, Preuß 1995; Duit 1994, 1995a, 1995b). Beiden Autoren gemeinsam ist, daß sie den Aufbau von Wissen aus konstruktivistischer Sicht betrachten und in die Theorie der situierten Kognition (vergleiche Gerstenmaier, Mandl 1995) einordnen. Wissen wird nicht einfach transportiert, sondern das Individuum konstruiert seine kognitiven Strukturen am besten im Kontext von Aufgaben, die aus authentischen Situationen heraus erwachsen. Die Aufgaben sollen das Verstehen von Umweltgegebenheiten ermöglichen, und sie sollen in einem sozialen Prozeß, in einem kommunikativen Austausch gelöst werden.

Schnotz nimmt außerdem Bezug auf die in den Repräsentationstheorien eingeführte Unterscheidung zwischen mentalen Modellen und abstrakten Propositionen (Schnotz, Preuß 1995). Mentale Modelle sind analoge, oft bildangereicherte Vorstellungen von Objekten und Prozessen im Arbeitsgedächtnis, Propositionen sind sprachnahe abstrakte Symbolisierungen im Langzeitgedächtnis. Nach Schnotz entsteht Conceptual Change bei der Interaktion von mentalen Modellen und Propositionen, was didaktisch bedeutet, daß man Lernprozesse am besten mit Hilfe der Modifikation mentaler Modelle stimuliert. In einem Experiment mit Studenten konnte Schnotz nachweisen, daß Lernende tatsächlich je nach Aufgabenstellung unterschiedliche mentale Modelle konstruieren und ihr propositionales Wissen verändern (Schnotz, Preuß 1995). Auch für die Grundschule scheint dieser Ansatz sehr bedeutsam, arbeiten wir doch im Grundschulsachunterricht relativ häufig mit Modellvorstellungen, etwa zum Wasserkreislauf, zu Herstellungsabläufen, zu biologischen Ketten und Kreisläufen und anderem mehr, oder anders formuliert, der Ansatz von Schnotz könnte dazu veranlassen, in der Grundschule häufiger als bisher Conceptual Change durch gut gestaltete Modellvorstellungen und logische Bilder anzuregen.

Wie schon angedeutet, gilt das ältere Conceptual Change-Modell von Posner und anderen als rational unterkühlt. Pintrich, Marx und Boyle (1993) haben dem ein sogenanntes „heißes Modell" gegenübergestellt, das motivationale Faktoren und situationale Klassenzimmerbedingungen einbezieht. Danach ist Conceptual Change auch abhängig von individuellen Zielorientierungen, Überzeugungen und Interessen sowie von sozialen Strukturen und Dynamiken in der Klasse. Die Autoren empfehlen die Projektmethode, um für Conceptual Change intrinsische Motivation und Selbstwirksamkeitsmotive ins Spiel zu bringen.

Wie Schnotz postulieren auch Vosniadou und Brewer (1992, 1994) mentale Modelle als Ausgangspunkt für Conceptual Change und für Veränderungen des den mentalen Modellen zugrundeliegenden Strukturwissens. Vosniadou und Brewer (1992, 1994) haben Vorstellungen von Grundschulkindern zur Form der Erde einschließlich der Schwerkraft und zur Entstehung von Tag und Nacht untersucht. Sie wenden sich gegen Ansätze, wonach die Fehlkonzepte der Kinder lediglich aus fragmentiertem sowie inkonsistentem Wissen bestünden, und unterstützen die Annahme von Susan Carey, daß Conceptual Change der Wandel bereichsspezifischer theorieähnlicher Strukturen ist. In der Studie zur Form der Erde haben Vosniadou und Brewer (1992) mit raffinierten Methoden des Befragens und des Zeichnenlassens von jedem Kind vielfältige Aspekte seines Bildes von der Erde erhoben. Auf den ersten Blick zeigten die Ergebnisse ziemlich inkonsistente mentale Modell der Erde, etwa wenn die gleichen Kinder von der Erde als Kugel und von der Kante am Ende der Erde sprachen. Überaus akribische Auswertungen förderten dann zutage, daß die Kinder sehr wohl konsistente Modelle von der Erde haben, zum Beispiel wenn das Problem des äußeren Eindrucks der flachen Erde mit einer abgeflachten Kugel oder mit der Vorstellung „Kugel + Fläche" gelöst wird (vergleiche Abbildung 7).

Am eindruckvollsten ist wohl das Modell der Erde als hohle Kugel, das es erlaubt, vielfältige Inkonsistenzen, zum Beispiel Nichtherunterfallen, Herunterfallen, Kugel ohne Ende, Erde mit Rand, aufzuheben (Abbildung 8). Vosniadou

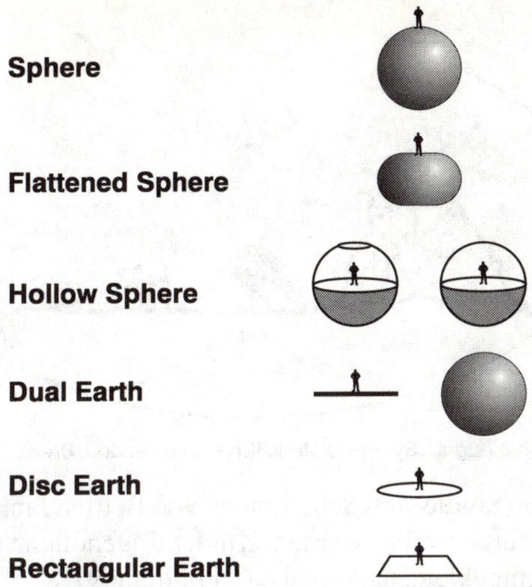

Abb. 7 Mentale Modelle der Erde von Grundschulkindern (Vosniadou, Brewer 1992)

und Brewer sprechen von Synthesemodellen, die Kindern konsistente Sachvorstellungen ermöglichen. Nach diesen Untersuchungen ist kindliches Wissen nicht fragmentiert, sondern kohärent. Der äußere Eindruck der flachen Erde bleibt auch noch für ältere Schüler bestehen. Conceptual Change ist deshalb nach Vosniadou und Brewer eine Neuinterpretation von Alltagsbeobachtungen und ein zunehmend flexibler Umgang mit Wissensbestandteilen.

Vor allem in untersuchungsmethodischer Hinsicht enthalten die Arbeiten der Wilkening-Gruppe viele Hinweise für die Sachunterrichtsforschung (Wilkening 1978; Krist, Wilkening 1993; Krist, Fieberg, Wilkening 1993). Wilkening und Mitarbeiter treten der Auffassung entgegen, Kinder im Vorschulalter und im Grundschulalter könnten (1.) nur eindimensional denken, hätten (2.) qualitativ andere Konzepte als Kinder und Jugendliche der formal-operatorischen Stufe und (3.) ihre Wahrnehmung sei lediglich ganzheitlich (Wilkening 1994). In einer Reihe von Studien, zum Beispiel zur Form- und Farbwahrnehmung, zu den Konzepten Zeit, Geschwindigkeit und Entfernung, konnte die Gruppe diese drei Annahmen widerlegen. Dabei wurden die Zwangswahlaufgaben und die verbalen Erhebungen der Piagetschen Methodik als inadäquat kritisiert und einfallsreiche, neue Erhebungsmethoden entwickelt; diese Methoden enthalten kindangemessene Aufgaben, und die Kinder können mit numerischen Lösungen anstelle von Ja-/Neinaussagen über ihr Begriffswissen Auskunft geben.

Abb. 8 Die Erde als hohle Kugel, „Synthese-Modell" nach Vosniadou, Brewer (1992)

Exemplarisch soll die Studie zum Schwimmen von Bettina Janke (1995) aus der Wilkening-Gruppe kurz referiert werden. Kinder, Jugendliche und Erwachsene erhielten folgende eingekleidete Aufgabe (Abbildung 9):

Dagobert Duck will auf der Flucht vor Dieben möglichst viele Silberkugeln mit einem Schiff über einen Fluß transportieren. Es stehen drei Bootsgruppen jeweils mit drei unterschiedlichen Gewichts- und Volumenstufen zur Verfügung. Die Versuchspersonen können bei der sogenannten „Wasserbedingung" die Schiffe anheben und ins Wasser setzen, also den Auftrieb erfahren, bei der sogenannten „Luftbedingung" können sie die Boote nur anheben, aber nicht ins

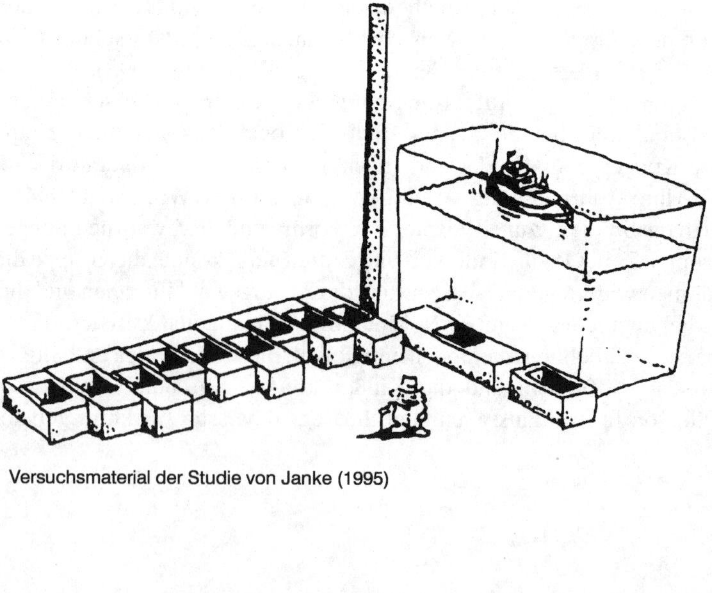

Abb. 9 Versuchsmaterial der Studie von Janke (1995)

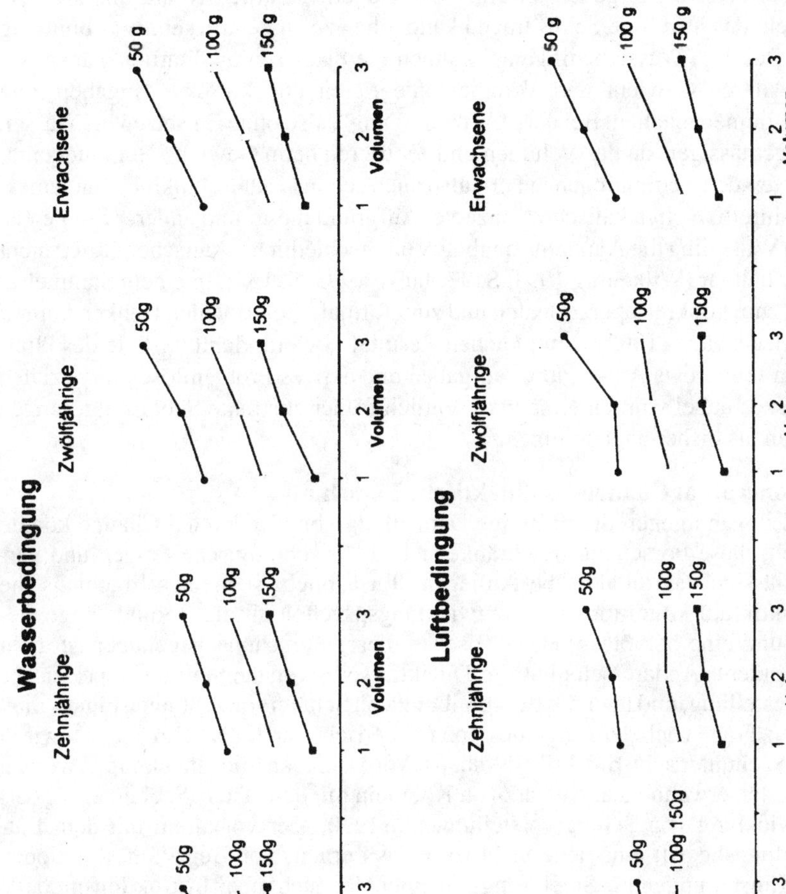

Abb. 10 Geschätzte Beladungsmengen für Schiffe bei unterschiedlichem Volumen und unterschiedlichem Gewicht der Schiffe (Janke 1995)

Wasser setzen. Sie geben an einer mit Kugeln gefüllten Röhre an, wieviele Kugeln das jeweilige Schiff tragen kann, ohne zu sinken. Ergebnis (Abbildung 10): Bei der „Wasserbedingung" können die 8jährigen qualitativ genauso wie die Älteren Gewicht und Volumen integrieren und korrekte Angaben zum Schwimmen machen. Bei der „Luftbedingung", also ohne Einsetzen ins Wasser, vernachlässigen sie das Volumen und zentrieren beim Gewicht. Bei kindgemäßen Versuchsbedingungen äußern also auch schon Grundschulkinder angemessene intuitive physikalische Konzepte. Aufgrund dieser und anderer Studien ist nach Wilkening die Annahme qualitativ unterschiedlicher logischer Stufen nicht mehr haltbar (Wilkening 1994, S. 97; Janke 1995, S. 134). In einem Sammelreferat zum konkret-operationalen und zum formal-operationalen Denken kommt Kathleen Metz (1995) zum gleichen Resultat. Sie empfiehlt anstelle des klinischen Interviews Anwendungsaufgaben und aktives Problemlösen im sozialen Kontext; dabei würden Kinder wesentlich früher abstrakte Schlußfolgerungen ziehen als bisher angenommen.

c) Conceptual Change als didaktische Forschung

Ein Einwand gegen die bisherige Darstellung von Conceptual Change könnte lauten, diese Forschung beschränke sich auf psychologische Fragen und vernachlässige das didaktische Anliegen. Tatsächlich ist meines Erachtens die Didaktik auf kognitions- und entwicklungspsychologische Befunde angewiesen, und eine herablassende Süffisance dieser Forschung gegenüber ist nicht angebracht. Andererseits hat die Didaktik selbstverständlich eine spezifische Fragestellung, und über die Beschreibung von Schülervorstellungen hinaus muß sie zur Frage nach dem angemessenen Unterricht vorstoßen. Dazu haben wir in der Sachunterrichtsdidaktik durchaus Vorgaben, an die angeknüpft werden kann. Ich erwähne den Aufsatz von Köhnlein mit dem Titel „Sachunterricht als Entwicklung von Schülervorstellungen" (1990), der vor allem mit dem Entwicklungsbegriff eine neue Sichtweise des Lernens von Begriffen, Relationen und Einstellungen ins Spiel bringt. In einer Übersicht über Instruktionsmodelle stellt auch Farnham-Diggory (1994) das Entwicklungsmodell als eigenen Ansatz dar und bringt ein Beispiel zum Unterricht über Licht und Schatten in der Grundschule. Der Unterricht ist auf das Infragestellen von Misconceptions angelegt und zielt auf langfristige Entwicklung, nicht auf Kurzzeit-Lektionismus. Paradigmatisch für die didaktische Fragestellung erscheint mir auch der schon erwähnte Forschungsansatz von Kornelia Möller (1991). Sie erhob nicht nur Präkonzepte, sondern es folgten unterrichtsähnliche Sequenzen und Lernerfolgskontrollen. In den qualitativen Lernerfolgskontrollen wurde in Gesprächen und mit Hilfe von Zeichnen festgestellt, inwieweit die Kinder ihre Präkonzepte geändert hatten. Noch wesentlicher ist jedoch, daß die Unterrichtssequenzen durch Merkmale gekennzeichnet sind, die dem konstruktivistischen Conceptual

Change-Ansatz und dem Ansatz der situierten Kognition entsprechen. Es wird von Alltagssituationen ausgegangen, es wird authentisch etwas hergestellt, das Hammerwerk und die Stampfe, die mentale Modellbildung wird durch Zeichnen unterstützt. Explizit schreibt Kornelia Möller dem Dialog, der sozialen Interaktion eine wichtige Lernfunktion zu. Schülerzitate: „Du kannst nicht sagen, die Heißluft will weg, du mußt sagen, die will hoch", „Ich will noch was zu Kathi sagen, das Wasser wird nicht zur Sonne aufgesogen", „Das kann man nicht einfach behaupten, das muß man beweisen" (S. 239/240). Etwas vernachlässigt scheint mir dagegen angesichts der neuen Repräsentationstheorien der Einsatz von logischen Bildern und Schemadarstellungen zum Durcharbeiten der neuen Struktur.

Nach dem bisher Gesagten könnte die idealtypische Forschung zu Schülervorstellungen wie folgt aussehen: Kombination der Janke-Studie mit quantitativen Erhebungen zu Präkonzepten einerseits und des Möllerschen Ansatzes mit Unterricht, Verallgemeinerung, Transfer und Erhebungen zu den Postkonzepten andererseits, die sowohl qualitativ als auch quantitativ angelegt sein sollten.

Mein Vorschlag zur unterrichtsnahen Erforschung von Schülervorstellungen gilt selbstverständlich auch für soziokulturelle Inhalte und für epochaltypische Schlüsselprobleme im Sachunterricht, etwa zum Toleranzkonzept, zur Perspektivenübernahme, zu Konzepten wie Schuld und Schaden bei absichtlichen und unabsichtlichen Handlungen. Hier ist eine stärkere Orientierung an den sozialpsychologischen beziehungsweise strukturgenetischen Theorien etwa von Selman (1984) und von Oser (Oser, Althof 1992) erforderlich.

Die didaktische Fragestellung wäre zu spezifizieren auf die Lehrerrolle im Unterricht zu Schülervorstellungen: Was kann die Lehrkraft als Diagnostiker leisten? Sollte sie mehr Provokateur sein, zur fruchtbaren Verwirrung beitragen („perturbation", Farnham-Diggory), oder sollte sie eher Brückenbauer sein, behutsam zum Übergang von Fehlkonzepten zur sachgemäßen Betrachtungsweise anleiten (Wiesner 1995)? Funktioniert die Verifizierung der Gedanken im sozialen Austausch in der Gruppenarbeit, oder bedarf es des gezielten Infragestellens, Nachhakens und Einhelfens durch die Lehrkraft? Welche Folgen haben der Präkonzept-Ansatz und das Entwicklungsmodell für den Lehrplan? Müssen die Sachstrukturen sozusagen präkonzept-gemäß angeordnet werden, wie Wiesner (Wiesner, Herdt, Engelhardt 1993) es tut? Müßte es nicht zu einer Neubesinnung auf das Spiralcurriculum kommen?

4. Abschließende Thesen zur Sachunterrichtsforschung

These 1: In der Sachunterrichtsdidaktik besteht ein erheblicher Bedarf an durch Forschung abgesichertem deskriptivem und explanatorischem Wissen. Mit deskriptivem Wissen ist hier vor allem Wissen über Unterrichtspraktiken im Sachunterricht gemeint. Welche Zielebenen werden heute im Sachunterricht angestrebt? Wird begriffliches Wissen und einfaches Faktenwissen vermittelt, und Triviales, wie Schreier (1989) vermutet? Oder zielt der Unterricht auf höhere Denkniveaus, zum Beispiel kausales Relationswissen, schlußfolgerndes Denken? Welche methodischen Konzepte werden praktiziert? Für dieses Forschungsfeld wären Befragungen und Beobachtungen angezeigt, und z.T. könnte an die Tradition der Auswertung von Lehrberichten und Schülerarbeitsmappen angeknüpft werden. Mit explanatorischem Wissen ist stärker theoriegeleitetes Wissen zu den Unterrichtsmethoden gemeint: Halten die Ansätze der Öffnung und der Projektorientierung des Sachunterrichts das, was sie versprechen? Welche Varianten des problemlösenden und des entdeckenden Vorgehens sind erfolgreich? Wie muß handelndes Lernen im Sachunterricht angesichts neuer Repräsentationstheorien durch Abstraktionshilfen abgesichert werden? Fragen zum explanatorischen Wissen können überwiegend nur durch Vergleichsstudien angegangen werden.

These 2: Mit Blick auf die Heterogenität der Sachunterichtsdidaktik, auf die Gefahr der Zersplitterung der Forschungsaktivitäten und auf die begrenzten infrastrukturellen Bedingungen an vielen Sachunterrichtsprofessuren ist eine Bündelung der Forschung erforderlich. Es sollte ernsthaft ein Forschungsverbund in Form eines Gruppenantrages auf Drittmittel in Erwägung gezogen werden. Ein überregionaler Forschungsverbund konzentriert Kompetenzen hinsichtlich des Themas, des theoretischen Anspruchs sowie der forschungsmethodischen Planung und ist deshalb isolierter Forschung vorzuziehen.

These 3: Für viele Wissenschaftsbereiche, in denen die Forschung gut ausgebaut ist, wird z. Zt. eine Verbesserung der Lehre und eine Stärkung des Praxistransfers gefordert. Ich wage für die Sachunterrichtsdidaktik die These, daß verstärkt Bemühungen in die andere Richtung notwendig sind. An Publikationen für Lehrerstudenten und Lehrkräfte fehlt es meines Erachtens nicht. Die Sachunterrichtsdidaktik als universitäre Disziplin wird vielmehr gefragt werden, welches Forschungsselbstverständnis sie hat, welche Forschungsergebnisse mit hoher Qualität sie vorzuweisen hat und in welchem Maße internationaler Forschungsaustausch eine Rolle spielt (vergleiche Glumpler 1996, S. 12). Deshalb sollten die Jahrestagungen der GDSU stärker auf empirische Forschung und die kritische Auseinandersetzung damit ausgerichtet werden. Es wäre ein

Forschungsforum in Form eines Jahrbuches oder eines Newsletter erforderlich, das der innerdisziplinären Theorie- und Methodendiskussion dient. Da es im Ausland häufig keine Didaktik des gesamten Sachunterrichts gibt, könnte das Forschungsjahrbuch zumindest die dortigen Entwicklungen getrennt nach „Social Studies" und „Science Teaching" in regelmäßigen Trendberichten zusammenfassen; für den naturwissenschaftlichen Sachunterricht geschieht dies zum Beispiel in der Zeitschrift „Science Education" schon regelmäßig.

Literatur

Adler, W. / Cronjäger, H. / Murkisch, G. / Spreckelsen, K. / Ulrich, B.: Einflüsse auf den Lernerfolg im naturwissenschaftlichen Unterricht der Grundschule. In: Naturwissenschaften im Unterricht, 21 (1973), S. 56-62

Beck, G. / Scholz, G. / Walter, Ch.: Szenen - Absichten - Deutungen. Zwei Jahre Auseinandersetzung mit moralischen Fragen. In: Die Grundschulzeitschrift, H. 50 (1991), S. 14-19

Beck, G. / Scholz, G.: Soziales Lernen. Kinder in der Grundschule. Reinbek: Rowohlt 1995

Bolscho, D.: Lehrpläne zum Sachunterricht. Köln: Aulis 1978

Bredderman, T.: Effects of activity-based elementary science on student outcomes: A quantitative synthesis. In: Review of Educational Research, 53 (1983), pp. 499-518

Bredderman, T.: The influence of activity-based elementary science programs on classroom practices: A quantitative synthesis. In: Journal of Research in Science Teaching, 21 (1984), pp. 289-303

Carey, S.: Conceptual change in childhood. Cambridge, MA: The MIT Press 1985

Claus, J. / Stork, E. / Wiesner, H.: Optik im Sachunterricht. In: Sachunterricht und Mathematik in der Primarstufe, 10 (1982), S. 82-92

Driver, R. / Guesne, E. / Tiberghien, A. (Eds.): Children's ideas in science. Philadelphia: Open University Press 1985

Driver, R. / Leach, J. / Scott, Ph. / Wood-Robinson, C.: Young people's understanding of science concepts: Implications of cross-age studies for curriculum planning. In: Studies in Science Education, 24 (1994), pp. 75-100

Duit, R.: Conceptual change in science education. Vortrag auf dem Symposium "Conceptual Change". Universität Jena 1994

Duit, R.: Lernen als Konzeptwechsel im naturwissenschaftlichen Unterricht. Vortrag auf dem Workshop "Lernen in na turwissenschaftlichen Fächern". PH Ludwigsburg 1995a

Duit, R.: Zur Rolle der konstruktivistischen Sichtweise in der naturwissenschaftsdidaktischen Lehr- und Lernforschung. In: Zeitschrift für Pädagogik, 41 (1995b), S. 905-923

Einsiedler, W. / Schirmer, G.: Sachunterrichtsreform und Unterrichtsgestaltung - Eine Analyse von Schülerarbeitsmappen. In: Die Deutsche Schule, 78 (1986), S. 316-326

Farnham-Diggory, S.: Paradigms of knowledge and instruction. In: Review of Educational Research, 64 (1994), pp. 463-477

Faust-Siehl, G. / Schweitzer, F.: Rettung unter Einsatz des eigenen Lebens. Begründungsansätze und pädagogische Chancen in Moraldiskussionen mit Grundschulkindern. In: Die Grundschulzeitschrift, H. 50 (1991), S. 42-45

Gerstenmaier, J. / Mandl, H.: Wissenserwerb unter konstruktivistischer Perspektive. In: Zeitschrift für Pädagogik, 41 (1995), S. 867-888

Glumpler, E.: Heimatkunde - Sachunterricht. Schulfach ohne universitäre Bezugsdisziplin? In: Glumpler, E. / Wittkowske, S. (Hrsg.): Sachunterricht heute. Bad Heilbrunn: Klinkhardt 1996, S. 9-24

Hagstedt, H. / Spreckelsen, K.: Wie Kinder physikalischen Phänomenen begegnen. In: Sachunterricht und Mathematik in der Primarstufe, 14 (1986), S. 318-323

Hartinger, A.: Interessenentwicklung und Unterricht. In: Grundschule, 27 (1995), H. 6, S. 27-29

Höcker, G.: Inhalte des Sachunterrichts im 4. Schuljahr. Eine kritische Analyse. In: Die Grundschule, 1 (1968), H. 3, S. 10-14

Janke, B.: Entwicklung naiven Wissens über den physikalischen Auftrieb: Warum schwimmen Schiffe? In: Zeitschrift für Entwicklungspsychologie und Pädagogische Psychologie, 27 (1995), S. 122-138

Klewitz, E.: Zur Didaktik des naturwissenschaftlichen Sachunterrichts. Eine Untersuchung von Unterrichtsmodellen am Beispiel von "Schwimmen und Sinken" vor dem Hintergrund der genetischen Erkenntnistheorie Piagets. Mülheim: Westarp 1989

Köhnlein, W.: Sachunterricht als Entwicklung von Schülervorstellungen. In: Wiebel, K.H. (Hrsg.): Zur Didaktik der Physik und Chemie. Alsbach: Leuchtturm 1990, S. 359-361

Krist, H. / Wilkening, F.: Repräsentationale Entwicklung. In: Engelkamp, J. / Pechmann, Th. (Hrsg.): Mentale Repräsentation. Bern: Huber 1993, S. 147-161

Krist, H. / Fieberg, E.L. / Wilkening, F.: Intuitive physics in action and judgment: The development of knowledge about projectile motion. In: Journal of Experimental Psychology, 19 (1993), pp. 952-966

Lauterbach, R.: Naturwissenschaftlich-technisches Lernen in den Lehrplänen der Grundschule - Eine Analyse. In: Lauterbach, R. / Marquardt-Mau, B. (Hrsg.): Naturwissenschaftlich orientierter Sachunterricht im Primarbereich. Weinheim: Beltz 1976, S. 37-93

Lauterbach, R.: Offenes Forum Forschung. In: Gesellschaft für Didaktik des Sachunterrichts: Jahrestagung 1995, S. 22

Levin, J.R. / Anglin, G.J. / Carney, R.N.: On empirically validating functions of pictures in prose. In: Willows, D.M. / Houghton, H.A. (Eds.): The psychology of illustration, Vol. 1. New York: Springer 1987, pp. 51-85

Marquardt-Mau, B.: Das Verständnis von Wissenschaftsorien tierung in den Lehrplänen zum Sachunterricht (Lernbereich Biologie). In: Lauterbach, R. / Marquardt-Mau, B. (Hrsg.): Naturwissenschaftlich orientierter Sachunterricht im Primarbereich. Weinheim: Beltz 1976, S. 95-136

Martschinke, S.: Der Aufbau mentaler Modelle durch bildliche Darstellungen. Eine experimentelle Studie über die Bedeutung der Merkmalsdimensionen Elaboriertheit und Strukturiertheit im Sachunterricht der Grundschule. In: Zeitschrift für Pädagogik, 42 (1996), S. 215-232

Metz, K.: Reassessment of developmental constraints on children's science instruction. In: Review of Educational Research, 65 (1995), pp. 93-127

Möller, K.: Handeln, Denken und Verstehen. Untersuchungen zum naturwissenschaftlich-technischen Sachunterricht in der Grundschule. Mülheim: Westarp 1991

Oser, F. / Althof, W.: Moralische Selbstbestimmung: Modelle der Entwicklung und Erziehung im Wertebereich. Stuttgart: Klett-Cotta 1992

Pintrich, P.R. / Marx, R.W. / Boyle, R.A.: Beyond cold con ceptual change: The role of motivational beliefs and classroom contextual factors in the process of conceptual change. In: Review of Educational Research, 63 (1993), pp. 167-199

Posner, G.J. / Strike, K.A. / Hewson, P.W. / Gertzog, W.A.: Accommodation of a scientific conception: Toward a theory of conceptual change. In: Science Education, 66 (1982), pp. 211-228

Roßbach, H.-G.: Lage und Perspektiven der empirischen Grundschulforschung. In: Empirische Pädagogik, 10 (1996), S. 167 - 191

Schnotz, W. / Preuß, A.: Task-dependent construction of mental models as a basis for conceptual change. Universität Jena, Pädagogische Psychologie, Research Report Nr. 6 (1995)

Schorch, G.: Förderung des Zeitverständnisses in der Grundschule. Universität Erlangen-Nürnberg: Dissertation 1981

Schreier, H.: Sachunterricht. Themen und Tendenzen. Paderborn: Schöningh 1979

Schreier, H.: Ent-trivialisiert den Sachunterricht! In: Grundschule, 21 (1989), H. 3, S. 10-13

Selman, R.L.: Die Entwicklung des sozialen Verstehens. Frankfurt: Suhrkamp 1984

Shulman, L.S.: Disciplines of inquiry in education: An overview. In: Jaeger, R.M. (Ed.): Complementary methods for research in education. Washington: AERA 1988, pp. 3-17

Stork, E. / Wiesner, H.: Schülervorstellungen zur Elektrizitätslehre und Sachunterricht. In: Sachunterricht und Mathematik in der Primarstufe, 9 (1981), S. 218-230

Treinies, G. / Einsiedler, W.: Hierarchische und bedeutungsnetzartige Lehrstoffdarstellungen als Lernhilfen beim Wissenserwerb im Sachunterricht der Grundschule. In: Psychologie in Erziehung und Unterricht, 40 (1993), S. 263-277

Vosniadou, S. / Brewer, W.F.: Mental models of the earth: A study of conceptual change in childhood. In: Cognitive Psychology, 24 (1992), pp. 535-585

Vosniadou, S. / Brewer, W.F.: Mental models of the day/ night cycle. In: Cognitive Science, 18 (1994), pp. 123-183

Weidenmann, B.: Instruktionsmedien. Universität der Bundeswehr München, Arbeiten zur Empirischen Pädagogik und Pädagogischen Psychologie Nr. 27, (1993)

Weidenmann, B.: Lernen mit Bildmedien. Weinheim: Beltz (2. Auflage) 1994

Wiesner, H.: Schwimmen und Sinken: Ist Piagets Theorie noch immer eine geeignete Interpretationshilfe für Lernvorgänge? In: Sachunterricht und Mathematik in der Primarstufe, 19 (1991), S. 2-6

Wiesner, H. / Herdt, D. / Engelhardt, P.: Unterrichtspraxis Physik, Optik I. Köln: Aulis 1993

Wiesner, H.: Physikunterricht - an Schülervorstellungen und Lernschwierigkeiten orientiert. In: Unterrichtswissenschaft, 23 (1995), S. 127-145

Wilkening, F.: Beachtung und Addition zweier Dimensionen: Eine Alternative zu Piagets Zentrierungsannahme. In: Zeitschrift für Entwicklungspsychologie und Pädagogische Psychologie, 10 (1978), S. 99-102

Wilkening, F.: Kinder sind schlauer als manche Pädagogen meinen. In: Rösler, F. / Florin, I. (Hrsg.): Psychologie und Gesellschaft. Stuttgart: Hirzel 1994, S. 89-97

Qualitative Forschungsmethoden für die Sachunterrichtsdidaktik

Detlef Garz, Universität Oldenburg

1. Einleitung

Lassen Sie mich mit einer eher persönlich gehaltenen Bemerkung beginnen. Bei der Vorbereitung dieses Vortrags[1] habe ich natürlich auch mit Kolleginnen und Kollegen[2] gesprochen, die einen engeren Bezug zur schulpraktischen Ausbildung haben als dies bei mir der Fall ist. Deren „Kategorischer Imperativ" lautete unmißverständlich: „Du sollst keinen Vortrag halten! Im Gegenteil: Laß' rückspiegeln – d.h. laß' dir sagen, welche Probleme in der Didaktik des Sachunterrichts bestehen, dann könnt ihr gemeinsam über die möglichen methodischen Herangehensweisen reflektieren und diese Probleme gemeinsam erforschen." Ich muß gestehen, daß ich den Mut oder auch die Weisheit dazu, in Anbetracht eines vergleichsweisen großen Auditoriums und der zu erwartenden heterogenen Probleme und Einwände, nicht aufbringen konnte; allerdings ist das Gesagte auch nicht gänzlich auf unfruchtbaren Boden gefallen, da sich eine erste Lehre daraus ziehen läßt.

Die Hinweise machen nämlich deutlich, daß ein methodisches Vorgehen aus den siebziger Jahren eine Renaissance erfährt; zurück meldet sich eine radikale, d.h. eine auf den Grund gehende Form der Handlungsforschung, die zwar weniger politisiert ist als damals, der aber möglicherweise eine wesentlich einflußreichere Rolle zukommen kann (vgl. Altrichter,Posch 1990; Altrichter,Gstettner 1993). Inhaltlich soll aus dem Hinweis folgen: Ihr, nämlich die Wissenschaftler, seid

---

[1] Ich habe in meinem Beitrag die Vortragsform teilweise belassen, um die interaktive Anlage meiner Überlegungen nicht zerstören zu müssen.

[2] Ich werde im folgenden die Begriffe „Lehrerin", „Forscher" etc. abwechselnd in der weiblichen und der männlichen Form verwenden; damit scheint mir das Problem unhandlicher Verdoppelungen am ehesten lösbar. - Für Anregungen bei der Vorbereitung dieses Vortrags danke ich Ursula Blömer und Dr. Wolfgang Fichten in Oldenburg sowie Michael Zutavern in St.Gallen.

tendenziell naiv, so daß eine praxisnahe Forschung, die zugleich eine schulnahe Forschung sein muß, nur von den Betroffenen angestoßen werden kann. Ich will dies *„die Frage nach dem methodisch unterstützen Gelingen von Praxis"* nennen und an dieser Stelle nicht diskutieren, welche Schwächen mit einer extrem induktiven beziehungsweise bottom-up-Forschung einhergehen (natürlich das alte Problem der geisteswissenschaftlichen Pädagogik, wonach uns allein die Praxis die Melodie vorspielt, nach der die Forschung tanzen soll).

Allerdings, und hieraus ziehe ich die Hoffnung, daß die Entscheidung für einen herkömmlichen Vortrag nicht gänzlich verfehlt ist, wir müssen, wenn die entscheidende Frage - die Frage nach dem Gelingen von Praxis - gestellt wird, vorbereitet sein. Auch die Kleinforschung, die tausend Forschungsprojekte blühen läßt, muß nachvollziehbar sein, muß Standards und bestimmten Regeln folgen, soll sie nicht der Beliebigkeit anheimfallen - ein Verzicht darauf wäre für mich kontraproduktiv. (Auch hier sind die Übereinkünfte in postmodernen Zeiten ja unübersichtlich, und deshalb weise ich darauf hin.)

2. Zum Status qualitativer Forschung

Daniel Bell leitet seinen häufig zitierten Aufsatz aus dem Jahr 1984 wie folgt ein. „Die interpretative Wende gewinnt an Kraft innerhalb der Sozialwissenschaften... Die Wende zur Interpretation, im weitesten kulturellen Sinn, kennzeichnet eine Wende der Sozialwissenschaften - oder der Praktiker dieser Kunst - von den Modellen der Naturwissenschaften und ihren Forschungsmethoden zu den Humanwissenschaften (humanities)" (Bell 1984, S. 217f.). Als Daniel Bell dies, bezeichnenderweise im *Partisan Review*, ausführte, und sich auf die Klassiker der Hermeneutik Schleiermacher, Dilthey, Gadamer und Ricoeur berief, konnte er gerade noch für sich in Anspruch nehmen, vom Standpunkt des Outsiders zu formulieren und die Klassiker als etwas anzusehen, das im Hauptstrom der Sozialwissenschaften untergegangen war. Aber im Grunde war die Entwicklung bereits weiter fortgeschritten.

Auch hierzu ein kurzer Hinweis. 1987, also nur drei Jahre nach der Veröffentlichung des Artikels von Bell, erläuterte Mary Lee Smith die neue Editionspolitik des renommierten *American Educational Research Journal*. Die Richtlinien für die Begutachtung der eingereichten Beiträge hatten sich nun insofern geändert, daß Manuskripte, die auf den Ergebnissen qualitativer Forschung basierten, von den Herausgebern ausdrücklich begrüßt wurden. Da andere Publikationsorgane dieser Entscheidung folgten, läßt sich konstatieren, daß die

Emanzipation der qualitativen Forschung spätestens Ende der achtziger Jahre ohne Einschränkung gelungen war.

Mehr noch, qualitative Forschung hat eine Ausweitung und Verbreitung erfahren, die noch vor zehn oder 15 Jahren unvorstellbar schien und die ihren Niederschlag auch in Diplom- und Promotionsordnungen gefunden hat. Elliot Eisner, ein Kollege von der School of Education der Stanford University, hat dazu unter dem Titel *„Ja, aber ist dies Forschung? Die Debatte geht weiter: Sollte ein Roman als pädagogische Dissertation gelten können?"* („Yes, but is it research? The conversation continues: Should a novel count as a dissertation in education?") auf der Jahrestagung der Amerikanischen Gesellschaft für Erziehungswissenschaft (AERA) im April 1996 eine Reihe von Thesen entwikkelt und die gestellte Frage - in Übereinstimmung und Weiterführung seiner bisherigen Auffassungen - positiv beantwortet.

Ich denke, daß die skizzierten Übergänge und methodischen Entwicklungen im deutschen Sprachraum, sicherlich etwas weniger konturiert und ausgeprägt, der Tendenz nach jedoch ähnlich verlaufen sind. Auch hier hat die qualitative Forschung ihren Platz in Lehre und Forschung gefunden sowie ihren „Frieden mit den quantitativen Methoden geschlossen" - was im großen und ganzen auch für die umgekehrte Position zutrifft[3].

Dennoch scheint diese Beschreibung für die Schulpädagogik nicht oder zumindest nicht in vollem Umfang zuzutreffen. Ich greife zum Beleg eine These aus einer Veröffentlichung aus jüngster Zeit heraus, die sich jedoch so oder so ähnlich auch an anderen Stellen finden läßt. Hans Eberwein und Johannes Mand führen ihre Beobachtung im Einleitungskapitel des von ihnen herausgegebenen Bandes „Forschen für die Schulpraxis" wie folgt ein:

„Wenn man sich an deutschen Hochschulen über etwas einig ist, dann über dies: Das, was man an den Hochschulen denkt, lehrt und forscht, hat kaum etwas mit der Schulpraxis zu tun. Nach einer Theorieausbildung in der Hochschule, nach einer in der Regel theoriefixierten Praxisausbildung, spätestens nach der zweiten Ausbildungsphase schwindet das Interesse an der Forschung, so es überhaupt jemals vorhanden gewesen ist" (Eberwein, Mand 1995, S. 11).

Aus dieser Darstellung lassen sich drei Anregungen entnehmen, die sich zu kommentieren lohnen:

---

[3] Für eher merkwürdige Einordnungen beziehungsweise „Rückzugsgefechte" vgl. allerdings Scheuch 1996.

1. Die Vertreter der qualitativen Forschung müssen sich, stärker als dies bisher geschehen ist, darauf einlassen, daß es Motivationsprobleme sind, die eine Ausbreitung ihres Kanons verhindern. Es sind Probleme der Art, daß angehende Lehrerinnen und Lehrer nicht wissen, welchen Sinn es hat, sich mit Methoden zu beschäftigen - „Ach du lieber Gott, auch das noch", so hat ein Lehramtsstudent auf den Vorschlag, der qualitativen Forschung einen größeren Stellenwert einzuräumen, reagiert.
2. Damit eng verbunden ist die Frage nach der Möglichkeit der Verwendung von adäquaten Methoden; d.h. der Suche nach Verfahren, die sich später vor Ort, also im Klassenzimmer, einsetzen lassen, ohne daß der beteiligte Lehrer einerseits den Ruf eines Forschungstechnokraten, andererseits den eines Schmalspur-Researchers gerät.
3. Und schließlich spricht aus der Einschätzung von Eberwein und Mand auch die Einsicht daß die Erziehungswissenschaft notorisch Wenden einleitet, die relativ schnell von erneuten Wenden eingeholt, überholt, auf jeden Fall aber abgelöst werden, so daß nicht zu Unrecht der Eindruck entstehen kann, daß eine Wissenschaft, „die mit langen Stangen im Nebel stochert", möglicherweise tatsächlich für eine sich kontinuierlich vollziehende Praxis wenig leisten kann.

3. Methoden qualitativer Forschung

Ich will auf die drei Anregungen in umgekehrter Reihenfolge eingehen und mich dabei besonders jenen Methoden zuwenden, die m.E. motivierend und zugleich gut einsetzbar sind sowie die über den Tag hinaus Geltung haben, so daß auf sie ein gerne gemachter Vorwurf nicht zutrifft, nämlich: „Heute gelernt, morgen gemessen, übermorgen vergessen" (Kujawski 1992).

3.1 Von Wenden und Moden

Wie läßt sich nun entscheiden, ob wir es tatsächlich mit einer „interpretativen Wende" im Sinne von Bell zu tun haben, oder ob nicht nur erneut eine Mode vorliegt, deren baldiger Verfall erwartbar ist? Meine knapp formulierte Antwort lautet: Dies läßt sich - wenn überhaupt - nur feststellen über eine Verknüpfung der *Methoden* mit jenen beiden anderen Komponenten, die den Prozeß der Wissenschaft ausmachen, nämlich über eine Verbindung mit der *Theorie* und dem *Ziel der Forschung*. Innerhalb dieser miteinander kommunizierenden Elemente des wissenschaftlichen Dreiecks muß Verträglichkeit, wenn nicht gar Harmonie herrschen, wenn Wissenschaft insgesamt und Forschung im beson-

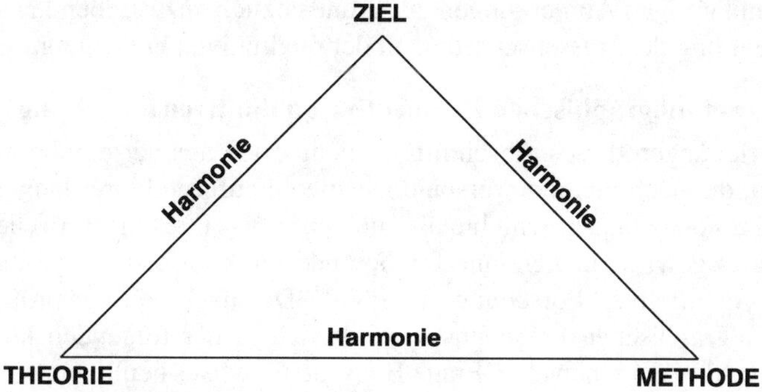

Abb.1 Kommuzierende Elemente des wissenschaftlichen Dreiecks, die in einem Passungsverhältnis zueinander stehen müssen

deren gelingen soll. So wird eine handlungsbezogene und schülerorientierte Didaktik auch eine Zusammenarbeit suchen müssen mit jener Methode, die eben diese Vorstellungen teilt und auf sie hinweist. Insofern läßt sich Entsprechung (Passung) als ein Merkmal festhalten, das gegen pures Modischsein wappnet, wenn damit auch die Gefahr, daß alle Elemente des Dreiecks Realität verzerrt repräsentieren, nicht ausgeschlossen werden kann.

3.2 Die Methodenfrage

Ich möchte im Hauptteil meines Vortrags drei Methoden oder - vorsichtiger formuliert - drei methodische Vorgehensweisen vorstellen, deren Einsatz sich für Forschungen im Bereich der Didaktik empfiehlt. Es sind Ansätze, die sich anbieten zur Ermittlung geschlechtsspezifischer Haltungen; die danach fragen helfen, wodurch und durch welche Rahmenbedingungen Erfolge in der Schule ermöglicht, aber auch wodurch sie verhindert werden; es sind Verfahren, die auf die Erfassung des Schulklimas oder - in alter Terminologie - der pädagogischen Atmosphäre abstellen. Und es sind Methoden der Forschung - darauf habe an dieser Stelle besonderen Wert gelegt - die auch tatsächlich in der Schule und von denjenigen, die in ihr arbeiten, den Lehrerinnen und Lehrern, mit eingeübt sowie ausgeübt werden können. Ich werde zunächst eingehen auf das, was ich (1.) die ethnographische Perspektive qualitativer Forschung nenne sowie (2.) auf eine Form der Hermeneutik, die über eine paraphrasierende oder eine inhaltsanalytische Behandlung von Texten hinausgeht; daran anschließend möchte ich - wenn auch in knapper Form - (3.) hinweisen auf das von Lyn Mikel Brown, Carol Gilligan, Mark Tappan und anderen entwickelte stimmenorientierte Verfahren zur Ermittlung geschlechtsspezifischer Äußerungen. Beginnen will ich mit einigen Anmerkungen zur grundsätzlich anzustrebenden sensibilisierten Haltung des Wissenschaftlers in der qualitativen Forschung.

3.2.1 Zur ethnographischen Perspektive qualitativer Forschung

Die Überlegungen dieses Abschnitts entnehme ich aus der ethnographischen Tradition, die nach meinem Verständnis sowohl aufgrund ihrer langen praxisbezogenen Forschungsgeschichte als auch aufgrund ihres theoretischen Reflexionsgrades gewissermaßen eine fundierende Funktion für den gesamten Bereich der qualitativen Forschung einnimmt[4]. Das nach wie vor prototypische Bild ethnographischen Forschens spiegelt sich in der folgenden kurzen Beschreibung des Vorgehens von Franz Boas, dem - wie es heißt - ersten Ethnologen, „der (tatsächlich) ins Feld ging" (Schütze 1994, S. 226). „Das Symbol Boas als einsamem Feldforscher" im Übergang vom reinen Buchwisssen und der „armchair"-Forschung zum „Eintauchen in die Praxis der Feldforschung" lautet paradigmatisch: „Franz Boas verläßt sein Boot in einem Eskimo-Dorf, er hat seinen Koffer in der Hand und bereitet sich auf einen längeren Aufenthalt vor" (Wallace 1972, S. 469).

Mich interessieren in diesem Zusammenhang weder das Fremde, das Unvertraute und das Überwinden von Fronten, nicht das Geheimnisvolle, noch der längere Aufenthalt im exotischen Forschungssetting, auch weniger der Aspekt der teilnehmenden Beobachtung, sondern die zentrale und für die Forschung grundlegende Haltung, die in der Vorbereitung dieser Praxis in der Ausbildung eingeübt werden kann. Ich nenne diese zentrale Kompetenz im Anschluß an Ulrich Oevermann die *„Logik des unvoreingenommenen Blicks" und meine damit vergleichsweise Unspektakuläres; nämlich die Fähigkeit, einen Sachverhalt möglichst ungetrübt wahrzunehmen, desen Sinn zugleich aber kombinationsfähig auszudeuten. Fragen, die sich für diese Aufgabe anbieten, können z.B. lauten: „Was bedeutet es, den Unterricht auf eine bestimmte Art und Weise zu eröffnen?" - „Was bedeutet es für den Unterricht, auf Konflikte auf eine bestimmte Art zu reagieren?" schließlich „Was heißt es, auf eine bestimmte Art und Weise im Unterricht zu intervenieren"*[5]?. Diese und damit verwandte Fragen werden in der qualitativen Forschung nicht zufällig erhoben, sondern sind im

---

[4] Für das deutschsprachige Publikum sind möglicherweise die Anknüpfungspunkte zur Phänomenologie deutlicher, die ja auch durch die „epochale Reduktion" auch den Gewinn einer möglichst ungetrübten „Wahrnehmung" anstrebt; das ethnographische Denken überzeugt mich jedoch in dieser Hinsicht mehr, da es über eine große Bandbreite empirisch gewonnener Ergebnisse verfügt.

[5] Vgl. dazu Max van Manen (1991), Kap. 5: Pedagogical understanding is sensitive listening and observing, S. 83ff.

Sinne einer Filteranalyse gebunden an *Gelenkstellen des Unterrichts,* sie richten sich z.B. auf Eröffnungen, Beschließungen oder Konstellationen des Konflikts und der Krise, also Situationen, die fächerübergreifend auftreten und denen eine besondere Bedeutung zur Strukturierung von Handlungen zukommt.

Lassen Sie mich die potentielle Bedeutung der „Logik des unvoreingenommenen Blicks" anhand eines einfachen Beispiels verdeutlichen. Das Beispiel entstammt aus einer Schule, die sich einem Schulversuch zur Etablierung einer Gerechten Gemeinschaft (just community) im Sinne Lawrence Kohlbergs angeschlossen hat. Das Kollegium hatte sich bewußt für eine Teilnahme am Programm entschieden, so daß unterstellt werden kann, daß die beteiligten Lehrerinnen und Lehrer besonders interessiert und entsprechend motiviert waren, pädagogisch „gehaltvoll" und erfolgreich tätig zu werden. Einen zentralen Bestandteil jeder „just community Schule" bildet die Gemeinschaftsversammlung, die – je nach Modell – im wöchentlichen oder zweiwöchentlichen Abstand tagt und zur Aufgabe hat, Probleme und strittige Fragen der Schule und des Schullebens unter den Beteiligten zu diskutieren und einer Entscheidung zuzuführen unter der Vorgabe, daß alle – also Lehrer wie Schüler – über jeweils *eine* Stimme verfügen („one person – one vote").

Die Interaktionssequenz, die ich vorstellen möchte, ist sehr kurz. Ich entnehme sie aus einer Gemeinschaftssitzung zum Thema „Hilfe für Polen", das im Dezember 1989 - wie sich vermuten läßt - vom Kollegium vorgeschlagen wurde. Zu Beginn der Sitzung fragt ein Schüler, der - zusammen mit zwei Lehrerinnen und einer weiteren Schülerin - die Diskussionsleitung innehat, nach Gründen, weshalb „Hilfe für Polen" geleistet werden sollte. Auf der Tafel wurde zuvor eine Tabelle mit der Überschrift „Hilfe für Polen" aufgetragen, darunter befinden sich zwei Spalten: „Warum" - „Warum nicht?" Eine Anzahl von Kindern meldet sich zu Wort, und die Kinder tragen nach und nach ihre Argumente vor: „Polen ist ein armes Land", „der Winter ist sehr hart", „die Wirtschaft funktioniert nicht so gut" usw. Auch der zwölfjährige Dirk hat sich gemeldet, als er aufgerufen wird, geht er zum Mikrophon und formuliert sein Anliegen: „Ich wollte nur sagen, daß es auch in Deutschland ziemlich viele gibt, die keine Arbeit haben". Hierauf erfolgt aus den Reihen der Just Community längerer Beifall. Woraufhin eine Lehrerin, die in der Nähe des Mikrophons steht, sofort, d.h. ohne „aufgerufen zu sein", das Wort ergreift: „Die Zustimmung des Beifalls kann ich unterstützen, nur das ist nicht unser Thema". Das Argument wird nicht auf die Übersicht an der Tafel aufgenommen; Dirk setzt sich. Ich möchte den Sinn dieser Interaktion ansatzweise ausdeuten. Zunächst gehe ich davon aus, daß das von den Lehrern vorgeschlagene oder - wie doch vermutet werden kann

- zumindest mit starken Argumenten in den Entscheidungsprozeß für eine „just community Diskussion" eingebrachte Thema mit der Absicht verbunden war, ein *moralisch* relevantes Exempel vorzuführen. Der im Beispiel implizierte Altruismus soll den Schülern vor Augen führen, daß es richtig ist, andere - auch und gerade jene, die nicht Freunde, sondern Fremde sind - zu unterstützen.

Und wir sehen, daß die Kinder durchaus in der Lage sind, entsprechende Antworten zu formulieren, wobei sicherlich auch das Motiv der sozialen Erwünschtheit eine nicht zu unterschätzende Rolle spielt. Dirk jedoch verstößt offensichtlich gegen die von den Lehrern und Lehrerinnen erhoffte und von den anderen Schülern erfüllte Übereinkunft. Der Versuch der Lehrer, Solidarität gegenüber Fremden als „moralisches Lernziel" einzuführen und ratifizieren zu lassen, prallt an ihm ab. Bevor wir in die Welt hinausgehen und Fernstenliebe praktizieren, sollen wir „im Lande bleiben" bei unserer Wir-Gemeinschaft, die überschaubar ist und zu der wir affektive Bindungen haben, so kann sein Betrag verstanden werden. Und insofern kommt ihm das von den Lehrerinnen intendierte Modell einer universellen Solidarität (bzw. einer postkonventionellen Moral) nicht in den Blick.

Die Begebenheit, die ich hier schildere, hat weniger als 20 Sekunden gedauert und beim Ansehen des Video-Mitschnitts fällt die Interaktion, die zudem noch zu Beginn der Sitzung vor der eigentlichen Diskussion erfolgte, kaum auf. Dennoch läßt sich feststellen, daß die Absicht des Unterrichts in diesem Punkt - für dieses Kind - gescheitert ist. In der durchaus verständlichen Absicht, einen praktischen Beitrag zur Hilfe für Polen zu leisten, wird Dirks Vorbehalt zugleich auf mehreren Ebenen verfehlt. „Hilfe für Polen" - „Warum"? oder „Warum nicht"? lautete die Fragestellung, die ja auch auf die Tafel übertragen wurde. Nicht nur wird Dirks Beitrag nicht ernstgenommen, das gesamte Projekt einer Gerechten Gemeinschaft gerät in Gefahr einer pseudodemokratischen Veranstaltung.

Welche Lehre läßt sich aus dieser eher harmlosen, sich wahrscheinlich tagtäglich strukturell reproduzierenden Situation ziehen? Um es pathetisch zu sagen: Die methodisch geübten Augen und Ohren des qualitativen Forschers achten genau auf solche Sequenzen, ohne sie zunächst überzubewerten. Erst in dem Moment, in dem ein Unterricht systematisch wiederkehrend solche Interaktionsmuster aufweist, sollten diese ausgedeutet werden; denn jedes Unterrichtsgeschehen, das sich systematisch und über längere Zeit aus solchen Situationen zusammensetzt, kann sich in seiner Tendenz belastend auf alle Beteiligten auswirken. Jede Interaktion, so auch das eng geflochtenen Band des Unterrichts, kann Probleme nur in einem gewissen Umfang absorbieren und folglich tolerieren.

3.2.2 Zum hermeneutischen Verfahren

Die hermeneutische Vorgehensweise, die ich nun umreißen werde, ist vergleichsweise einfach und untechnisch zu verstehen, und eine Einübung in das Verfahren kann durch die sachhaltige Auseinandersetzung mit dem Fall selbst erfolgen (vgl. auch Aufenanger 1991). Die vorgestellten Schritte lehnen sich an die 'objektive Hermeneutik' an, ohne daß deren zugegebenermaßen komplizierter Begründungsapparat mit übernommen werden muß[6]. Die hermeneutische Auslegung der Texte geschieht dem Grunde nach nach dem Muster unseres Alltagsverständnisses. Das methodisch geleitete Bewußtwerden des Alltäglichen ist jedoch vom Zeitdruck befreit und insofern methodisch „diszipliniert". Der längere Aufenthalt des Ethnologen wird zugunsten einer längeren Interpretation aufgehoben.

Gegenstand einer solchen profunden interpretativen Arbeit sind Texte „jeglicher Art", Dokumente wie Briefe, Interviews, Zeichnungen, Videobeobachtungen des Unterrichts oder von Pausen usw., aber auch z.B. Lehrpläne, die ihrerseits im Hinblick auf ihren „heimlichen Lehrplan" analysiert werden können. Selbst der Unterricht wird als Text verstanden, der zum Stoff der Interpretation wird. Hierbei hat sich gezeigt, daß eine Konzentration auf Gelenk- oder Schaltstellen forschungsökonomisch ratsam ist; z.B. auf die Interpretation von Handlungsproblemen, also auf den Umgang mit Konflikten oder die Vergabe von Themen. Aber auch die generelle Frage danach, wie Sozialität, pädagogisch formuliert: wie Gemeinschaft und Solidarität hergestellt und koordiniert werden, läßt sich untersuchen. Dies hat im übrigen schon Mehan in seinen Interaktionsstudien in Grundschulen (1979) verdeutlicht, indem er, vor allem gegen den Beobachtungsformalismus von Flanders, empirisch herausarbeiten konnte, daß Unterricht mehr ist, als sich in Strichlisten abbilden läßt.

So besteht z.B. die Unterrichtseröffnung aus einem „sozialen Vorher" und der faktischen Eröffnung; die Unterrichtsbeschließung aus dem Akt der Beendigung und einem „sozialen Nachher", so daß eine Fülle an sozialen Bezügen vorliegt, die dem Takt des Flandersschen Metronoms entgehen. Ich möchte nun das text- und kontextsensible hermeneutische Verfahren in fünf Schritten und unter Heranziehung eines Beispiels erläutern (vgl. ausführlicher Garz, im Druck).

1. Schritt: Die Festlegung der Fragestellung im Hinblick auf das Forschungsinteresse, d.h. von einer bestimmten, konkret formulierten *Fragestellung* auszugehen. Ohne diese Vorgabe kann keine sinnvolle Interpretation erfolgen; sie würde sich

---

[6] Selbstverständlich kann eine theoretische Auseinandersetzung bei Bedarf jederzeit erfolgen (vgl. Oevermann 1983, 1986, 1996).

im Gegenteil im Vagen verlieren, da an jeden Text prinzipiell unendlich viele potentiell erkenntnisleitende Fragen herangetragen werden können.

2. Schritt: Die Feststellung des Texttyps,
d.h. vor der Interpretation des Textes muß eine Bestimmung des Protokolltyps erfolgen, um die Interaktionsrahmung bestimmen zu können. Konkret heißt dies, daß zu Beginn der Auswertung die Frage zu beantworten ist, in welcher Form das Protokoll vorliegt: z.B. als Interview, als Videoaufzeichnung, als Gesprächsaufzeichnung, als Poster, als Schreiben der Schulleiterin usw.

3. Schritt: Die sequentielle Vorgehensweise,
d.h. der Text wird Zug um Zug, Satz für Satz, interpretiert, ohne daß Sequenzen, die später generiert werden und entsprechend später im Text „auftauchen"', herangezogen werden. Damit soll im Gegensatz beispielsweise zur philosophischen Hermeneutik das Vorwissen des Interpreten über den konkreten Fall, - also z.B. über Äußerungen, die an späterer Stelle im Text folgen, die aber bereits bekannt sind -, systematisch ausgeblendet werden, um eine Zirkelhaftigkeit der Interpretation begründet ausschließen zu können.

4. Schritt: Die extensive Sinnauslegung,
d.h. in einem nicht auf eine „frühe Einigung" abzielenden Diskussionsprozeß innerhalb der Interpretationsgruppe werden nun alle mit einem Text kompatiblen Deutungen - technisch gesprochen: alle *Lesarten,* gedankenexperimentell generiert. Als einziges Ausschlußkriterium gilt hierbei die Nichtübereinstimmung einer Lesart mit dem vorliegenden Text; allerdings dürfen auch vermeintlich eher unwahrscheinliche Lesarten nicht ausgeschlossen werden.

5. Schritt: Die Strukturhypothese
Die extensive Sinnauslegung wird von der Interpretationsgemeinschaft solange weitergeführt, bis eine erste am Text gewonnene Hypothese im Hinblick auf die eingangs formulierte Fragestellung möglich ist. Faktisch führt dies zu einem begründeten, sequentiellen Ausblenden jener Lesarten, die nicht länger mit dem Text kompatibel sind, wobei jedoch auch das Ausscheiden möglicher Lesarten erst nach intensiver Diskussion erfolgen darf.

Ich will dies am Beispiel einer Unterrichtseröffnung, die mit einer fest installierten Video-Kamera aufgenommen wurde, und zwar unter Rückgriff auf ein extrem kurzes Beispiel, erläutern.[7]

---

[7] Als hilfreich bei der Interpretation hat sich der Rückgriff auf Veröffentlichungen zur Sprachpragmatik und Konversationsanalyse erwiesen, die gewissermaßen ein „Lexikon der alltäglichen Redeverwendung" zur Verfügung stellen (vgl. z.B. Weinrich 1993; Levinson 1983; vgl. zur Vorgehensweise in der universitären Ausbildung auch Smith 1991).

Zum Text und Kontext:
Während der kleinen Pause kommen Schülerinnen und Schüler, die zuvor nicht anwesend waren, in den Klassenraum. Herr Amberg, der Mathematiklehrer, betritt eine Minute vor Unterrichtsbeginn das Klassenzimmer. Die Schülerinnen und Schüler setzen ihre begonnenen Gespräche fort. Herr Amberg packt währenddessen Unterrichtsmaterialen aus seiner Tasche aus und überreicht einzelnen Schülern Hefte. Anschließend richtet er die Tafel auf und räumt dann den Overhead-Projektor zu Seite. Als es läutet, nehmen die noch stehenden Schülerinnen und Schüler ihre Plätze ein. Der Gesprächspegel läßt nach.

Lehrer: So. Guten Morgen
(Vernehmbar sind zwei Äußerungen, beide von Schülerinnen beziehungsweise Schülern, die mit 'Guten Morgen' den Gruß erwidern sowie die Äußerung eines weiteren Schülers.
Der Lehrer wendet sich unmittelbar nach seiner Begrüßung seinen Unterlagen zu, die seit-lich von ihm liegen.
Die Aufmerksamkeit der Schülerin-nen und Schüler richtet sich (überwiegend) auf den durch das Klingeln und die Begrüßung eröffneten Handlungsverlauf.) *Ende des Protokolls*

Die Interpretation:
Die Unterrichtseröffnung kann als der „offizielle" Beginn eines bewußt hergestellten Teils schulischer Praxis verstanden werden. Für diese Eröffnung wird traditionellerweise - und begründbar - eine Begrüßungsform gewählt. Begrüßungen dienen der gegenseitigen Versicherung der Anerkennung und des wechselseitigen Respekts. Um sicherzugehen, daß beide Seiten diese Form einhalten, muß jedem der Beteiligten daran gelegen sein, daß die Reziprozität der Begrüßung gewährleistet ist. Da Begrüßungen unterschiedlich vollzogen werden können, sind die entsprechenden Interaktionsformen differenziert. In manchen Schulen ist es üblich, daß die Lehrerin die Schülerinnen und Schüler per Handschlag begrüßt, in anderen Schulen müssen die Schülerinnen und Schüler aufstehen und den Gruß gemeinsam („im Chor") erwidern. Auf jeden Fall bedeutet dies, daß die Grüßenden die Erwiderung des Grußes direkt erfahren. Für diejenigen, die gegrüßt werden, muß auf jeden Fall die Ernsthaftigkeit des Grüßens, die Wahrhaftigkeit des Kommunikationsangebots, deutlich werden.

Was heißt dies nun für Herrn Amberg? Da Herr Amberg seine Begrüßung zum einen erst vornimmt, nachdem er sich schon eine gewisse Zeit im Raum befindet, und indem er diese Begrüßung mit einem die soziale Zeit zäsierenden „So", gefolgt von einem „Guten Morgen", einleitet, kommt diesem Interakt eine klar unterrichtseröffnende Funktion zu, die - im Sinne - eines turning point die

Aufmerksamkeit der Schülerinnen und Schüler auf das nun Folgende lenken soll. Jedoch, Herr Amberg nimmt die Begrüßung äußerst uninteressiert vor und schenkt den Erwiderungen (beziehungsweise dem Ausbleiben der Erwiderung) keine Beachtung, was dadurch zum Ausdruck kommt, daß er sich direkt nach seiner Äußerung wieder seinen Sachen auf dem Schreibtisch zuwendet. Dadurch aber verliert die Begrüßungsgeste ihre Bedeutung der Stiftung von Kooperationschancen für den nachfolgenden Unterricht. Was anderes als Desinteresse soll der desinteressierte Herr Amberg ernten (vgl. ausführlicher Aufenanger/Garz 1996)?

3.2.3 Zum „stimmenorientierten Verfahren"

Aus dem Bereich der geschlechtsspezifischen Forschung möchte ich auf ein für den Unterricht relevantes und erprobtes Verfahren hinweisen, das sowohl auf die Herausarbeitung von sozio-moralischen Unterschieden zwischen den Geschlechtern überhaupt abstellt als auch zum Vergleich von unterschiedlichen Unterrichtsformen und Unterrichtsinhalten einsetzbar ist. Hier können Geschichten angeregt werden, die auf ein ganzheitliches Verständnis der Schülerinnen und Schüler abzielen, zum Beispiel indem sie mit Metaphern arbeiten, die eine Verbindung von kognitiven und affektiven Anteilen ermöglichen (vgl. Oldfather/West 1995). „Wenn der Sportunterricht ein Fahrzeug wäre, was für eines käme dafür in Frage?" „Und wie ist es mit dem Religionsunterricht, dem Sachunterricht usw. usw." Antworten können dann beispielsweise lauten: „Ein Porsche. Es macht Spaß, mit ihm zu fahren." Oder: „Ein alter VW-Käfer, sehr gemütlich." Oder auch: „Ein Rennwagen. Alles geht viel zu schnell und dennoch dreht sich alles nur im Kreis." Auf diese Weise werden auch spezifische Vergleiche, z.B. von Sachunterricht mit anderen Fächern wie Deutsch, Religion oder Sport ermöglicht - Fächer, die nach der Idee des minimalen und maximalen Kontrasts ausgewählt und miteinander verglichen werden können.

Eine Narrative Forschung, die sich der Suche nach sozio-moralischen Stimmen (voices) im Sinne von Lyn Mikel Brown und Mark Tappan widmet, stellt einen alternativen Ansatz zum Kohlbergschen Auswertungsverfahren (der Auswertung mit Hilfe eines Auswertungshandbuches) des moralischen beziehungsweise Gerechtigkeitsurteils dar. Die auf einem Leitfaden zum Zuhören und zum Auswerten beruhende Methode destilliert die moralischen Stimmen nicht aus den klassischen Kohlberg-Dilemmata heraus, sondern erhebt und wertet sie auf eine „offene", d.h. wenig vorstrukturierte Weise aus (vgl. Brown/Gilligan 1994, S. 34ff.).

Die Forscherinnen führen Gespräche und erheben Interviews, um die in erzählten Geschichten enthaltene „Polyphonie der Stimmen" (Bachtin) analysieren zu können; denn die Narrationen reflektieren situative, persönliche und kulturelle Faktoren, einschließlich Fragen der Semantik und Pragmatik von Sprache, der subjektiv dazu eingenommenen Perspektive sowie das Verhältnis zwischen der Sprache und der Sichtweise des Lesers und Erzählers. Die innerhalb der Forschungsprojekte erarbeitete „Anleitung zum Hören und Lesen" versteht sich als interpretative Methode zur Auswertung von Interviewerzählungen über moralische Konflikte und Entscheidungen und stellt daher einen explizit hermeneutischen Ansatz zur Untersuchung des Verhältnisses von Moral zur geschlechtstypischen moralischen Entwicklung dar. Die Interpretation führt zu einem Verständnis davon *wie* und einer Erklärung *weshalb* die Erzählerin ihre Erfahrung von Beziehungen aufbaut und wie sie moralische Konflikte strukturiert und in die Geschichte ihres Lebens „einbaut".

Insofern ist die Methode eine Anleitung zum Lèsen von Erzählungen über tatsächlich erlebte (real life) moralische Konflikte und Entscheidungen im Hinblick auf das Selbst und die moralische Stimme. In verschiedenen Lesedurchgängen wird eine Fokussierung auf die Stimme des Selbst, der Gerechtigkeit und der Fürsorge gerichtet. Jeder Lesedurchgang dient zur Identifizierung eines unterschiedlichen Aspekts der Erzählung, der als relevant für die Verortung dieses Selbst und die Ermittlung der moralischen Stimme angesehen wird. Bei jedem Durchgang nähert sich der Interpret der Erzählung von einem anderen Standpunkt.

1. Der erste Lesedurchgang dient dazu, den Text zu verstehen und den Inhalt und den Kontext zu erfassen. Im Mittelpunkt stehen dabei der Handlungsablauf und das Charakteristische dieser Geschichte, die den Erzähler als Person identifizieren und charakterisieren will. Die Repräsentation der Geschichte, der spezielle moralische Konflikt und die Stimme des Erzählenden über sich selbst, über Moral und den moralischen Konflikt werden aufgespürt.

2. Im zweiten Durchgang wird das Selbst des Erzählers lokalisiert: Wie stellt sich die Erzählerin in der Geschichte dar, welchen Standpunkt nimmt sie ein, wie erscheint sie als Handelnde in einem moralischen Konflikt, wie entscheidet sie sich? Ihre Statements werden herausgefiltert, Fragen nach der Involviertheit ihrer Person in das Geschehen, was für sie „auf dem Spiel" steht und wo ihre Entscheidungsmerkmale gründen, werden an den Text gestellt.

3. und 4. Der dritte und vierte Lesedurchgang dienen dem Auffinden der „Fürsorge-" („care-language") beziehungsweise der „Gerechtigkeits-Stimme" (justice-language). Dieses Lesen wird unter der Fragestellung der Konstitution

dieser Stimmen, ihrer Ausdrucksweise, der Häufigkeit ihrer Darstellung und der Wichtigkeit durchgeführt.

Beispiel: Ein Text und seine Interpretation:
Die neunjährige Noura erläutert ein von ihr gezeichnetes Bild ihrer Familie: „Einmal war mein Bruder auf einem Ausflug, und sie sind in den Wald gegangen, und er hat einen Hund gesehen, und der war ein bißchen verletzt, und ein paar andere Tiere auch. Dann ist er nicht mit den anderen weitergegangen, sondern er ist einfach allein weitergegangen, und er hat den Tieren geholfen. Und dann, als er etwas gefunden hat, um ihnen einen Verband zu machen, hat er den Ausflug ganz vergessen, und alle haben bemerkt, daß er weg war. Und dann ist er einfach losgegangen und hat versucht, einen Weg da raus zu finden, und dann hat er einen Weg gefunden, und da gab es ein Restaurant, und das war zufällig genau das McDonalds, wo sie alle essen wollten" (ebd., S. 126).

„Noura sagt, daß diese Geschichte erfunden ist. Aber das Bild ihres Bruders, der zwei Jahre älter ist als sie, ... erinnert an Themen, die in diesem Lebensabschnitt der Mädchen immer wieder anklingen werden: Die moralischen Stimmen sind die Stimmen von „Trennung und Beziehung, Verletzungen und Hilfe, Hunger und Sättigung; und die Sorge darüber, was normal und was nicht normal ist" (ebd.).

Zusammengenommen und über diesen knappen Interpretationsansatz[8] hinausgehend bedeutet dies: Jeder Lesedurchgang bringt unterschiedliche Aspekte der Erzählung in das Blickfeld, einer bestimmte Aussage des Erzählers kann unterschiedliche Bedeutung zukommen, die durch die moralischen Perspektiven, unter denen der Text gelesen wird, Zug um Zug offengelegt werden.

[8] Der technische Vorgang der Auswertung gestaltet sich nach folgendem Muster: Die einzelnen Passagen, in der sich die unterschiedlichsten Stimmen finden, werden in verschiedenen Farben markiert. Dann werden relevante Textteile in einen „Reading Guide Worksheets" übertragen und Beobachtungen und Interpretationen beigefügt. Die Interpretation wird auf diese Weise mit Zitaten aus dem Text erhärtet. Eine „Summary Interpretation" faßt die Ergebnisse zusammen. Aus den Ergebnissen können „Narrative Typen" konstruiert werden, die die Art und Weise abbilden, wie sich das Selbst und die moralischen Stimmen manifestieren und artikulieren. Der narrative Gesamttypus, der eine besondere Erzählung des moralischen Konflikts und der Entscheidung zusammenfaßt, besteht aus den separaten, aber miteinander verbundenen Dimensionen des Vorkommens, der Vorherrschaft und Ausrichtung von Moralität bei Kindern und Jugendlichen.

3.3. Die Motivationsfrage

Ich möchte im abschließenden Teil meines Vortrags fragen, wie es gelingen kann, qualitative Forschung, konsequenter als bisher geschehen, in die Schule, in den Unterricht, in den Sachunterricht, einzuführen. Die zentrale, bereits eingangs zitierte Kritik von Eberwein und Mand lautete ja in diesem Zusammenhang: „Das, was man an den Hochschulen denkt, lehrt und forscht, hat kaum etwas mit der Schulpraxis zu tun".

Wie läßt sich dies ändern? Konkret: Was kann motivieren, den zusätzlichen Aufwand, den ja Forschung auch mit sich bringt, auf sich zu nehmen? Meine Antwort darauf ist weder neu noch originell - allerdings muß sie deshalb nicht falsch sein. Forscherinnen und Lehrer werden den Mehraufwand nur leisten wollen, wenn er Erfolg verspricht. Erfolg, soweit qualitative Forschung einen Einfluß ausüben kann, heißt die Verbesserung von Praxis durch (a) ein angemesseneres Wahrnehmen und (b) durch ein besseres Verständnis. So lautet zumindest die Diagnose der eingangs erwähnten Handlungsforschung, die nachdrücklich darauf besteht, daß Forschung ihren Ort sowohl in der Universität als auch der Schule hat. Und mit dieser Intention habe auch ich die qualitativen Methoden vorgestellt.

Was bedeutet dies für den wissenschaftlichen Umgang mit qualitativen Methoden, was vor allem für die Ausbildung? Qualitative Forschung ist in einem außerordentlich großen Maße auf Einübung angewiesen. Lektüre und Reflexion allein reichen nicht aus. Daraus kann gefolgert werden: Nur dann, wenn das forschungsmethodisch unterstützte Gelingen von Unterricht bereits in der Ausbildung erfahren wurde, führt dies zur Einsicht, daß hieraus auch Hilfen für den Beruf erwachsen können. Nur so kann die Motivation entstehen, sich auf Forschung einzulassen. Nur dann, wenn die zukünftige Lehrerin sich bereits während des Studiums methodische Kompetenzen aneignen kann, besteht begründete Hoffnung, daß diese Kompetenzen beibehalten und unterrichtspraktisch eingesetzt werden. Nur dann, wenn der Lehrer in seiner Ausbildung erfahren hat, daß qualitative Forschung hilft, das komplexe soziale Geschehen, das wir Unterricht nennen, zu verstehen und zu verbessern, kann erwartet werden, daß er in seiner Praxis darauf zurückgreift. Insofern besteht die Notwendigkeit, sowohl diejenigen, die sich primär als Wissenschaftlerinnen mit qualitativer Forschung beschäftigen wollen, als auch diejenigen, die als Lehrer (ihren) Unterricht erforschen wollen, systematisch so auszubilden, daß eine Habitusbildung im Sinne Bourdieus, also ein Aufbau und das Beibehalten konzentrierter Wahrnehmung, erfolgt.

Zu einer solchen Professionalisierung des Lehrerinnenberufs gehört nach meiner Ansicht die Fähigkeit, verdeckte Prozesse selbständig (oder auch in Lehrergruppen) aufzunehmen und sie (wenn nötig) zu bearbeiten. Innerhalb dieser sachhaltigen Auseinandersetzung läßt sich dann auch eine Vielzahl weitreichender Fragen stellen und nach möglichen Antworten suchen. Ich zähle in unsystematischer Reihung auf: „Welches Lernen wird eigentlich angeregt?" - „Kann ein Erkundungsauftrag gemäß der „Logik des unvoreingenommenen Blicks" erfolgen?„ - „Können wir den didaktisch perfekt zielorientierten, aber schülervergessenen Unterricht erkennen und - können wir ihn verhindern?" - „Stimmt es also, daß die postmoderne Metapher vom „Tod des Subjekts" auch die Didaktik erreicht hat?" - „Gelingt es uns, die Gegenbewegung zu vollziehen, d.h. die Lehrer wieder zu den Schülern zu bringen?" - Schließlich: „Können wir die alten, aus der Schulzeit beibehaltenen Muster der Studierenden aufbrechen?".

4. Zusammenfassung

Die hier beschriebene qualitative Forschung kann das Sichtbarmachen bislang verdeckter Muster erreichen und den „heimlichen Lehrplan" aufdecken. Sie führt dazu, daß viele Phänomene ihre Selbstverständlichkeit verlieren und einer Neu-Bewertung zugänglich werden, daß wir alle also aus unserem „dogmatischen Schlummer" erwachen und sich ein „kognitiver Sturm und Drang" (Flavell) in unseren Köpfen entwickelt. Aber das pädagogisch Neue geschieht nicht einfach. Wir müssen etwas dafür tun. Dieses Tun kann sich beziehen auf universitäre Veranstaltungen, vom Forschungskolloqium bis zur Forschungswerkstatt, die auf intensiver Interpretationsarbeit beruhen. Die Hermeneutik des Forschens wird in einer Vorstufe praktischen Tuns, einer Art „Handlungshermeneutik" (S. Kade) eingeübt; allein dieser Weg führt zu einer professionsadäquaten Habitusbildung. Und nur eine solche Ausbildung wird es ermöglichen, die durch das Wiederaufkommen der Handlungsforschung genährten Hoffnungen auf eine fruchtbare Verbindung von Praxis, qualitativer Methode und Theorie über den Tag hinaus zu erfüllen.

Literatur

Ackermann, F./Blömer, U./Garz, D.: "Schimanski! Schimanski ist toll." Identitätsentwicklung in einer Individualität verneinenden Gesellschaft. In: Krüger, H.-H./Marotzki, W. (Hrsg.): Erziehungwissenschaftliche Biographieforschung. Opladen 1995, S. 158-174

Altrichter, H./Posch, P.: Lehrer erforschen ihren Unterricht. Bad Heilbrunn 1990

Altrichter, H./Gstettner, P.: Aktionsforschung - ein abgeschlossenes Kapitel der deutschen Sozialwissenschaft? In: Sozialwissenschaftliche Literaturrundschau, 16 (1993), 26, S. 67-83

Aufenanger, St.: Qualitative Analyse semi-struktureller Interviews - Ein Werkstattbericht. In: Garz, D./ Kraimer, K. (Hrsg.): Qualitativ-empirische Sozialforschung. Opladen 1991, S. 35-59

Aufenanger, St./Garz, D.: Moralische Atmosphäre - Qualitative Forschung im Klassenzimmer. In: Bildungsforschung und Bildungspraxis, 18 (1996), S. 109-120

Aufenanger, St./Garz, D./Kraimer, K.: Pädagogisches Handeln und moralische Atmosphäre. In: Garz, D./Kraimer, K. (Hrsg.): Die Welt als Text. Theorie, Kritik und Praxis der objektiven Hermeneutik. Frankfurt a.M. 1994, S. 226-246

Bell, D.: The turn to interpretation. In: Partisan Review, 51 (1984), S. 215-219

Brown, L. M./Gilligan, C. (1992): Die verlorene Stimme. Frankfurt a.M. 1994

Brown, L. M./Tappan, M./Gilligan, C. et.al.: Lesen im Hinblick auf das Selbst und die moralische Stimme. In: Garz, D./ Kraimer, K. (Hrsg.): Qualitativ-empirische Sozialforschung. Opladen 1991, S. 93-132

Brown, L. M./Debold, E./Tappan, M./Gilligan, C.: Reading narratives of conflict and choice for self and moral voice: A relational method. In: Kurtines, W./Gewirtz, J. (Hrsg.): Handbook of moral behavior and development. Volume 2: Research. Hillsdale 1991 b, S. 25-61

Eberwein, H./Mand, J.: Qualitative Forschung und Schulalltag. Auswege aus praxisferner Forschung und forschungsferner Praxis. In: Dies. (Hrsg.): Forschen für die Schulpraxis. Weinheim 1995, S. 11-18

Fish, St.: Is there a text in this class? The authority of interpretive communities. Cambridge, Mass.: Harvard University Press 1980

Garz, D.: Entwicklungslinien qualitativ-empirischer Sozialforschung. In: König, E./Zedler, P. (Hrsg.): Bilanz qualitativer Forschung. Bd. 1. Weinheim 1995, S. 11-22

Garz, D.: 'Das Leben stört natürlich ständig'. Qualitativ-biographische Verfahren als Methoden der Bildungsforschung. In: Busch, F.W. (Hrsg.): Aspekte der Bildungsforschung in Oldenburg. Oldenburg, im Druck; überbarbeitete Fassung. In: Kraimer, K. (Hrsg.): Die Fallrekonstruktion. Hermeneutische Ansätze sozialwissenschaftlicher Forschung. Frankfurt a.M. (Suhrkamp), in Vorbereitung

Garz, D.: Die Methode der Objektiven Hermeneutik - Eine anwendungsbezogene Einführung. In: Friebertshäuser, B./Prengel, A. (Hrsg.): Handbuch Qualitative Forschungsmethoden in der Erziehungswissenschaft. Weinheim: Juventa, im Druck

Garz, D./Aufenanger, St.: Was sagen die Kinder? Die Just Community aus der Sicht der Schüler - eine ethnographische Analyse. In: Eberwein, H./Mand, J. (Hrsg.): Forschen für die Schulpraxis. Weinheim 1995, S. 73-87

Garz, D./Kraimer, K. (Hrsg.): Brauchen wir andere Forschungsmethoden? Frankfurt a.M. 1983

Garz, D./Kraimer, K. (Hrsg.): Qualitativ-empirische Sozialforschung. Opladen 1991

Garz, D./Kraimer, K. (Hrsg.): Die Welt als Text. Theorie, Kritik und Praxis der objektiven Hermeneutik. Frankfurt a.M. 1994

Kaiser, A.: Einführung in die Didaktik des Sachunterrichts. Hohengehren 1996[2]

Kujawski, H.: Der Stellenwert der moralischen Erziehung in der Ausbildungsordnungsforschung. München 1992

Lauterbach, R. et al. (Hrsg.): Curriculum Sachunterricht. Kiel 1994

Levinson, St. C.: Pragmatics. New York: Cambridge University Press 1983

McEwan, H.: Teaching and the interpretation of texts. In: Educational Theory, 42 (1992), S. 59-68

Mehan, H.: Learning lessons. Social organization in the classroom. Cambridge, Mass.: Harvard University Press 1979

Oevermann, U.: Zur Sache. In: von Friedeburg, L./Habermas, J. (Hrsg.): Adorno-Konferenz 1983. Frankfurt a.M. 1983, S. 234-289

Oevermann, U.: Kontroversen über sinnverstehende Soziologie. In: Aufenanger, St./Lenssen, M. (Hrsg.): Handlung und Sinnstruktur. München 1986, S. 19-83

Oevermann, U.: Konzeptualisierung von Anwendungsmöglichkeiten und praktischen Arbeitsfeldern der objektiven Hermeneutik. (Manifest der objektiv hermeneutischeSozialforschung). Ms. Frankfurt a.M. 1996

Oldfather, P./West, J.: Jazz, Jaguars, and the power (and pleasure) of metaphor. Ms. San Francisco (AERA) April 1995

Scheuch, E.K.: In memoriam, Thomas Herz. In: ZA-Information 82/1996, S. 6-8

Schütze, F.: Ethnographie und sozialwissenschaftliche Methoden der Feldforschung. In: Groddeck, N./Schumann, M. (Hrsg.): Modernisierung sozialer Arbeit durch Methodenentwicklung und -reflexion. Freiburg 1994, S. 189-297

Smith, D.G.: Hermeneutic inquiry: The hermeneutic imagination and the pedagogic text. In: Short, E. C. (ed.): Forms of curriculum inquiry. Albany: SUNY Press 1991, S. 187-209

Tappan, M. B.: Stories lived and stories told: The narrative structure of late adolescent moral development. In: Human Development, 32 (1989), S. 300-315

van Manen, M.: The tact of teaching. Albany: SUNY Press 1991

Wallace, A.: Paradigmatic processes in culture change. In: American Anthropologist, 74 (1972), S. 467-478

Weinreich, H.: Textgrammatik der deutschen Sprache. Mannheim 1993

Wie handlungsorientiert ist der Sachunterricht?

Hartmut Giest, Universität Potsdam

1. Anliegen der Untersuchung

Fünf Jahre sind seit der Einführung neuer Rahmenpläne für den Sachunterricht in Brandenburg, wie auch in den anderen Neuen Bundesländern, vergangen. Es ist an der Zeit, eine Weiterentwicklung der Rahmenpläne vorzunehmen. Diese sollte wissenschaftlich durch die Hochschulforschung begleitet werden und sich auf dem Fundament einer sorgfältigen Evaluation vollziehen. Mit den neuen Rahmenplänen war ein prinzipieller Wandel der Unterrichtskonzeption auf dem Hintergrund gesellschaftlicher, bildungspolitischer und schulstruktureller Transformationsprozesse verbunden. Dieser Wandel ist durch Demokratisierung, Entideologisierung, Pluralisierung einerseits und Hinwendung zum Kind und der Entfaltung seiner individuellen Persönlichkeit sowie insgesamt durch eine stärkere Orientierung auf einen handlungsorientierten Unterricht andererseits gekennzeichnet (vgl. Vorläufiger Rahmenplan des Landes Brandenburg 1991; Plischke 1994). Handlungsorientierung wurde in diesem Zusammenhang häufig als Gegenpol zur dominanten Wissensvermittlung („Stoffschütten") im Heimatkundeunterricht der DDR verstanden. Es darf allerdings nicht unerwähnt bleiben, daß das Prinzip der Handlungsorientierung auch im Unterricht der DDR (Orientierung auf „Schülertätigkeiten"), fußend auf Ergebnissen vor allem der sowjetischen Lernpsychologie (Wygotski 1985, 1987; Leontjew 1979; Galperin 1965, 1967; Elkonin 1980 u.a.) keine Unbekannte war (vgl. auch Lompscher 1989).

Handlungsorientierung im Unterricht kann in zwei Richtungen interpretiert werden:

a. durch (mitunter etwas einseitige) Betonung praktischen Handelns auf ein materiell-gegenständliches Handlungsergebnis orientiert und
b. durch Betonung der Handlung als elementare, typisch menschliche Aktivität und Medium der Aneignung der menschlichen Wesenskräfte (Eingriffstelle zur Ausbildung und Entwicklung der Lerntätigkeit).

(Einen Überblick zu Facetten des Problems der Handlungsorientierung findet man in Einsiedler, Rabenstein 1985; Möller 1987; Meiers 1989; Gudjons 1994; Giest 1994; Kaiser 1995).

Beide Interpretationsrichtungen bilden dem Wesen nach keine Antinomie. Unabhängig davon wird nicht nur in der Praxis oft genug eine Orientierung auf praktische Handlungen (Malen, Basteln, Betasten, Bauen, darstellendes Spielen, Agieren in praktischen Handlungssituationen...) der Orientierung auf geistiges Handeln antinomisch entgegengesetzt. Dabei wird übersehen, daß a) menschliche Entwicklung nur über aktives, bewußtes (d.h. reflexives Handeln auch und besonders auf geistiger Ebene) verläuft und b) die Aneignung (Interiorisation) geistiger Handlungen in der Regel auf der Ebene materiell-gegenständlichen Handelns beginnt und von da aus, über das Medium Sprache, bis zur Ebene geistigen Handelns vordringt (vgl. Galperin 1965 oder auch Aebli 1987). Die Betonung der ersten Interpretationsrichtung hat zur Trivialisierung der Didaktik des Sachunterrichts (Schreier 1989) und zur Fehlinterpretation des Selbsttätigkeitsprinzips geführt (vgl. Duncker, Popp 1994).
Handlungsorientierter Unterricht im Sinne eines modernen, zukunftsorientierten Unterrichts (vgl. Bildungskommission NRW 1995) umfaßt daher beide Seiten, wobei das praktische Handeln sowohl Ausgangspunkt (der Aneignung der Lernhandlungen) als auch Endpunkt eines vollständigen Lernprozesses (z.B. im Rahmen des Projektunterrichts - vgl. Meyer 1993, 1994) ist.

2. Fragestellung und Methode der Untersuchung

Im Zentrum unserer Bemühungen um Evaluation des Sachunterrichts stand deshalb die Frage nach der Realisierung eines so verstandenen handlungsorientierten Unterrichts in der Schulpraxis in Brandenburg[1].

Evaluation hat die Bewertung von Handlungsalternativen auf der Basis systematisch gewonnener empirischer Daten zum Gegenstand (Sprung, Sprung 1984; Wottawa 1986; Prell 1991).

Unsere Untersuchungen orientieren sich am Ziel der Realisierung eines handlungsorientierten Unterrichts als wesentliches Moment der Weiterentwicklung des Sachunterrichts und wollen in dieser Richtung Innovation unterstützen.

[1] Geplant war eine komplexe Untersuchung zur Evaluation verschiedener Lehrstrategien und die Untersuchung der konkreten Wechselwirkung zwischen Lern- und Lehrstrategien (vgl. Lompscher 1992, Giest 1992b). Diese Untersuchung blieb jedoch im geplanten Umfang aus verschiedenen (nicht inhaltlichen) Gründen unvollendet.

Evaluiert wird der Zusammenhang (die Wechselwirkung) des Handelns von Lernenden und Lehrenden im Sachunterricht. Die Evaluation findet in der Schule, im (Sach-) Unterricht der Klassen 3 und 4 statt.

Da nur eine Handlungsalternative (eben handlungsorientiertes Lernen und Lehren) zur Evaluation anstand, mußte die Analyse an theoretisch abgeleiteten Kriterien ausgerichtet werden, mit denen reales Handlungsgeschehen im Unterricht zu vergleichen ist.

Wir wählten hierzu auf den Unterricht konkretisierte Komponenten der psychischen Handlungsregulation (vgl. Kossakowski 1980; Leontjew 1979) aus. Die Schwerpunktsetzung auf diesen Aspekt erfolgte aus zwei Gründen. Zum einen ergab eine Reihe von Diskussionen mit Moderatoren in der Lehrerfortbildung, daß dies ein Ansatz sei, der es gestattet, den eher unscharfen Begriff der Handlungsorientierung für praktische und theoretische Zwecke zu schärfen. Zum anderen zeigte sich in vielen der o.g. Diskussionen, in der Lehrerfortbildung und nicht zuletzt bei Unterrichtsbesuchen im Rahmen der Lehre sowie nach Durchsicht der einschlägigen Fachzeitschriften, daß zwischen den Verfechtern handlungsorientierten Unterrichts ein gemeinsamer Nenner nur dahingehend zu finden war, daß die Aktivität der Kinder im Mittelpunkt des Unterrichts steht. Handlungsorientierter Unterricht ist untrennbar mit der Aktivität der Kinder verbunden. Inwieweit der Lehrer aktiv werden darf, muß und worin diese Aktivität besteht, darin scheiden sich schon die Geister (vgl. Schreier 1993). Aber es herrscht auch durchaus keine Einigkeit darüber, ob es besondere Merkmale der Aktivität der Kinder gibt, die den handlungsorientierten Unterricht kennzeichnen. Daraus folgt aber das Problem, die Aktivität der Kinder zu beurteilen. Liegen keine Analysekriterien vor, besteht die Gefahr, daß jegliche aus dem Kind kommende Aktivität, die noch irgendwie mit Unterricht zu vereinbaren ist, als wertvoll für seine Persönlichkeitsentwicklung eingeschätzt wird. Werden die Kinder im Unterricht selbst aktiv, erhält er das Prädikat „handlungsorientiert". Dabei wird oft genug eine fehlende Ziel- und Sachbezogenheit der kindlichen Aktivität und mithin des Unterrichts nicht in die Beurteilung einbezogen.

Wir suchten nach Analysekriterien, die es gestatteten, unter die Oberfläche im Unterricht beobachtbarer Aktivitäten der darin handelnden Subjekte zu blicken, seine tiefer liegenden Strukturen zu analysieren.

Das Unterricht konstituierende Verhältnis ist jenes zwischen Lehren und Lernen. Unterricht kann von hier aus als pädagogische Interaktion (Brezinka 1985, Klingberg 1990; Perrez, Huber & Geißler 1996; Giest 1992a, 1992b) verstanden werden, in deren Rahmen Schüler und Lehrer als Handlungspartner in gemeinsamer Tätigkeit aufgefaßt werden (diese Auffassung kommt den Intentionen des Hamburger Modells nahe - vgl. hierzu auch Klafki 1985; Peterßen 1991). Diese Auffassung blendet in keiner Weise die Interaktion zwischen den Schülern aus, ordnet diese jedoch aus einer entwicklungspsychologischen Sicht jener der Interaktion zwischen Lehrer und Schüler unter. Dies erfolgt aus der Position heraus, daß a) die Entwicklung höherer psychischer Funktionen wesentlich sozial, im Falle der Kindheit durch die Interaktion zwischen Erwachsenem und Kind, vermittelt und b) wesentliche Stimuli für die Entwicklung der Persönlichkeit des Kindes dann erfolgen, wenn der Unterricht auf die Zone seiner nächsten Entwicklung orientiert ist (Wygotski 1986; Oerter 1985).

Das für die Persönlichkeitsentwicklung des Kindes zentrale Moment des Unterrichts ist die Wechselwirkung zwischen der Aktivität des Lehrers und jener des Schülers beziehungsweise der Schüler (im Sinne eines kollektiven Subjekts). Für den Menschen ist ein besonderes Niveau der Aktivität charakteristisch. Dieses ist die Tätigkeit, eine Form der Aktivität, für die das Merkmal der reflexiven Gestaltungskompetenz zentral ist. Tätigkeit, als typisch menschliche Aktivität, tritt als Sequenz von Handlungen in Erscheinung, die wiederum aus Operationen bestehen, denen funktionale Blöcke zugrundeliegen.

Die Handlung ist jene Komponente der Tätigkeit, welche so elementar ist, daß man sie als Analyseeinheit betrachten kann. Andererseits weist sie die für die „als Ganzheit" - Tätigkeit charakteristischen Eigenschaften auf, so daß durch die Analyse diese „Ganzheit" nicht zerstört wird. Hauptsächlich betrifft dies die Merkmale Bewußtseinspflichtigkeit und Zielbezogenheit. Das Handeln unterliegt der mehr oder weniger bewußten psychischen Regulation. Als wesentliche Komponenten dieser Regulation lassen sich ausgliedern: die Zielbildung, die Handlungsplanung, die Handlungsausführung und die Handlungskontrolle. Bezieht man diese Komponenten auf Unterricht, auf das wechselseitige Handeln von Lehrenden und Lernenden, so stellt sich konkret die Frage nach der Wechselwirkung zwischen den Komponenten der Handlungsregulation beim Lehrenden und Lernenden. Betrachtet man die im Unterricht beobachtbare Handlungsaktivität, so liegt die Konzentration auf der Beobachtung des Schülerhandelns und seiner Beeinflussung durch die Aktivitäten des Lehrers. Die Erfassung der vollständigen Struktur des Handelns des Lehrers ist ohne die Einbeziehung der außerhalb der konkreten Unterrichtsstunde liegenden Aktivität (Unterrichtsplanung, -vorbereitung, -auswertung) nicht möglich.

Die methodische Gestaltung der Evaluation sah die Hospitation im Unterricht (Anfertigung eines detaillierten Verlaufsprotokolls, in dem vor allem das Handlungsgeschehen im Unterricht erfaßt wird)[2] sowie eine auf dieser Basis vorgenommene fragebogengestützte Unterrichtsanalyse vor. Die Handlungkomponenten des Lehrerhandelns Lehrzielbildung, Unterrichtsplanung, Nachbereitung, welche sich konkreten Beobachtungen im Unterricht entziehen, waren in einem umfangreicheren Fragebogen enthalten, der bei einer geringeren Stichprobe (ca. 40 Lehrer) zum Einsatz kam. Dieser Aspekt ließ sich unter anderem aus kapazitären Gründen nicht weiter verfolgen und soll in zukünftigen Untersuchungen durch ein Lehrerinterwiev erfaßt werden. Ebenfalls aus kapazitären Gründen konnte die Auswertung dieser Fragebögen noch nicht vorgenommen werden, so daß diesbezügliche Ergebnisse an dieser Stelle nicht mitgeteilt werden können.

Die im Fragebogen enthaltenen konkreten Analysekriterien bezogen sich auf folgende Komponenten der Handlungsregulation:

a) gemeinsames Handeln von Schüler und Lehrer - Wechselwirkung zwischen Lehrzielorientierung/ Motivierung (als Momente des Lehrerhandelns) und Lernzielbildung; Lehrhandeln (Unterrichtsmethode) und Lernhandlungsplanung; Lehrhandlung und Lernhandeln (Ausführungsteil der Handlung), Lehrhandeln und Lernkontrolle sowie Bewertung des Lernens (die Urteile beruhen auf der Beobachtung des Unterrichtsgeschehens);

b) individuelles Handeln der Schüler (dazu wurden im Sinne einer Zufallsstichprobe jeweils zwei Schüler beobachtet) - Kriterien: Zielbildungs-, Planungs-, Ausführungs-, Kontroll- und Bewertungsteil der Lernhandlung.

Folgende Fragen waren mit Hilfe eines halboffenen Fragebogens (Auswahlantworten - dreifach gestuft[3]- und Möglichkeit der freien Beantwortung) zu beantworten:

1. Planung des Unterrichts[4]

- Worin werden Qualitätsmerkmale des Unterrichts gesehen (Offenheit, Disziplin, Rolle des Lehrers, bewältigter Stoff)?
- Woran orientieren sich Lehrer bei der Bestimmung der Ziele des Unterrichts?

---

[2] Ursprünglich war die Videografierung von Unterrichtsstunden vorgesehen, ließ sich jedoch aus organisatorischen Gründen nicht verwirklichen.

[3] Eine zunächst vorgenommene fünffache Stufung hat sich als wenig zweckmäßig erwiesen, weil die Extrempole kaum besetzt waren.

[4] Diese Fragen waren in der ursprünglichen Fassung des Fragebogens enthalten, sie sollen zukünftig im Interview realisiert werden. Da ich sie im hier dargestellten Zusammenhang für grundsätzlich relevant halte, teile ich sie dennoch mit, auch wenn im folgenden bei der Ergebnisdarstellung darauf kein Bezug genommen werden kann.

- Worauf bezieht sich vorzugsweise die Vorplanung des Unterrichts? (Welche Rolle spielen Lehrertätigkeit, Schülertätigkeit, didaktische Funktionen, Methoden und Verfahren der Stoffvermittlung, der Stoff, die Zeit, Medien usf.)
- Worauf bezieht sich die Kooperation der Lehrer bei der Unterrichtsplanung/ Stundenvorbereitung, falls vorhanden?
- Wie erfolgt die Unterrichtsplanung?

Inhalt des Fragebogens:

2. Unterrichten (Tätigkeit des Lehrers in Wechselwirkung mit der der Schüler)

- Wie erfolgt die Einflußnahme auf die Lernzielbildung?
- Wie erfolgt die Einflußnahme auf die Handlungsplanung?
- Wie erfolgt die Einflußnahme auf das Handeln der Schüler?
- Wie wird die Lernkontrolle beeinflußt?
- Wie/ was/ durch wen wird bewertet?
- Resultiert aus der Kontrolle und Bewertung ein neuer Lernzyklus?

3. Lerntätigkeit der Schüler

- Wie erfolgt die Lernzielbildung?
- Wie erfolgt die Lernhandlungsplanung?
- Wie erfolgt das Handeln?
- Wie erfolgt die Handlungskontrolle?
- Welche Bewertungsreaktionen sind beobachtbar?

3. Erste Ergebnisse

Es wurden bislang bei ca. 50 Lehrerinnen und Lehrern ca. 70 Unterrichtsstunden hospitiert. Ausgewertet wurden bisher 67 von Studenten nach eingehender Anleitung hospitierte Unterrichtsstunden bei 50 Lehrerinnen und Lehrern des Landes Brandenburg (Grundschulen, vorrrangig Klasse 4 - Zufallsstichprobe). Die exakte Auswertung der Fragebögen erwies sich als nicht ganz problemlos. Einerseits verlangt die Untersuchung gut geschulte Beobachter, andererseits die Bearbeitung der Fragebögen einige Expertise, die nicht bei allen Studenten vorausgesetzt werden konnte. Aus diesem Grund werden mit dem Fortgang der Erhebung die Hospitationsprotokolle noch einmal gesondert ausgewertet. Diese durch Experten vorgenommene Auswertung wird dann mit den Fragebogendaten verglichen und bei Unstimmigkeiten mit dem Beobachter besprochen.

Rangreihen zu dominanten Merkmalen des Zusammenhangs zwischen Lehren und Lernen im Unterricht (UG - Unterrichtsgespräch)
(Beobachtete Unterrichtsstunden N= 67, erfaßt wurde der Prozentsatz der jeweils als dominant ausgeprägt beobachteten Merkmale)

Gestaltung von Lernsituationen:
1. Lehrplan (58%)
2. Lebensweltliche Bezüge (25%)
3. Abarbeiten des Stoffes (13%)
4. Schülerwünsche (13%)

Lernzielorientierung / Einflußnahme auf die
1. im katechisierenden UG (50%)
2. durch Lehrer genannt (44%)
3. durch Schüler (9%)

Lernzielbildung:
1. katechisierendes UG (65%)
2. Rezeption (36%)
3. individuell durch Schüler (19%)
4. kooperative Lerntätigkeit (6%)

Einfluß des Lehrers auf die
1. Impulse an Individuen (48%)
2. Impulse an die Klasse - dominant im UG (40%)
3. ohne Einfluß (24%)
4. verbale Anleitung (22%)
5. Vormachen (22%)

Handlungsplanung:
1. angeleitet durch Lehrer (30%)
(1.1. im UG 19%
1.2. Nachmachen (13%)
1.3. Übernahme von verbalen Vorgaben - 10%))
2. trial and error (24%)
3. ohne (22%)
4. selbständig (6%)

Einfluß des Lehrers auf die
1. individuelle Hilfen (40%)
2. frontale Hilfen (36%)
3. frontale Impulse (33%)
4. ohne (22%)
5. Vormachen (13%)

Lernhandlung:
1. individuell selbständig (25%)
2. Vorgaben abarbeitend (22%)
3. ohne Handeln (22%)
4. raten (19%)
5. helfende Impulse vom Lehrer verarbeitend (15%)
6. kooperativ handelnd (15%)
7. Orientierungsgrundlagen bewußt nutzend (6%)

Kontrolle/ Bewertung:
1. externe Lehrerkontrolle - resultativ (40%)
2. durch Kooperation mit den Schülern (27%)
3. Selbstkontrolle individuell (19%)
4. ohne (12%)
5. Selbstkontrolle anleitend (8%)
6. gegenseitige Kontrolle veranlassend (7%)

1. *bezogen auf unmittelbares* Handeln (33%) (verbal - 31%; Zensur - 2%)
2. Erreichen des Lehrziels (27%)
3. Erreichen des Lernziels (9%)

Ableitung eines neuen Lernziels (oft Lehrziel)
1. geführt durch den Lehrer - im UG (28%)
2. durch den Lehrer direkt (21%)
2. in Kooperation mit dem Lernpartner (9%)
3. individuell (8%)
4. durch Mißerfolg in der praktischen Handlung (2%)
5. ohne (9%)

Tabelle 1

Aus den genannten Gründen stellten wir zunächst Rangreihen aus den dominant beobachteten Merkmalen zusammen (vgl. Tabelle 1).

Die Analyse der Rangreihen dominanter Merkmalsausprägung der im Fragebogen in Items erfaßten Merkmale des Handelns der Lehrer und Schüler macht für die Itemgruppe „Gestaltung von Lernsituationen" deutlich:

Nur in 13% der beobachteten Unterrichtsstunden entstehen Lernsituationen, in denen Schülerwünsche konkret berücksichtigt werden. Wenngleich das reine Abarbeiten des Stoffes (13%) ebenso wenig beobachtet wurde, dominiert dennoch der konkrete Bezug zum Lehrplan (58%) die Lernsituation. Das wird bei der Lernzielorientierung noch deutlicher, da in 44% der beobachteten Unterrichtsstunden der Lehrer das Ziel nennt. Sinnvoller mit Blick auf die Berücksichtigung der Schülerwünsche wäre es wohl, wenn zunächst Bezüge zur Lebenswelt der Kinder hergestellt würden (25% der beobachteten Unterrichtsstunden), um hiervon und ausgehend von den Wünschen und Fragen der Kinder die Lehrplaninhalte zu vermitteln.

Insgesamt wird deutlich, daß Schülerwünsche im Unterricht eine geringe Rolle zu spielen scheinen. Lebensweltliche Bezüge sind aber nur dann für Schüler sinnvoll zu erleben, wenn auch ihre Wünsche Berücksichtigung finden, Lernbedürfnisse konkret aufgegriffen werden.

Eine analoge Auswertung der übrigen Itemgruppen führt zu folgendem Ergebnis: Bei der Lernzielbildung dominiert der Lehrer (er nennt Lehrziele und erwartet, daß dadurch bei den Kindern Lernziele entstehen) bzw. Lehrziele werden im katechisierenden Unterrichtsgespräch (Frage-Antwort) genannt. Lernzielbildung als Funktion der Tätigkeit des Schülers wird weniger beobachtet, auch kooperative Lerntätigkeit als Rahmen, in dem Lernzielbildung erfolgen kann, kommt zu kurz.

Bei der Handlungsplanung (ich habe Zweifel, ob diese tatsächlich real beobachtet wurde) dominiert die verbale Anleitung durch den Lehrer - das aber heißt, daß von einer eigentlichen Planung bei den Kindern keine Rede sein kann. Diese Aussage gilt auch, wenn man das Geben von Impulsen an Individuen und die Klasse nicht auf eine direkte verbale Anleitung bezieht. Aus der Durchsicht der vorliegenden Hospitationsprotokolle verdichtet sich der Verdacht, daß in der Tat die Planung des Handelns als eigenständiger Handlungsteil nicht beobachtet wurde, sondern daß sich die hier gemachten Aussagen auf die Handlungsausführung beziehen.

Dieser Verdacht erhärtet sich bei der Analyse der Handlungsausführung. Frontale und individuelle Hilfen dominieren und weisen darauf hin, daß die Handlungsplanung zumindest unvollständig war. Auf der Schülerseite zeigt sich dies durch den relativ hohen Anteil der Merkmale „Vorgaben abarbeitend" und „ohne Handeln". Auch das selbständige Handeln, welches zwar auf dem Rangplatz 1 liegt, läßt mit Blick auf den Anteil des wenig reflektierten Ratens und den geringen Anteil an bewußter Nutzung von Orientierungsgrundlagen auf die fehlende Handlungsplanung, d.h. fehlendes antizipierendes und damit bewußtes Handeln schließen.

Die Kontrolle und Bewertung erfolgt vor allem auf das Lehrziel bezogen. Hierbei dominiert der Lehrer. Das Lernziel, also das Ziel der Lerntätigkeit der Kinder, spielt dabei eine untergeordnete Rolle. Neue Lehrziele (vermeintliche Lernziele) werden vom Lehrer abgeleitet, Kinder leiten für sich neue Lernziele kaum selbst ab.

Insgesamt dominiert die Lehrtätigkeit den Unterricht - die Lerntätigkeit der Kinder spielt eine untergeordnete Rolle. Von einer eigenständigen Handlungsregulation in der Lerntätigkeit und damit in unserem Sinne von handlungsorientiertem Unterricht kann also in unserer Stichprobe kaum die Rede sein.

Dieses Bild gewinnt an Konturen, betrachtet man die Mittelwerte und Stan-dardabweichungen wesentlicher untersuchter Komponenten der Handlungsregulation des Schülerhandelns im Unterricht (vgl. Tabelle 2). In diese Analyse gehen nicht nur die dominant beobachteten Merkmale, sondern jeweils alle Ausprägungsgrade ein. Dies erscheint um so sinnvoller, da der mittlere Ausprägungsgrad in der Regel stärker besetzt ist als die Extreme. Auf diese Weise kann die Aussagekraft der Daten erhöht werden.

Da die Merkmale in den Ausprägungsgraden 1 bis 3 erfaßt wurden, spiegeln alle Mittelwerte größer als 2,0 eine geringe Ausprägung, alle kleiner als 2,0 eine höhere Ausprägung des entsprechenden Merkmals im Unterricht wider.

Lernsituationen werden bewußt durch den Lehrer gestaltet. Das Merkmal des Abarbeitens des Stoffes wird jedoch in der Mehrzahl der hospitierten Stunden zumindest als vorhanden festgestellt (hochsignifikante Differenz zu den anderen Merkmalsausprägungen). Das spontane Entstehen von Lernsituationen, etwa dadurch, daß die Schüler Wünsche äußern, ein Problem in den Unterricht mitbringen oder Fragen stellen, fehlt weitgehend.

Lernziele (die Frage bleibt ungeklärt, ob es sich dabei tatsächlich um die Handlungsziele der Kinder handelt) werden im Unterrichtsgespräch (vor allem katechisierend) erarbeitet oder vom Lehrer genannt. Es zählt offenbar zu den Ausnahmen, daß die Kinder selbständig Lernziele generieren (vgl. Abb. 1).

Handlungsanalyse im Unterricht (N= 67) (Mittelwerte und Standardabweichungen Handlungsmerkmale – Ausprägungsgrade: dominant - 1; vorhanden - 2; kaum - 3)		
Handlungsmerkmal/ -komponente	**Mean**	**Std Dev**
Entstehen von Lernsituationen		
bewußt durch Lehrer gestaltet	1,57	,68***
Abarbeiten des Stoffes	1,99	,51***
spontane Lernsituation	2,57	,70***
Lernzielbildung		
im Unterrichtsgespräch erarbeitet	1,66	,73***
durch Lehrer genannt	1,82	,82
selbständig	2,72	,60***
Lernhandlungsplanung		
durch Lehrerimpulse im Unterrichtsgespräch	1,85	,78
durch Lehrer direkt	1,94	,74
ohne Einfluß auf Lernhandlungsplanung	1,65	,58***
selbständige Handlungsplanung	2,63	,60***
Lernhandlungsausführung		
individuell selbständig (Versuch-Irrtum)	2,04	,75
ohne Handlungsanleitung	2,06	,59*
Vor- Nachmachen	2,07	,59***
durch Lehrer-Schüler Kooperation	2,49	,75***
durch Schüler-Schüler-Kooperation	2,60	,74***
Handlungskontrolle		
resultativ durch Lehrer	1,85	,82
frontale handlungsbegleitende Kontrolle	1,94	,74
Kontrolle im Unterrichtsgespräch	1,99	,73***
Selbstkontrolle	2,39	,83***
Handlungsbewertung		
Lehrzielbewertung durch Lehrer	2,10	,80
aus Kontrolle neues Lehrziel	2,27	,88***
Lernzielbewertung durch Schüler	2,60	,65***
extern induzierte Bewertungsreaktion	2,78	,57***
intern induzierte Bewertungsreaktion	2,19	,29***

Tabelle 2

(* < p05; ** < p01; * < P001) Statistisch wurde über den chi-Quadrattest gegen die Nullhypothese der Gleichverteilung in den Ausprägungsgraden der Merkmale geprüft.**

Bei der Handlungsplanung, also der bewußt vollzogenen Antizipierung des Weges der Zielerreichung, gelten die von mir schon oben gemachten Bedenken, daß Handlungsplanung in entfalteter Form recht schwer im Unterricht beobachtbar sein dürfte. Läßt man diese Bedenken einmal unbeachtet, so stützen die Daten die bereits festgestellte Tatsache, daß selbständige Handlungsplanung kaum anzutreffen ist (vgl. Tabelle 2). Die hochsignifikanten Unterschiede zwischen den jeweiligen Merkmalsausprägungen innerhalb der Items („ohne Einfluß auf die Handlungsplanung" und „selbständige Handlungsplanung") verdeutlichen dieses Ergebnis eindrucksvoll. Die Handlungsplanung ist eindeutig eine Funktion des Lehrerhandelns und damit kann auch in diesem Zusammenhang von einer bewußten Aktivität, von eigenregulierten Lernhandlungen im Unterricht, nicht die Rede sein (vgl. auch Abb. 1).

Diese Situation muß sich im Handeln, beim Ausführen von Lernhandlungen widerspiegeln. Und in der Tat kommt die Kooperation im Handeln wenig vor (geringe Ausprägung der Merkmale Lehrer-Schüler und Schüler-Schüler-Kooperation). Wie schon weiter oben erwähnt, besteht das Wesen der menschlichen Aktivität in der sozialen Interaktion. Intensive Lernprozesse vollziehen sich innerhalb dieser Interaktion, im Rahmen des gemeinsamen Handelns, der Kooperation. Diese findet im Unterricht jedoch überwiegend nicht statt. Vor- und Nachmachen oder wenig reflektiertes Probieren (individuell selbständig) werden in den Unterrichtsstunden als „vorhanden" beobachtet, ohne daß eine eindeutige Dominanz festzustellen wäre (beide Extrempole - „dominant", „kaum" - sind für die genannten zwei Items gleich groß und ihre Summe entspricht der Häufigkeit des Ausprägungsgrades - „vorhanden" in den Fragebögen).

Eigentlich kann es auch nicht verwundern, daß die Kontrolle des Handelns keine Funktion der Tätigkeit der Kinder (geringe Ausprägung des Merkmals Selbstkontrolle - vgl. Tabelle 2), sondern die des Lehrers ist.

Wenngleich weder bei der resultativen Kontrolle durch den Lehrer, noch bei der frontalen, handlungsbegleitenden Kontrolle eindeutige Unterschiede zwischen den Ausprägungsgraden der jeweiligen Merkmale festzustellen waren, so zeigt die hohe Ausprägung des Vorhandenseins der Kontrolle im Unterrichtsgespräch, daß auch hier der Lehrer dominiert. Dabei dürften Handlungsresultate, nicht aber der Handlungsweg im Vordergrund stehen. Andernfalls müßte den Kindern mehr Raum zum Handeln selbst gegeben werden. Im Unterrichtsgespräch dominiert jedoch das Beantworten der Lehrerfragen.

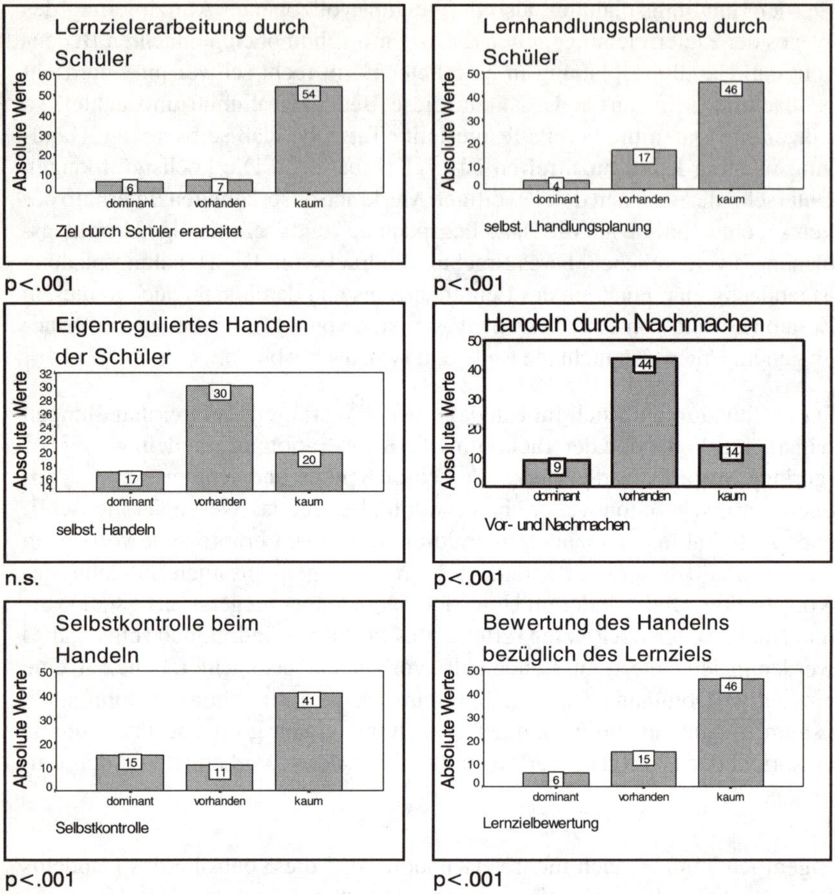

Abb. 1 Komponenten der Regulation des Schülerhandelns im Unterricht (Ergebnisse zu ausgewählten Items des Fragebogens)

Zum bewußten Handeln gehört auch die Bewertung des Handlungsweges und seines Resultats im Hinblick auf das angestrebte Lernziel. Wie aus Tabelle 2 ersichtlich ist, dominiert dieses Merkmal weder beim Lehrer (offenbar verhindert in vielen Unterrichtsstunden das Stundenende ein Reflektieren darüber, ob das angestrebte Ziel erreicht wurde), noch kann sich aus einer solchen Reflexion ein neues Lehrziel ergeben (vgl. Tabelle 2).

Den Schülern wird aber eindeutig (hochsignignifikant geringe Ausprägung des entsprechenden Merkmals) weniger die Möglichkeit geboten, ihr Handeln zu reflektieren. Mit dem Kindern eigenen Urvertrauen folgen sie dem Lehrer durch den Unterricht blind. So kann es auch nicht verwundern, daß nur in Ausnahmefällen extern (also durch den Mitschüler oder Lehrer) oder intern (durch den eigenen Handlungserfolg oder -mißerfolg) induzierte Bewertungsreaktionen bei den Kindern beobachtet wurden (vgl. auch Abb. 1).

4. Folgerungen

Das Ziel der Untersuchung war es, zu prüfen, inwieweit im Sachunterricht das Merkmal der Handlungsorientierung zu beobachten ist. Trotz aller Vorläufigkeit der hier referierten ersten Ergebnisse muß festgestellt werden, daß die bewußte Orientierung auf eigenreguliertes Handeln der Kinder im Unterricht aber auch, damit zusammenhängend, die bewußte Förderung und Ausbildung der dazu notwendigen Fähigkeiten bei den Kindern eher die Ausnahme denn die Regel darstellt. Handlungsorientierter Unterricht ist nach unserem Verständnis mehr als das Gewährleisten von Freiräumen zur (Eigen-) Aktivität der Kinder. Handlungsorientierter Unterricht muß Kindern helfen, eigenreguliert ziel- und sachgerecht zu handeln. Dazu bedarf es der zielgerichteten Ausbildung der entsprechenden Regulationskomponenten des Handelns: der bewußt vollzogenen Zielbildung, Handlungsplanung, Handlungsausführung und Handlungskontrolle und -bewertung. Darin besteht aber eindeutig ein Manko im Unterricht. Dieser scheint gegenwärtig nur die Alternative zwischen Freiarbeit (ohne Lehr-Lern-Interaktion) und Frontalunterricht (direkte Instruktion) zu gestatten. So ernüchternd die Daten auch sein mögen, sie zeigen gleichzeitig Perspektiven für die Weiterentwicklung von Unterricht. Diese können im hier dargestellten Zusammmenhang eigentlich nur darin bestehen, Unterrichtsmethoden in der Weise zu kultivieren, daß beide Akteure (Lehrer und Schüler) ihre Rolle als Subjekt der Tätigkeit entfalten können. Das aber bedeutet, im Unterricht die Interaktion und Kooperation zwischen Schüler und Lehrer als auch zwischen den Schülern untereinander so zu entwickeln, daß die hier ausgegliederten Komponenten der Handlungsregulation bewußt in den Vermittlungs- und Aneignungsprozeß gerückt werden. Das Handeln selbst, nicht Aktionismus, sondern bewußt vollzogenes handelndes Lernen (Lernhandlungen), muß entschieden mehr Gegenstand der unterrichtlichen Aneignung werden, damit Handlungsorientierung zum Wesensmerkmal modernen Unterrichts wird.

Die Untersuchung verweist zugleich auf eine Reihe von methodischen Problemen, die bei der Bewertung der Ergebnisse in Rechnung gestellt werden müssen und zugleich den Weg für die Verbesserung und Weiterentwicklung der Forschungen weisen.

Neben der Erhöhung des Stichprobenumfangs, der dann auch differenziertere Analysen bezogen auf das Dienstalter der Lehrer und Lehrerinnen und die Unterrichtsthemen (etwa den Vergleich zwischen naturwissenschaftlich-technischen und sozial- und gesellschaftswissenschaftlichen Themen) gestatten würde, muß an der Qualifikation der Beobachter gearbeitet werden. Nach wie vor wäre die Videographierung der Unterrichtsstunden der beste Weg, um mit mehreren unabhängigen Beobachtern objektivere Aussagen zu erhalten. Angestrebt wird auch die Ausdehnung der Untersuchung auf andere Bundesländer. Vor allem in den Neuen Bundesländern mit einer vergleichbaren Ausgangslage ist Interesse von Seiten der Wissenschaft an der gemeinsamen Fortführung dieser Untersuchung bekundet worden. Leider finden die Erhebungen wenig Unterstützung und kaum Gegenliebe bei den verantwortlichen Stellen im Land. Evaluation, so scheint es, ist ein ungeliebtes wissenschaftliches Kind, macht sie doch auf Probleme aufmerksam, die, wenn sie einmal akzeptiert worden sind, konkrete Handlungskonsequenzen erfordern. Dazu wäre u.a. auch eine konzertierte Aktion zwischen Wissenschaft, Verwaltung, Fortbildung und Praxis erforderlich.

Literatur

Aebli, H.: Grundlagen des Lehrens. Stuttgart: Klett-Cotta 1987

Bildungskommission NRW: Zukunft der Bildung - Schule der Zukunft. Neuwied: Luchterhand 1995

Brezinka, W.: Allgemeine Erziehungswissenschaft. Konstanz: Universitätverlag 1985

Duncker, L., Popp, W. (Hrsg.): Kind und Sache. München: Juventa 1994

Einsiedler, W., Rabenstein, R. (Hrsg.): Grundlegendes Lernen im Sachunterricht. Bad Heilbrunn: Klinkhardt 1985. (= Studientexte zur Grundschuldidaktik)

Elkonin, D.: Zur Psychologie des Spiels. Berlin: Volk und Wissen 1980. (= Beiträge zur Psychologie, Bd. 7)

Galperin, P.J.: Die geistige Handlung als Grundlage für die Bildung von Gedanken und Vorstellungen. In: Leontjew, A.N.; Galperin, P.J. u.a., Probleme der Lerntheorie. Berlin: Volk und Wissen 1965, S. 33-49

Galperin, P.J.: Die Entwicklung der Untersuchungen über die Bildung geistiger Operationen. In: Hiebsch, H. (Hrsg.): Ergebnisse der sowjetischen Psychologie. Berlin: Akademie- Verlag 1967, S. 367-405

Giest, H.: Ökologie in Schule und Unterricht. In: Lern- und Lehrforschung, LLF-Berichte Nr. 1. Berlin: Humboldt-Universität 1992a, S. 54-109

Giest, H.: Zum Problem der Lehrstrategien. In: Lern- und Lehrforschung, LLF-Berichte, H. 2. Berlin: Humboldt-Universität 1992b, S. 1-36

Giest, H.: Projektunterricht - Ansätze für einen fächerübergreifenden Unterricht in der Grundschule. Berlin: Volk und Wissen 1994

Gudjons, H.: Handlungsorientiert lehren und lernen. Bad Heilbrunn: Klinkhardt 1994

Kaiser, A.: Einführung in die Didaktik des Sachunterrichts. Baltmannsweiler: Schneider 1995

Klafki, W.: Neue Studien zur Bildungstheorie und Didaktik. Weinheim: Beltz 1985

Klingberg, L.: Lehrende und Lernende im Unterricht. Berlin: Volk und Wissen 1990

Kossakowski, A.: Handlungspsychologische Aspekte der Persönlichkeitsentwicklung. Berlin: Volk und Wissen 1980. (= Beiträge zur Psychologie Bd. 5)

Leontjew, A. N.: Tätigkeit, Bewußtsein, Persönlichkeit. Berlin: Volk und Wissen 1979

Lompscher, J.: Psychologische Analysen der Lerntätigkeit. Berlin: Volk und Wissen 1989

Lompscher, J.: Lehr- und Lernstrategien im Unterricht - Voraussetzungen und Konsequenzen. In: Nold, G. (Hrsg.): Lernbedingungen und Lernstrategien. Tübingen: Gunter Narr Verlag 1992, S. 95-104

Meiers, K.: Sachunterricht. Zug: Klett, Balmer 1989

Meyer, W. G.: Der Sachunterricht. Teil 1: Anthropologie und Pädagogik; Teil 2: Unterricht und Erziehung; Teil 3: Informationen und Reflexionen. Heinsberg: Diek 1993, 1994

Möller, K.: Lernen durch Tun. Handlungsintensives Lernen im Sachunterricht der Grundschule. Frankfurt am Main, Bern, New York, Paris: Peter Lang 1987. (= Reihe: Studien zur Pädagogik der Schule Bd. 12)

Oerter, R.: Entwicklungsgemäß fördern? Zum gegenwärtigen Status von Entwicklungsstufen. Pädagogische Welt, (1985)12, S. 548-553

Perrez, M., Huber, G.L. Geißler, K.A.: Psychologie der Interaktion. In: Weidenmann, B. u. Krapp, A. (Hrsg.): Pädagogische Psychologie. München-Weinheim: Psychologie Verlags Union 1986, S. 363-445

Peterßen W. H.: Handbuch Unterrichtsplanung - Grundfragen, Modelle, Stufen, Dimensionen. München: Ehrenwirth 1991

Plischke, U.: Von der Heimatkunde zum Sachunterricht - Gegenwärtige Entwicklungen im Land Sachsen. In: R. Oberliesen (Hrsg.), Heimatkunde - Sachunterricht Wohin? Dokumentation Erziehungswissenschaften. Hamburg: Universität, Fachbereich Erziehungswissenschaften 1994

Prell, S.: Evaluation und Selbstevaluation. In L. Roth (Hrsg.): Pädagogik - Handbuch für Studium und Praxis, München: Ehrenwirth 1991, S.869-879.

Vorläufiger Rahmenplan des Landes Brandenburg 1991. Grundschule/ Sachunterricht Klassen 1 bis 4. Ministerium für Bildung, Jugend und Sport des Landes Brandenburg

Schreier, H. : Enttrivialisiert den Sachunterricht! Grundschule 21, (1989)3, S. 10-13

Schreier, H. : Wie weiter mit dem Sachunterricht?. Die Grundschulzeitschrift 7,(1993) 67, S. 34-37

Sprung, L., Sprung, H. : Grundlagen der Methodologie und Methodik der Psychologie. Berlin: Deutscher Verlag der Wissenschaften 1984

Wottawa, H. : Evaluation. In: B. Weidenmann u. A. Krapp (Hrsg.): Pädagogische Psychologie, München-Weinheim: Psychologie Verlags Union 1986, S. 703-733.

Wygotski, L. S. : Ausgewählte Schriften, Bd. 1 u. 2. Berlin: Volk und Wissen 1985, 1987

Auswirkungen der Fernsehnutzung auf Alltagserfahrungen, Kontrollüberzeugungen und Leistungen im Sachunterricht bei Grundschulkindern

Helmut Geiser, Jürgen Baumert, IPN Kiel
Robert H. Evans, Wake Forest University, N. C., USA

1. Einleitung

Es gibt kaum eine Fachtagung zu Schule und Unterricht, bei der nicht der Themenkreis Medien, insbesondere das Fernsehen, zur Sprache kommt. Wie auch immer wir zum Fernsehen stehen: Wir müssen eingestehen, daß es ein Stück und ein fester Bestandteil unserer Alltagswelt und Alltagskultur geworden ist, gleichgültig, ob wir diese Entwicklung nun bedauern oder begrüßen mögen. Einsiedler (1993) spricht von der „Lebenswelt Medien" und meint damit „eine spezifische Weltsicht, eine durch individuelle subjektive Erfahrung geprägte naive Welthingabe, ein eher unreflektiertes Umgehen mit Gegebenem", wenn das Medienverhalten der Kinder mit dem Begriff „Lebenswelt" in Verbindung gebracht wird (ebd., S. 1). Die „Lebenswelt Medien" ist demnach Teil eines komplexen Faktorennetzwerkes mit vielfältigen Wechselwirkungen (ebd., S. 2).

Wenn man sich diese Sicht von Medien bzw. Fernsehen in Wirkungszusammenhängen zu eigen macht, reicht es nicht mehr aus, unilineare Einzelaspekte wie etwa „Gewalt im Fernsehen" zu untersuchen, sondern es geht mehr um die Auswirkungen der Bildschirmerfahrungen für das Individuum bezüglich seiner kognitiven, emotionalen oder sozialen Fähigkeiten (Einsiedler 1993; Theunert et al. 1992; Mayer 1984). Umgekehrt muß jede Untersuchung zum Wissenserwerb oder zum Problemlösen den sozialen Kontext mitberücksichtigen, wobei die Nutzung elektronischer Medien integraler Bestandteil dieses Kontextes ist.

In diesem Beitrag soll aufgezeigt werden, welche Abhängigkeiten und Verhältnisse zwischen dem Fernsehverhalten als Teil außerschulischer Erfahrungen, der individuellen Struktur dieser Erfahrungen und der Entwicklung bereichsspezifischer Kontrollüberzeugungen bei 10 jährigen Kindern bestehen.

Der Beitrag ist Teil einer Studie (CROSSTEL)[1], die kulturübergreifend Zusammenhänge untersucht zwischen dem *Erfahrungswissen,* das Kinder im Umgang mit technischen Gegenständen des Alltags erwerben, dem *sachunterrichtlichen Wissen,* das die Schule vermittelt, dem *Vertrauen in die eigene Fähigkeit,* technische Aufgaben meistern zu können, und den *technischen Fähigkeiten,* echte Konstruktionsprobleme, wie sie Grundschülern im Alltag begegnen können, konzeptuell und manuell erfolgreich zu lösen.

Ein besonderes Merkmal der Untersuchung war der Versuch, ein erweitertes Konzept schulischen und außerschulischen Lernens zu überprüfen, bei dem es nicht nur um kognitives Wissen geht, sondern alle Sinne gefordert sind. Dieses Konzept wurde in Beziehung gesetzt zu Interessen, Motivation und Erfahrungen der Kinder in ihren unterschiedlichen Lebensbereichen, ihren mentalen Fähigkeiten, ihrem Vertrauen auf die eigene Leistungsbereitschaft und ihrer Einschätzung, wie sie mit Mißerfolgen umgehen. Über diese Zusammenhänge wird an anderer Stelle ausführlicher berichtet (Baumert 1996; Baumert et al. 1997).

2. Forschungshintergrund und Forschungsfragen

Das Fernsehen und zunehmend auch die Nutzung von Videoaufzeichnungen beanspruchen einen großen Anteil des Zeitbudgets von Kindern im Grundschulalter. Zum Ende der Grundschulzeit erreicht der Fernsehkonsum einen ersten Höhepunkt. Eine tägliche Fernsehdauer von mehreren Stunden ist keine Seltenheit, sondern die Regel geworden (Gunter,McAleer 1990; Einsiedler 1993; Theunert et al. 1992). Ähnliches wird auch unsere Studie zeigen. Fernsehen gehört somit zu den beliebtesten Freizeitbeschäftigungen, auch wenn sie nicht die dominante ist (Theunert et al. 1992).

Es ist eine plausible und häufig vorgetragene Annahme, daß die für das Fernsehen aufgewendete Zeit dem handelnden Umgang mit technischen Gegenständen

---

[1] CROSSTEL: „Crosscultural Study of Television Viewing, Technical Everyday Experiences, Science Learning in School and Technical Problem Solving“; die Studie wurde gemeinsam vom Institut für die Pädagogik der Naturwissenschaften, Kiel [Jürgen Baumert, Helmut Geiser] und der Wake Forest University, Winston-Salem/USA [Robert H. Evans] in Zusammenarbeit mit Uwe Hameyer und Fritz Lehmhaus [Universität Kiel] durchgeführt.

nicht nur verlorengeht, sondern auch das eigene Handeln zunehmend durch stellvertretende, mediatisierte Erfahrungen ersetzt wird. Anstrengung, Ausdauer und Überwindung von Mißerfolg scheinen bei den Erfahrungen aus „zweiter Hand“ keine Rolle zu spielen. Ist diese Annahme richtig und was geschieht, wenn unmittelbare Erfahrung verlorengeht? Hat das Fernsehen, in geringerem Maße auch Computer- und Videonutzung, einen signifikanten Einfluß auf die Problemlösefähigkeit und die Schulleistung im naturwissenschaftlich-technischen Bereich? Machen Kinder tatsächlich weniger Alltagserfahrungen, wenn sie mehr oder weniger intensiv elektronische Medien in ihrer Freizeit nutzen?

Wir erwarten nicht, daß man einen Kausalzusammenhang zwischen Bildschirmnutzung und Erfolg beim Problemlösen naturwissenschaftlicher Aufgabenstellungen oder Sachunterrichtsleistung in der Grundschule herstellen kann, aber Merkmale wie Selbstkonzept, Selbstwirksamkeit und Anstrengungsbereitschaft des Kindes können durch das Fernsehen beeinflußt werden.

Unsere Forschungsfragen lauten daher:

1. *Welchen Einfluß hat das Fernsehen (und Videonutzung) auf die Struktur der außerschulischen Erfahrungen von Grundschulkindern?*
2. *Beeinträchtigt extensives oder gar exzessives Fernsehen eine realistische Selbsteinschätzung und das Vertrauen in die eigene Problemlösefähigkeit?*

Um der *ersten Forschungsfrage* nachzugehen, lassen wir uns von folgendem Gedankengang leiten: Wenn ein Kind seine außerschulische Zeit hauptsächlich vor dem Fernseher verbringt, fehlen ihm Zeit und daher Möglichkeiten zum handelnden Umgang mit vielfältigen Materialien. In der Fachliteratur wird über die Auswirkungen intensiven Fernsehens bzw. die Auswirkungen einzelner Sendungen kontrovers diskutiert (z. B. Mutz et al. 1993; Neuman 1988; Hornik 1981; Murray, Kippax 1981). Der Streit über negative Modellwirkungen von Gewaltdarstellungen im Fernsehen ist ein besonders augenfälliges Beispiel, wie Kleiter (1993) zeigt. Offen ist auch immer noch die Frage, ob eine zunehmende Mediennutzung im Vorschul- und Grundschulalter tatsächlich den handelnden Umgang mit den Gegenständen der Alltagswelt allmählich verdrängt und durch mediatisierte Erfahrung ersetzt. Wenn diese Hypothese zutrifft, wird das Kind nicht konfrontiert mit der Fülle problemhaltiger Situationen des Alltags. Insbesondere fehlt dem Kind die Möglichkeit, diese unterschiedlichen Alltagssituationen zu bewältigen. Die tätige Auseinandersetzung mit den Alltagssituationen bietet nicht nur Wissenserwerb durch die Bewältigung naturwissenschaftlich-technischer Problemstellungen, sondern auch Strategien und eigenentdeckte, transferierbare Methoden des Problemlösens, welche wiederum für den Erwerb kognitiver Fähigkeiten und die Entwicklung motivationaler Orientierungen (z.B.

Interesse an Naturwissenschaft und Technik) erforderlich sind, um naturwissenschaftliche Probleme effektiv lösen zu können (Sternberg 1984; Frederiksen 1984).

Die *zweite Forschungsfrage* bezieht sich auf kontrolltheoretische bzw. attributionstheoretische Überlegungen, nämlich auf das Vertrauen des Kindes in seine eigene Leistungsfähigkeit, also auf sein Selbstvertrauen, problemhaltige Situationen anzupacken und lösen zu wollen.

Die gewonnene Erfahrung, technische Alltagsprobleme durch Anstrengung und Ausdauer meistern zu können, ist die beste Voraussetzung dafür, ein Gefühl der Selbstwirksamkeit zu entwickeln: Die innere Überzeugung, über ausreichendes Wissen, über genügende Motivation und Kraft zum Handeln zu verfügen, um unerwarteten Problemen erfolgreich begegnen und Anforderungen erfüllen zu können, beeinflußt regulierend neue Zielsetzungen, den Einsatz von Anstrengungen, die Bereitschaft, Hindernisse überwinden zu wollen, und die emotionale Verarbeitung von Fehlschlägen.

Der kontroll- und attributionstheoretische Ansatz bezieht sich im Bereich „Fernsehen" auf die sog. „message", also auf die Botschaft der üblichen Fernsehprogramme.

Ein Beispiel:
Unter den ersten 20 von über 4300 von den Kindern im Erhebungszeitraum gesehenen Fernsehsendungen erreicht beispielsweise die Teenagerserie „Beverly Hills, 90210" Einschaltquoten bis zu 37% in Deutschland bzw. 22,7% in North Carolina. Die Serie ist auch ein Beispiel für eine subtile Marketing-Strategie im Kinder- und Jugendfernsehen (Einsiedler 1993):

Bei „Beverly Hills, 90210" handelt es sich um eine Highschool-Clique aus der wohlhabenden oberen Mittelschicht Kaliforniens. Alle Mitglieder der Clique scheinen dem aktuellen „Jugend-Outfit" zu entsprechen. Ihre Meinungen und Ansichten sind „in", ihre persönlichen Eigenschaften in der Jugendszene erfolgreich: cool, clever, smart und, wenn es dem eigenen Erfolg oder Ansehen nützt, auch hilfsbereit, freundlich und liebenswürdig. Die Eigenschaften werden durch raffinierte, fast unmerkliche Farbdominanzen unterstrichen: Freundliche, aber kühle Pastelltöne herrschen in der Gesamtfarbgebung der einzelnen Folgen vor; d. h. die Filme haben einen leichten „Farbstich" in den aktuellen Modefarben für Jugendliche.

Auftretende Probleme werden in der Regel während einer Folge mit Bravour gelöst; letztlich ist alles „easy", wenn man nur begabt genug ist und die richtigen Freunde und Beziehungen hat. Länger andauernde Konflikte wie z. B. mit der *Schuladministration oder Schwierigkeiten mit den Eltern dienen fast ausschließlich als Anlaß und Thematik für eine neue Folge. Jedenfalls erscheinen die Akteure den jugendlichen Zuschauern recht sympatisch und vorbildhaft. (Mit Verlaub: Man kann den Vorbildern sogar nahe sein, wenn man ihre „Biographien“ auf Kassetten kauft oder in Jugendzeitschriften nachliest. Und die anschließende Werbung sagt, wo die Kleidung oder sonstiges „Outfit“, die einen so erfolgreich und sympatisch machen, zu erwerben sind.)*

Erfolge bzw. Mißerfolge werden also fast ausschließlich auf die Fähigkeiten von Personen attribuiert, während Versuch und Irrtum, Anstrengung und Ausdauer beim Lösen von Problemen weitgehend unterbewertet werden (Salomon 1984). Im Vergleich mit den überlegenen Vorbildern sind die eigenen Fähigkeiten eher bescheiden. Im Falle des Scheiterns wird gleichzeitig die Möglichkeit der Attribution auf mangelnde Anstrengung verstellt, da Probleme bei hinreichender Fähigkeit als leicht lösbar erscheinen. Die erfolgreichen Identifikationsfiguren der TV-Massenprodukte verkörpern somit oft ein auf *Fähigkeit* bezogenes Attributionsmodell, das internal und stabil ist. Darüber hinaus gewinnen die Kinder nur stellvertretende Erfahrungen ohne Möglichkeit einer Überprüfung.

Wegen der beschleunigten „Erzählzeit“ der TV-Massenprodukte kann man davon ausgehen, daß durch häufiges und nicht-selektives Fernsehen eine realistische Einschätzung der Schwierigkeit von Problemstellungen und ihrer Lösungsdauer erschwert wird. Zusammen mit dem auf Fähigkeit bezogene Attributionsmodell könnten in der Realsituation zwei gegenläufige Effekte eintreten:

Zwar könnte einerseits das leistungsfördende Erfolgsmotiv gestärkt werden, aber andererseits - so die Annahme - werden Anstrengungsbereitschaft und Ausdauer vermindert, weil die hohe Geschwindigkeit der Darbietungen Probleme allgemein schnell lösbar erscheinen lassen und bei Mißerfolgen für die Problemlösefähigkeit ungünstige Attributionsmuster nebst entsprechender Kontingenzüberzeugungen weiterentwickelt werden können.

Anstrengungsbereitschaft und Ausdauer beim Problemlösen sind jedoch die Voraussetzung für positive Erfahrungen, die wiederum Vorbedingung zur Entwicklung eines positiven Selbstkonzeptes sind. Ein wenig positives Selbstkonzept begünstigt hingegen das Auftreten von Mißerfolgen, die ungünstige Attributionsmuster weiter verstärken können. Mit anderen Worten: Die vielsehenden Kinder gewinnen vielleicht kaum Vertrauen in ihre eigene Problemlösefähigkeiten und geben in der Realsituation vorschnell auf.

3. Bemerkungen zur Untersuchung und zur Stichprobe

Für die kulturübergreifende Durchführung der Studie in North Carolina (USA) und Deutschland waren folgende Gründe ausschlaggebend: Einmal sollten bei der Entwicklung und Erprobung der Instrumente deren kulturübergreifende Gültigkeit gesichert werden, so daß Vergleiche bei identischer Untersuchungsanordnung möglich sind. Dies ist eine Voraussetzung, um gefundene Gemeinsamkeiten und Unterschiede überhaupt interpretieren zu können. Zweitens ist dies aber auch Voraussetzung, um den technischen Vorzug kulturvergleichender Studien nutzen zu können, denn für Zusammenhangsanalysen ist es von Vorteil, wenn die Variabilität von Merkmalen groß ist, wie es bei kulturvergleichenden Studien im besonderen Maße zu erwarten ist.

Untersuchungsinstrumente waren standardisierte Tests und Fragebogen zu Motivation, Selbstwirksamkeit, außerschulischen Erfahrungen, mentaler Fähigkeit und Kontrollüberzeugungen. Zur Erfassung des Leistungsstandes der schulnahen naturwissenschaftlichen bzw. sachunterrichtlichen Grundkenntnisse wurde

CROSSTEL-Stichprobe				
Merkmale und Maßzahl	**North Carolina**	**Schleswig-Holstein**	**Mecklenburg-Vorpommern**	**Insgesamt**
Zahl der Klassen	9	8	8	25
Zahl der Schüler	194	170	167	531
Alter in Jahren	10,3	10,5	10,4	10,4
Anteil der Mädchen in %	47,4	52,2	49,4	49,5
Sozialindex Vater Mittelwert der Treiman-Skala	47,4	46,3	42,9	45,6
Sozialindex Vater Mittelwert der Treiman-Skala	47,5	43,4	44,9	45,5
Allgemeine kognitive Fähigkeit (Mittelwert CFT, Subscala 2	100,8	100,7	98,4	100

Tabelle 1 Stichprobenbeschreibung

ein Leistungstest mit 26 Items verwendet. Es handelt sich um die Kurzform des Naturwissenschaftstests der „2. International Science Study“ (SISS) der IEA (International Association for Evalution of Educational Achievement). Durch kleine Experimente, sogenannte „Hands-on-tasks“, wurden Indikatoren zu Problemlösefähigkeit bzw. Problemlösestrategien gewonnen.

Die Untersuchung wurde im März bis Mai 1993 in Schleswig-Holstein, Mecklenburg-Vorpommern und North Carolina (USA) durchgeführt. Insgesamt nahmen 531 Grundschulkinder der 4. Jahrgangsstufe aus 25 Klassen daran teil, davon 194 aus North Carolina (9 Klassen), 170 aus Schleswig-Holstein und 167 aus Mecklenburg-Vorpommern (jeweils 8 Klassen). Meist waren es ganze Klassen. Das mittlere Alter der Schülerinnen und Schüler betrug zum Zeitpunkt der Erhebung knapp 10 ½ Jahre. Die amerikanischen Kinder waren durchschnittlich einen Monat jünger als die deutschen. Die Verteilung von Jungen und Mädchen ist in allen drei Unterstichproben fast ausgeglichen.

Bei der Auswahl der Schulen wurden unterschiedliche Einzugsbereiche berücksichtigt, um die soziale Zusammensetzung der jeweiligen Bevölkerung annähernd abbilden zu können. Zur Überprüfung der sozialen Zusammensetzung haben wir Berufsangaben der Mütter und Väter herangezogen und mit Hilfe des ISCO-Codes standardisiert. Auf dessen Grundlage wurde eine Berufsprestige-Skala nach Treiman (1979) gebildet. Die mittleren Sozialschichtindizes der Väter und Mütter unserer Untersuchungsteilnehmerinnen und -teilnehmer kommen den Durchschnittswerten der entsprechenden Bevölkerungsgruppen sehr nahe, liegen aber in North Carolina und in Schleswig-Holstein etwas über dem Bevölkerungsdurchschnitt der Elterngeneration unserer Stichprobe (30 bis 50jährige), während die Indices in Mecklenburg-Vorpommern dieser Bevölkerungsgruppe entsprechen.

Auch hinsichtlich der allgemeinen kognitiven Fähigkeit der teilnehmenden Schülerinnen und Schüler sind die drei Regionalstichproben gut vergleichbar. Zur Schätzung der kognitiven Grundfähigkeit wurde der Culture-Fair-Test (CFT 20) verwendet, der sich in kulturvergleichenden Untersuchungen bewährt hat. Die kognitiven Unterschiede zwischen den Teilstichproben sind zwar statistisch signifikant, aber von geringer praktischer Bedeutung.

Insgesamt kann man sagen, daß die drei Unterstichproben hinsichtlich wichtiger Merkmale vergleichbar sind und ausreichend mit den entsprechenden Bevölkerungswerten korrespondieren. Damit ist auch eine Basis für vorsichtige Generalisierungen gegeben.

4. Struktur der realen Alltagserfahrungen im Überblick

Auf der Grundlage von Gesprächen und Beobachtungen wurde ein großes Inventar von Tätigkeiten zusammengestellt, das die vielfältigsten Beschäftigungen der Grundschüler und Grundschülerinnen erfaßt. Auf diesem Tätigkeitsinventar basiert der Fragebogen zu den Alltagserfahrungen. Bei der Entwicklung des Fragebogens wurde die Vielzahl der Tätigkeiten faktorenanalytisch auf zentrale Dimensionen reduziert. Je nach Erfahrungsdimension waren 4 bis 11 Tätigkeitsangaben nötig, um einen Bereich zuverlässig zu beschreiben. Danach läßt sich die außerschulische Erfahrungswelt von Grundschülerinnen und Grundschülern in sieben Dimensionen beschreiben:

- *Erfahrung mit technischen Gegenständen*
- *Erfahrung mit Hauswirtschaft*
- *Regelspiele und kreative Konstruktions- und Phantasiespiele*
- *Erfahrung und Umgang mit der belebten Natur*
- *Erfahrungen mit Musik und Tanz*
- *Leseerfahrungen*
- *Sport*

Die Erfahrungs- und Aktivitätsdimensionen Musizieren, Lesen und Sport sind voneinander und von den ersten vier unabhängig: Wer Sport treibt, braucht nicht lektürebegeistert sein oder wer musiziert, muß nicht unbedingt Sport treiben. Die vier zuerst genannten Dimensionen korrelieren mäßig miteinander. Wer in einem dieser Bereiche aktiv ist, ist es tendenziell auch in den anderen.

Bemerkenswert ist die kulturübergreifende Ähnlichkeit der Struktur der Alltagserfahrungen von Zehn- bis Elfjährigen.

Die regionalen Unterschiede sind in der Regel gering. Eine Ausnahme bilden allerdings kreative Beschäftigungen und Spiele, insbesondere Phantasiespiele. Sie sind in den USA offensichtlich üblicher. Zwischen Schleswig-Holstein und

Beschäftigungsart	Nennungen in %
Lesen	80
Sport	70
Malen	62
Helfen beim Backen / Kochen	52
Basteln / Bauen	51
Regel- / Phantasiespiele	47
Mitversorgung eines Tieres	45
Musikinstrument spielen	43

Tabelle 2 Außerunterrichtliche und außerschulische Beschäftigung von 10- bis 11jährigen nach Nennungshäufigkeit in % („oft", „sehr oft" bzw. „ja")

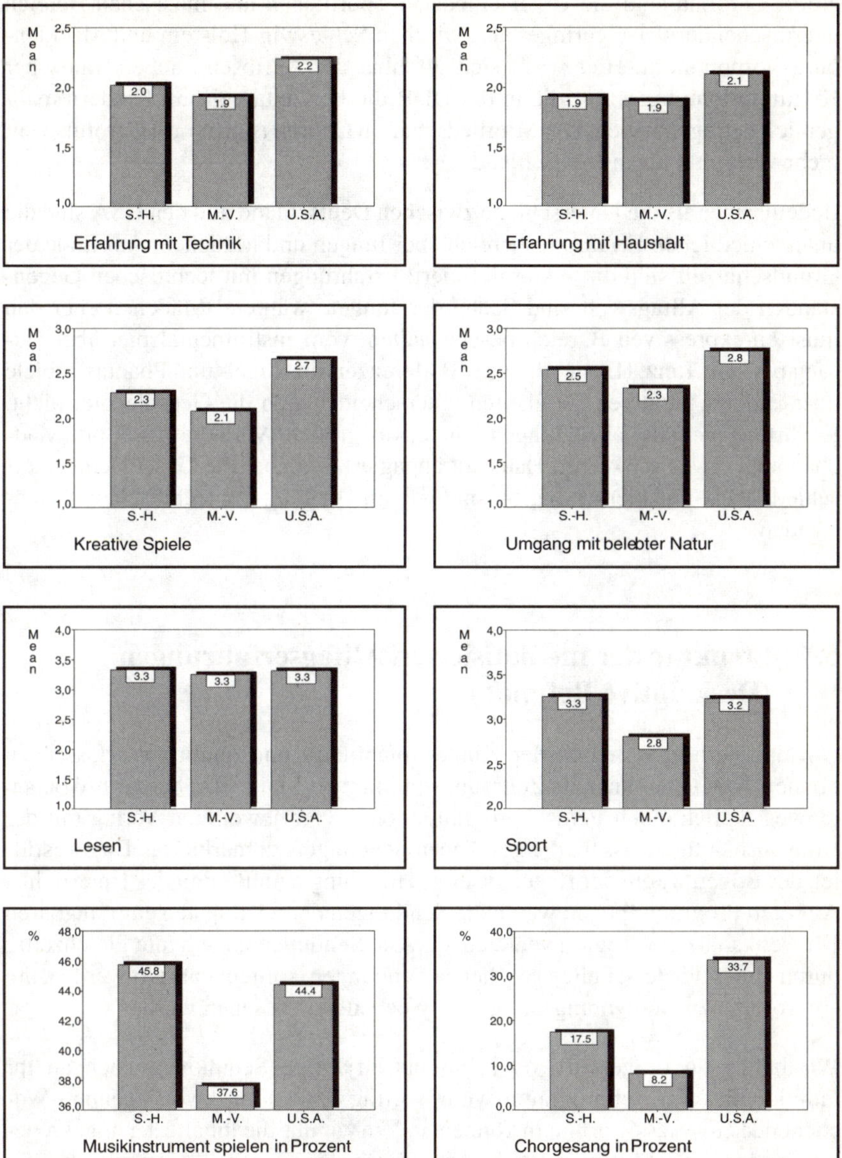

Abb. 1: Außerunterrichtliche und außerschulische Beschäftigung von 10- bis 11jährigen nach Ländern (Mittelwerte bzw. „ja“ in Prozent)

North Carolina sind die Unterschiede im sportlichen und musischen Bereich überraschenderweise geringer als zwischen Schleswig-Holstein und Mecklenburg-Vorpommern. Hier wirkt sich offenbar die Auflösung außerschulischer Kultureinrichtungen aus, die in der DDR die Freizeitarbeit mit Kindern maßgeblich getragen haben. Die Mitgliedschaft in Chören ist in North Carolina weit mehr verbreitet als in Deutschland.

Bedeutsamer als die Unterschiede zwischen Deutschland und den USA sind die unterschiedlichen Erfahrungsbereiche bei Jungen und Mädchen. Am Ende der Grundschulzeit sind diese klar definiert: Erfahrungen mit technischen Gegenständen der Alltagswelt sind Sache der Jungen, während Mädchen eher den musisch-expressiven Bereich besetzt halten, vom Instrumentalspiel über Gesang bis zum Tanz. Hinsichtlich der Präferenzen für Regel- und Phantasiespiele oder anderer kreativer Tätigkeiten unterscheiden sich die Geschlechter nicht. Erwartungsgemäß haben Jungen eine etwas größere Vorliebe für Sport, Mädchen sind etwas stärker im Haushalt engagiert, wo aber die Geschlechtsunterschiede nicht annähernd so groß sind wie im Umgang mit technischen Gegenständen.

5. Struktur der mediatisierten Alltagserfahrungen (Deskriptive Befunde)

Um das Fernsehverhalten der Kinder quantitativ und qualitativ erfassen zu können, haben wir ihnen im Zeitraum von März bis Mai 1993 über zwei Wochen hinweg täglich einen Fernsehprogrammbogen vom jeweiligen Vortag mit der Bitte aushändigen lassen, die gesehenen Sendungen zu markieren. Das Ausfüllen der Bögen war in der Regel die erste Handlung zum Beginn des Unterrichts. Auf dem Programmbogen waren die Sendungen der wichtigsten empfangbaren Fernsehkanäle der Region verzeichnet. Alle Sendungen, auch alle gleichzeitig durch Hin- und Herschalten gesehenen Sendungen, sollten markiert werden, die am Vortag bzw. am vorangegangenen Wochenende gesehen wurden.

Wir hatten zuvor geprüft, ob zehn- bis elfjährige Schulkinder sich an ihr individuelles Fernsehprogramm vom Vortrag bzw. vom davorliegenden Wochenende zuverlässig erinnern können, indem wir uns die Inhalte der angekreuzten Sendungen erzählen ließen. Selbst wenn Kinder „zappen", also gleichzeitig auf mehreren Kanälen fernsehen, können Viertkläßler die gesehenen Sendungen, zumindest deren markante Themen, zuverlässig rekapitulieren.

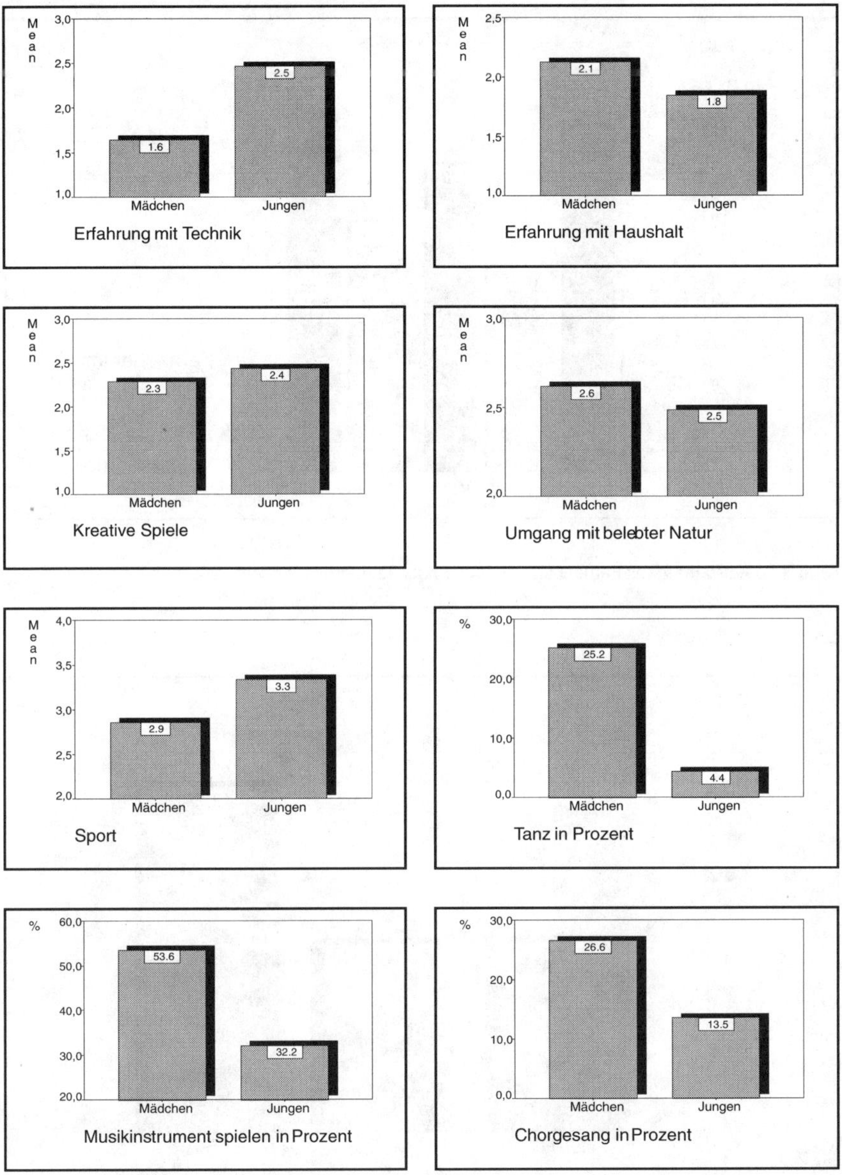

Abb. 2 Außerunterrichtliche und außerschulische Beschäftigung von 10- bis 11jährigen nach Geschlecht (Mittelwerte bzw. „ja“ in Prozent)

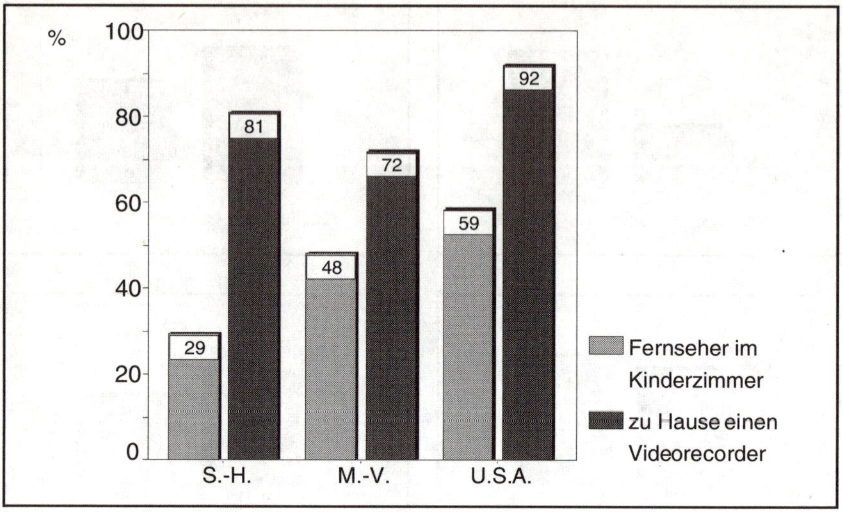

Abb. 3 Ausstattung mit Fernsehen und Video nach Ländern in Prozent

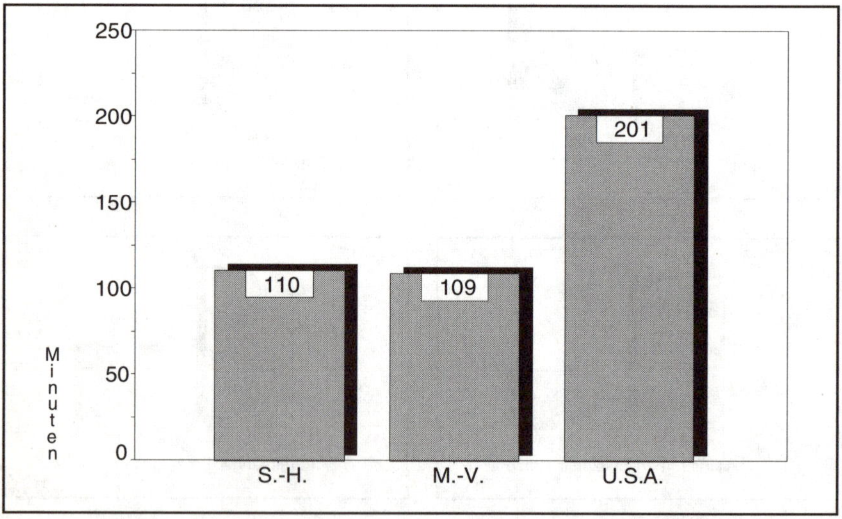

Abb. 4 Mittlere TV-Sehzeit pro Tag in Minuten nach Ländern.

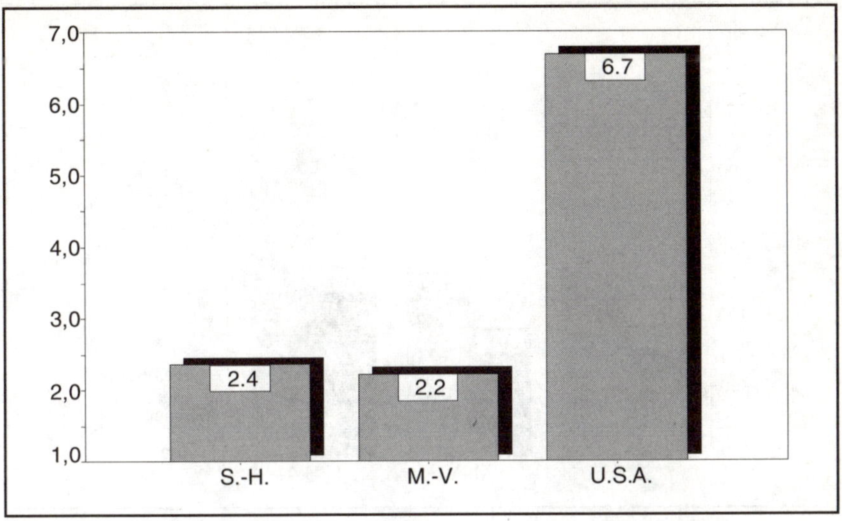

Abb. 5 Durchschnittliche Anzahl gesehener Sendungen pro Tag nach Ländern

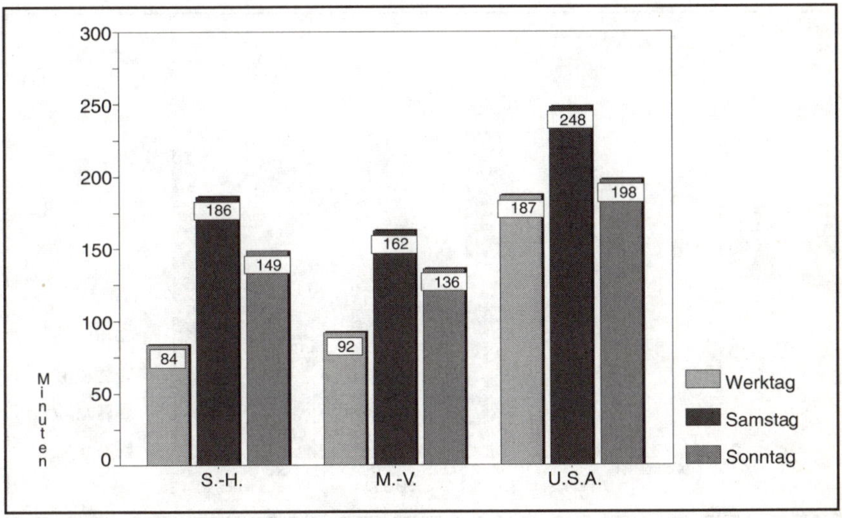

Abb. 6 Durchschnittliche TV-Sehzeit an Werktagen und am Wochenende in Minuten nach Ländern

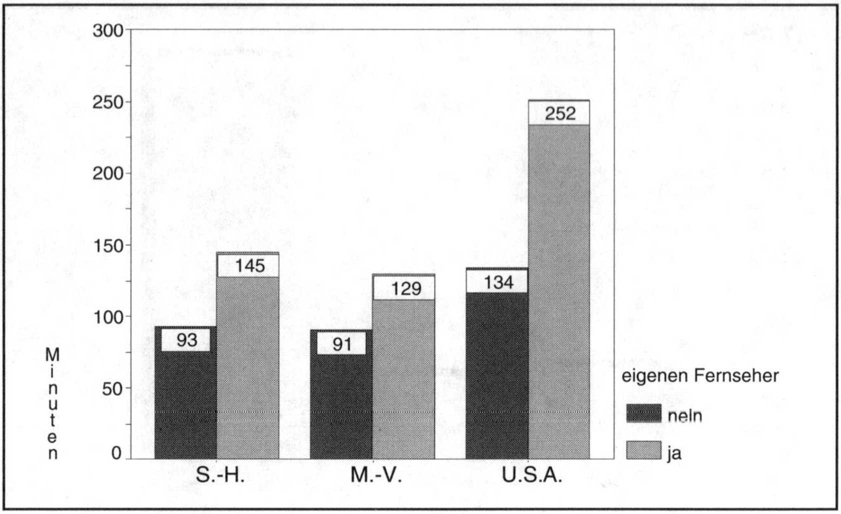

Abb. 7 Mittlere TV-Sehzeit in Minuten pro Tag nach Verfügbarkeit über ein eigenes Fernsehgerät nach Ländern

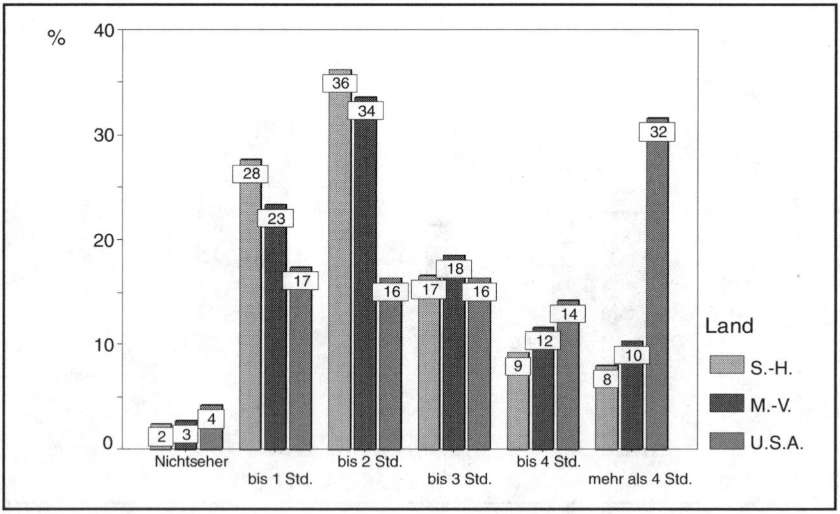

Abb. 8 Grundschüler nach täglicher TV-Nutzung und Ländern in Prozent

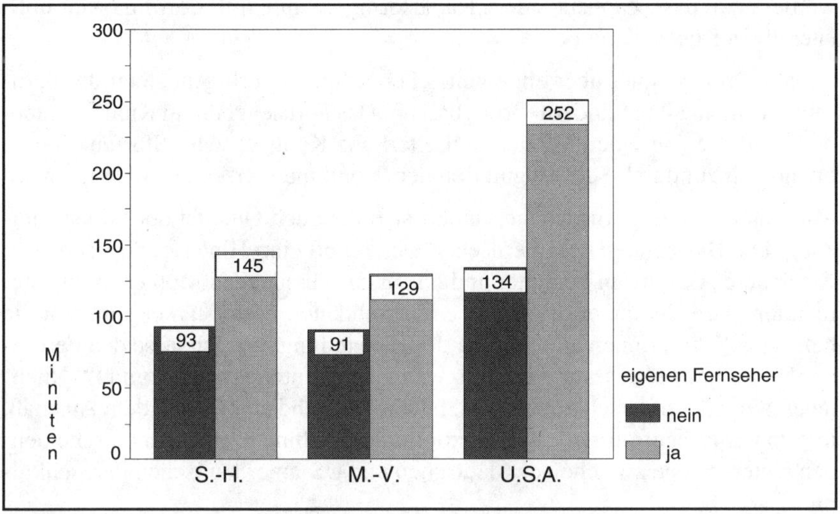

Abb. 9 Grundschüler nach täglicher TV-Nutzung und Geschlecht in Prozent

Dieses Verfahren macht es möglich, ein relativ genaues Bild hinsichtlich Sender, Zeitdauer der Sendung, deren Inhalt (Sparte), Überschneidungen (Kanalspringen), Plazierung der Sendung während des Sendetags und den individuellen Fernsehgewohnheiten der Probanden zu gewinnen. Zusätzlich haben wir die Kinder in einem kurzen Fragebogen um Auskünfte über ihre Sender- und Programmpräferenzen, ihr Auswahlverhalten, das soziale Umfeld, in dem ferngesehen wird, und die Medienausstattung des Haushalts gebeten.

Die meisten telemetrischen Befunde unserer Untersuchung liegen im Rahmen der Befunde anderer Studien (z.B. Theunert et al. 1992; Darschin; Frank 1993): Haushalte ohne Fernsehgeräte sind selten, über ein Zweit- oder Drittgerät im Kinderzimmer verfügen 59% in den USA, in Mecklenburg-Vorpommern 48% und in Schleswig-Holstein 29% der Zehnjährigen. Die Zeit, die Zehnjährige vor dem Fernseher verbringen, liegt in Schleswig-Holstein bei 110 Minuten, in Mecklenburg-Vorpommern bei 109 Minuten und in den USA bei 201 Minuten. Während sich Kinder aus Mecklenburg-Vorpommern oder Schleswig-Holstein täglich etwa 2 Sendungen anschauen, beträgt in North Carolina die entsprechende Zahl fast das dreifache bei knapp doppelter Sehzeit. Die Programmeinheiten, die Kinder in den USA sehen, sind deutlich kürzer. Dazu kommt, daß es bei den amerikanischen Kindern vier- bis fünfmal häufiger zu Programmüberschneidungen kommt als bei den deutschen. Dies kann als ein Hinweis interpretiert werden, daß das „Zappen" oder „Kanalspringen" in North Carolina weit üblicher als in Deutschland ist.

Sobald Grundschüler über ein eigenes Fernsehgerät verfügen, steigt der Fernsehkonsum in allen Ländern sprunghaft an. Das Fernsehgerät im Kinderzimmer bedeutet offenbar einen Verzicht auf elterliche Kontroll- oder Störfunktionen, die noch nicht durch Selbstregulation der Schulkinder ersetzt werden können.

Mit zunehmender Fernsehdauer ändert sich die auch Qualität der Fernsehnutzung. Die Darbietungen im Fernsehen werden oft zum Hintergrundgeschehen, das andere Aktivitäten begleitet und nur in entscheidenden Momenten bewußt rezipiert wird. Je länger die tägliche Fernsehdauer, desto stärker stimmen die befragten Schülerinnen und Schüler der Feststellung zu: „Ich lasse den Fernseher laufen und schaue nur dann hin, wenn etwas Interessantes kommt". Unabhängig von der unterschiedlichen täglichen Fernsehdauer liegt in dem Ausmaß, in dem Fernsehen Aufmerksamkeit kontinuierlich bindet, einer der entscheidenden Unterschiede zwischen der deutschen und US-amerikanischen Fernsehkultur.

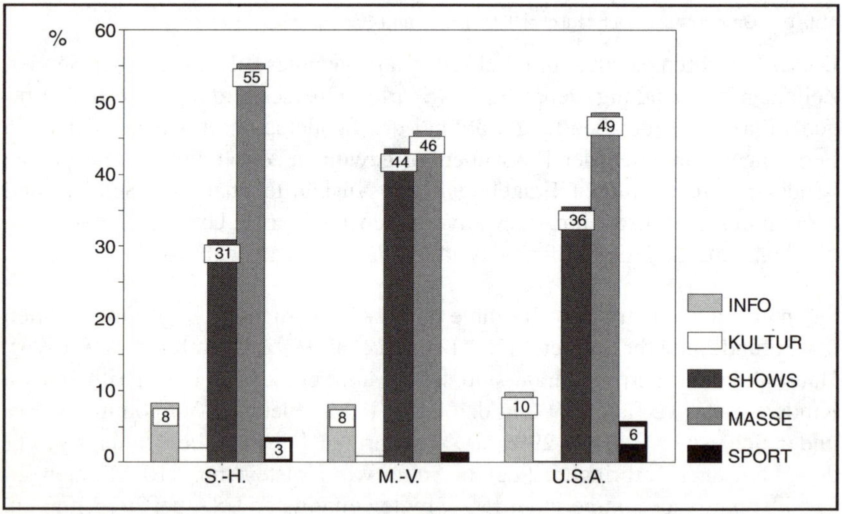

Abb. 10 Gesamtfernsehzeit in Prozent nach Inhaltskategorien, differenziert nach Ländern.

Bezüglich der Fernsehinhalte sehen die Kinder hauptsächlich Shows, Spiele, Cartoons und TV-Massenprodukte (81% der Sehzeit). Das Kulturfernsehen, auch wenn es sich speziell an Kinder und Jugendliche richtet, spielt für unsere Altersgruppe keine Rolle. Informationssendungen erreichen dagegen bereits

Zehnjährige, ein Anteil von knapp 10% der Sehzeit - d.h. mindestens eine Informations- oder Nachrichtensendung täglich - ist keineswegs unbeträchtlich. Der Sport, der viele Erwachsene in seinen Bann schlägt, ist im Programm der Grundschüler noch randständig.

Sendereihe	**Sender**	**Quote**	**Sparte**
Gute Zeiten, schlechte Zeiten	RTL	17,6 %	*Familienserie*
Bill Cosby Show	pro7	10,6 %	*Show*
Parker Lewis - Der Coole vor der Schule	pro7	7,8 %	*Comedy*
Eine schrecklich nette Familie	RTL	12,2 %	*Familie/Comedy*
Wer ist hier der Boß?	RTL	10,3 %	*Comedy*
Explosiv - Das Magazin	RTL	8,8 %	*Actionmagazin*
Trick 7	pro7	4,5 %	*Show/Cartoon*
Beverly Hills, 90210	RTL	17,5 %	*Teenagerserie*
Nortruf California	RTL	6,8 %	*Serie*
Kinderstudio	ZDF	7,2 %	*Magazin/Cartoon*

Tabelle 3 Topliste der zehn einflußreichsten Sendereihen bei unserer Stichprobe (Deutschland)

Sendereihe	**Sender**	**Quote**	**Sparte**
Full House	ABC	14,7 %	*Comedy*
Married with Children (Al Bundy)	Fox	13,0 %	*Family/Comedy*
Tiny Toon	Fox	17,1 %	*Cartoon*
Tom & Jerry	Fox	8,3 %	*Cartoon*
Roseanne	ABC	6,0 %	*Comedy*
Chip´N Dale	Fox	9,2 %	*Comedy*
Darkwing Duck	ABC	8,2 %	*Cartoon*
Batman	Fox	17,2 %	*Cartoon*
Tale Spin	Fox	7,7 %	*Cartoon*
Saved by the Bell	NBC	7,7 %	*Comedy*

Tabelle 4 Topliste der zehn einflußreichsten Sendereihen bei unserer Stichprobe (North Carolina)

Der potentielle Einfluß von Fernsehsendungen hängt von den erzielten Einschaltquoten und der Ausstrahlungshäufigkeit ab. Serien, die täglich laufen und immer wieder dieselben Schüler erreichen, können sich zu einer dauerhaften virtuellen Realität dieser Zuschauer entwickeln. Um Fernsehsendungen hinsichtlich ihrer Einflußmöglichkeiten vergleichbar zu machen, haben wir einen Index berechnet, in den Einschaltquoten und Ausstrahlungsfrequenz eingehen. Die folgenden Toplisten geben einen Überblick über die einflußreichsten Sendungen in unserem Untersuchungszeitraum in den USA und Deutschland.

Programmwahlverhalten	Land	sehr oft	oft	manchmal	selten/nie
Fernsehplanung mit Hilfe der Programmzeitschrift	USA BRD	23,2 27,1	14,7 31,9	30,5 31,9	31,6 9,1
Fernsehen als Lückenfüller: „einschalten und suchen, wo etwas Interessantes kommt"	USA BRD	64,2 29,0	24,7 27,4	7,4 29,0	3,4 16,4
Fernsehen als Hintergrundgeschehen	USA BRD	34,7 6,1	26,3 8,5	24,2 19,5	14,7 66,0
Empfehlungen von Freunden/Freundinnen	USA BRD	12,2 4,0	18,5 11,6	43,4 42,4	25,9 42,1
Eltern als Informanten oder Ratgeber	USA BRD	10,6 5,5	6,9 14,6	28,6 35,0	54,0 45,0

Tabelle 5 Wahlverhalten nach Häufigkeit und Land (Angaben inProzent

Sozialer Kontext	Land	sehr oft	oft	manchmal	selten/nie
Mit der ganzen Familie	USA BRD	20,7 20,8	21,7 36,6	41,5 37,6	10,6 11,0
Mit Geschwistern	USA BRD	42,2 28,7	22,7 30,9	21,6 18,0	13,5 22,3
Mit Freundinnen oder Freunden	USA BRD	16,1 3,7	22,0 7,6	47,3 49,1	14,5 39,6
alleine	USA BRD	51,9 30,4	22,8 27,7	21,2 32,2	4,2 9,7

Tabelle 6 Soziale Einbettung des Fernsehens nach Häufigkeit und Land (Angaben in Prozent

Zu den beliebtesten Sendungen gehören Familienserien, in den USA folgen ihnen Cartoons. Addiert man einmal die Sehzeiten, die die Kinder bei "Al Bundy" (aus der RTL-Serie „Eine schrecklich nette Familie") verbringen, so ergibt sich während des Erhebungszeitraums in North Carolina eine Summe von 5 Stunden bei rund 6% der Schüler und 8 Stunden bei 2%. In Deutschland sind 6% der Kinder vier Stunden und weitere 2,5 % fünf Stunden lang bei "Al Bundy".

Es sind zwei Formen des Umgangs mit dem Fernseher häufig anzutreffen: einmal die gezielte Fernsehplanung mit Hilfe der Programmzeitschrift, die - was sehr beachtlich ist - die Hälfte aller Kinder unserer Stichprobe sehr oft oder oft zur Rate zieht, und das Fernsehen als Überbrückung für Zeiten der Langeweile - man schaltet ein und sucht, wo etwas Interessantes läuft. Knapp 70% der befragten Kinder berichten, daß dies häufig vorkommt. Fernsehen als Hintergrundsgeschehen, dem man nur sporadisch Aufmerksamkeit zuteil werden läßt, ist seltener. Eltern werden als Informanten oder Ratgeber nur gelegentlich oder nie gefragt.

Das gemeinsame Fernsehen ist ein Knotenpunkt des Familienlebens, in Deutschland wie in den USA. Das bevorzugte Programmrepertoire bringt Geschwister, aber auch die ganze Familie oft oder sogar sehr oft zusammen. Das schließt nicht aus, daß viele Kinder darüber hinaus auch noch häufig mit Freunden oder Freundinnen oder allein fernsehen. Die Zahl der Grundschülerinnen oder Grundschüler allerdings, die ihre Zeit überwiegend oder ganz ausschließlich allein vor dem Fernseher verbringen, ist mit 15,4% recht beachtlich. In Mecklenburg-Vorpommern sehen sogar 20% der Kinder vorwiegend ganz alleine.

6. Ergebnisse und Diskussion

In unseren Forschungsfragen vertraten wir in Anlehnung an Mutz et al. (1993); Neuman (1988); Hornik (1981); Murray & Kippax (1981) die „Displacementhypothese" und diskutierten als zweite Annahme kontrolltheoretische Effekte des Fernsehens Aufschlag Kontrollüberzeugungen und Attributionsmuster (Salomon 1984; Bandura 1977 und 1991)

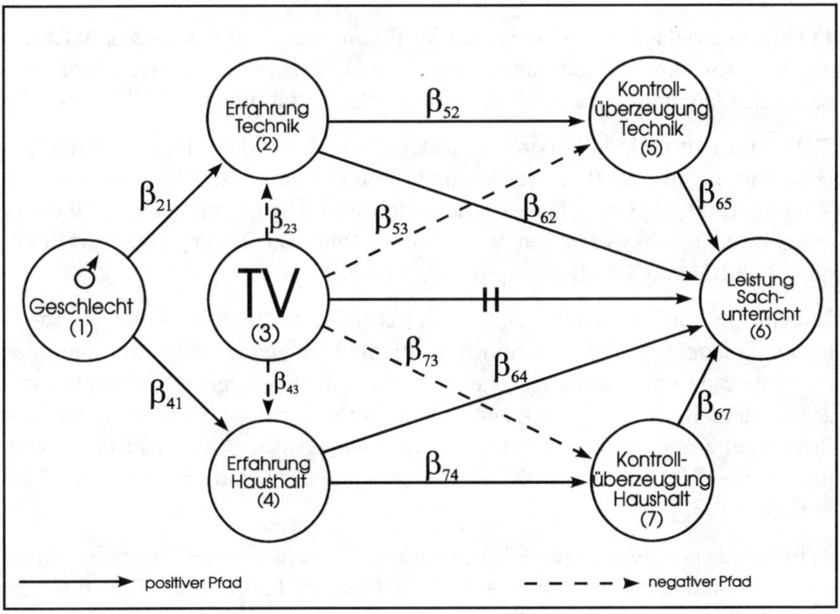

Abb. 11 vereinfachtes Pfadmodell (Meßmodell)

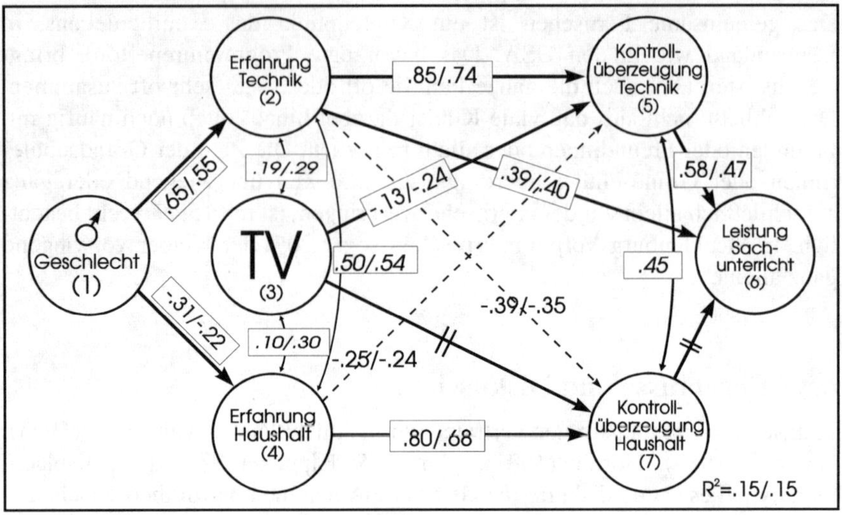

Abb. 12 vereinfachtes Pfadmodell (Strukturgleichungsmodell); Fit Indices: Chi2=141/102; df=53/53; Chi2/df=2.66/1.92; SFI=.91./95;

1) Vermindert das Fernsehen das zur Verfügung stehende Zeitbudget zu Lasten des Erwerbs von Alltagserfahrungen, dann erwarten wir negative Pfade zwischen den latenten Variablen TV (3) und Alltagserfahrungen (2,4)[$ß_{23}$ und $ß_{43}$].

2) Wenn es stimmt, daß operative Schemata und mentale Modelle durch Alltagserfahrungen erworben werden und diese die Sachunterrichtsleistung über Wissensstrukturen beeinflussen, sofern eine hinreichende thematische Überlappung besteht, dann erwarten wir positive Pfade zwischen Alltagserfahrungen (2 und 3) und Schulleistung (6) [$ß_{62}$ und $ß_{64}$].

3) Wird die Sachunterrichtsleistung durch die bereichsspezifischen Kontrollüberzeugungen (5 und 7) beeinflußt, nämlich über ausreichende kognitive, motivationale und handlungsbezogene Ressourcen zu verfügen, welche über Zielsetzungen, Anstrengungsregulierung, Ausdauer, sowie durch Angst- und Streßregulierung vermittelt sind, erwarten wir positive Pfade zwischen Kontrollüberzeugungen im technischen Bereich und der Schulleistung im Sachunterricht (6) [$ß_{65}$].

4) Ebenfalls positiv muß der Pfad angenommen werden, wenn es einen indirekten Zusammenhang zwischen Alltagserfahrungen (2,5,6 und 4,7,6) über die bereichsspezifischen Kontrollüberzeugungen zu den Leistungen im Sachunterricht gibt [$ß_{52}$, $ß_{65}$ und $ß_{74}$, $ß_{67}$].

Für die Analyse wurde der LISREL-Ansatz von Jöreskog; Sörbom (1988, 1989) verwendet. Es wurde zwischen den latenten Variablen „Alltagserfahrung/Technik" und den Kontrollüberzeugungen (Technik) für die amerikanische Stichprobe ein Pfadkoeffizient von .85, für die deutsche von .74 ermittelt, zwischen den bereichsspezifischen Kontrollüberzeugungen (Kontrollüberzeugung/Technik) und den Leistungen im Sachunterricht .58 bzw. .47 und zwischen Alltagserfahrung/Technik und Sachunterrichtsleistung .39/.40 als direkter Pfad. [Im folgenden bezieht sich der Koeffizient vor dem Schrägstrich auf North Carolina, nach dem Schrägstrich zusammen auf Schleswig-Holstein und Mecklenburg-Vorpommern.]

Ebenfalls ein Pfad mit etwas geringerer Ausprägung besteht zwischen Alltagserfahrung/Haushalt und den Kontrollüberzeugungen (Kontrollüberzeugung/Haushalt) mit .80/.68., aber ein Einfluß der Kontrollüberzeugungen im Haushaltsbereich beziehungsweise Alltagserfahrungen/Haushalt auf die Sachunterrichtsleistung konnte nicht festgestellt werden.

Da aber die beiden latenten Erfahrungsvariablen die entsprechenden bereichsspezifischen Kontrollüberzeugungsvariablen kausal beeinflussen, dürfte einiges dafür sprechen, daß sich der theoretische Ansatz über die Genese der Kontrollüberzeugungen bewährt hat. Aber nur im naturwissenschaftlich-technischen Bereich besteht ein Kausalzusammenhang zwischen Kontrollüberzeugungen und Sachunterrichtsleistung. Der über die Kontrollüberzeugungen gehende indirekte Einfluß zwischen Alltagserfahrungen/Technik und Sachunterrichtsleistung ist etwas stärker ausgeprägt als der direkte.

Der Haushaltsbereich scheint von der Sachunterrichtsleistung in der Schule vollkommen abgekoppelt zu sein oder interferiert sogar. Obwohl die Aktivitäten im Haushalt und insbesondere der kreative Umgang mit Stoff und Papier viele physikalische, chemische und biologische Erfahrungspotentiale implizieren, können diese jedoch offenbar nicht im Sachunterricht nutzbar gemacht werden. Möglicherweise sind die thematischen Überlappungen zu gering.

Was den Einfluß des Fernsehens auf die Alltagserfahrungen anbelangt, so kann die „Displacementhypothese" bei unserer Untersuchung nicht bestätigt werden. Statt der erwarteten negativen Pfade konnten entgegen unseren Erwartungen nur positive Interkorrelationen zwischen Fernsehen (TV) und den beiden Alltagserfahrungsbereichen festgestellt werden (TV und außerschulische Erfahrung Technik .19/.29; TV und außerschulische Erfahrung Haushalt .10/.30). Das Fernsehen scheint überraschenderweise nicht andere außerschulische Aktivitäten zu behindern. Dieser Befund verdeutlicht Abbildung 13 über den Zusammenhang zwischen TV-Sehdauer und dem durchschnittlichen Erfahrungser-

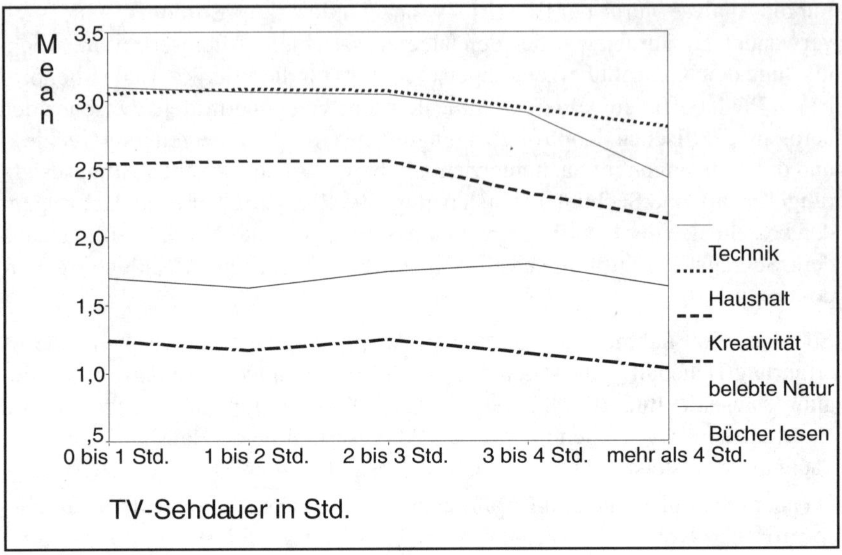

Abb. 13 Außerschulische Erfahrungen in Abhängigkeit der TV-Sehzeit.

werb bzw. den Aktivitäten in den wichtigsten Bereichen Technik, Haushalt, Kreativität, belebter Natur und Bücherlesen. Über weite Bereiche werden diese Aktivitäten durch das Fernsehen nicht beeinflußt. Erst wenn 3 bis 4 Stunden TV-Sehzeit pro Tag überschritten werden, sinkt der Erfahrungserwerb in allen Bereichen allmählich. In bestimmten Grenzen sind Grundschulkinder offenbar in der Lage, ihr Zeitbudget angemessen einzuteilen. Der Befund zeigt ferner, daß das Fernsehen nur eine außerschulische Beschäftigung unter anderen ist.

Dagegen besteht ein negativer Kausalzusammenhang von -.13 (North Carolina) bzw. -.24 (Deutschland) zwischen Fernsehen und Kontrollüberzeugungen im technischen Bereich. Das bedeutet, daß unsere Attributionshypothese bestätigt ist, weil das Fernsehen offensichtlich die nur auf Fähigkeit zielende internal/stabile Attributionsmuster ungünstig verstärkt und sich somit auf die Kontrollüberzeugungen im technischen Bereich und indirekt auf die Sachunterrichtsleistung negativ auswirkt.

Da kein direkter Pfad von TV auf die Sachunterrichtsleistung notwendig ist, spricht alles dafür, daß der negative Einfluß des Fernsehens auf die Schulleistung im Sachunterricht *vermittelt* über die Kontrollüberzeugungen besteht. Dies gilt aber nur für die Fähigkeit im technischen Bereich, während TV für die

Kompetenzeinschätzungen im Haushalt irrelevant ist. Der Zusammenhang zwischen Geschlecht und Alltagserfahrung ist erwartungsgemäß: .65/.55 im technischen Bereich und -.31/-.22 im Haushaltsbereich. Die Jungen verfügen aber eher über Erfahrungen im Haushalt als die Mädchen in der Technik.

Die Cross-Pfade für die intraindividuelle Kompetenzvergleiche sind beide negativ und müssen auch theoretisch negativ sein. Der Einfluß von Alltagserfahrungen (Technik) auf die Kontrollüberzeugungen (Haushalt) hat den Pfadkoeffizenten -.39 für North Carolina und -.35 für die BRD; der Einfluß der Haushaltserfahrungen auf die Technik-Kontrollüberzeugungen beträgt -.25/ -.24: Schätzt sich ein Kind z.B. im Technikbereich als sehr kompetent ein und vergleicht seine Haushaltskompetenz mit seiner Technikkompetenz, so schätzt es sich im Haushaltsbereich weniger kompetent ein als es seiner Kompetenz entspricht. Die Einschätzung seiner Kompetenz im Haushaltsbereich fällt sogar niedriger aus als wenn es sich im Technikbereich niedrig eingeschätzt hätte. Das Geiche gilt auch umgekehrt im Haushaltsbereich.

Die Folge davon ist eine intraindividuelle Interessendifferenzierung. Sie ist insgesamt noch relativ gering, wie die substantiellen Korrelationen zwischen den Alltagserfahrungsbereichen (.50) und den Kontrollüberzeugungsbereichen (.45) zeigen.

Mit Hilfe des Strukturgleichungsmodells konnte gezeigt werden, daß die Befunde kulturübergreifend gelten. Das Modellfit ist für North Carolina befriedigend bis gut, für Deutschland gut. TLI-Indices über .90 gelten als akzeptabel.

Literatur

Bandura, A.: Self-efficacy: Toward a Unifying Theory of Behavioral Change. In: Psychological Review, 84 (1977), S. 191-215

Bandura, A.: Self-efficacy Mechanism in Human Agency. In: American Psychologist, 37 (1982), S. 122-147

Baumert, J.: Technisches Problemlösen im Grundschulalter: Zum Verhältnis von Alltags- und Schulwissen. Eine kulturvergleichende Studie. In: Zeitschrift für Pädagogik, 34. Beiheft (1996), S. 187-209

Baumert, J./Evans, R./Geiser, H.: Technical Problem Solving Among Ten-Year-Old Students as Related to Science Achievement, Out-of-School Experience, Domain-Specific Control-Beliefs and Attribution Patterns. In: Journal of Research in Science Teaching (JRST), (1997), in Vorbereitung

Darschin, W./Frank, B.: Tendenzen im Zuschauerverhalten. Fernsehgewohnheiten und Fernsehreichweiten im Jahr 1992. In: Media Perspektiven, 3 (1993)

Einsiedler, W.: Grundschulkinder und die Lebenswelt Medien. Berichte und Arbeiten aus dem Institut für Grundschulforschung(IfG) der Universität Erlangen-Nürnberg, 75 (1993)

Frederiksen, N.: Implications of Cognitive Theory for Instructions in Problem Solving. In: Review of Educational Research, 54 (1984) 3, S. 363-407

Gunter, B./McAleer, J.L.: Children and Television. The One Eyed Monster? London: Routledge 1990

Hornik, R.: Out-of-school Television and Schooling: Hypotheses and Methods. In: Review of Educational Research, 51 (1981, Summer) 2, S. 193-214

Jöreskog, K.G./Sörbom, D.: LISREL: A Guide to the Program and Applications, 2. Aufl., Chicago: SPSS Inc. 1988,1989

Kleiter, E. F.: Aggression und Gewalt in Filmen und aggressiv-gewalttätiges Verhalten von Schülern. Problemstand. In: Empirische Pädagogik, 7 (1993) 4, S. 345-389

Mayer, R. A. M.: Medienumwelt im Wandel. Aspekte sozialer und individueller Auswirkungen der alten und neuen Medien. DJI Forschungsbericht, München: DJI, 1984

Mutz, D. C., et al.: Reconsidering the Displacement Hypothesis: Television's Influence on Children's Time Use. In: Communication Research, 20 (1993) 1, S. 51-75

Murray, J.P./Kippax, S.: Television's Impact on Children and Adults. In: Wilhoit, G./Bock, H.(Hrsg.): Mass Communication Review Yearbook, 2 (1981), SAGE Publications, S. 522-638

Neuman, S. B.: The Displacement Effect: Assessing the Relation between Television Viewing and Reading Performance. In: Reading Research Quarterly, 23 (1988) 4, S. 414-440

Sternberg, R. L.: A theory of Knowledge Acquisition in the Development of Verbal Concepts. In: Development Review, 4 (1984), S. 113-138

Theunert, H./Pescher, R./Best, P./Schorb, B.: Zwischen Vergnügen und Angst - Fernsehen im Alltag von Kindern. Eine Untersuchung zur Wahrnehmung und Verarbeitung von Fernsehinhalten durch Kinder aus unterschiedlichen soziokulturellen Milieus in Hamburg. Schriftenreihe der HAM, 5, Berlin: VISTAS 1992

Treiman, D.J.: Probleme der Begriffsbildung und Operationalisierung in der international vergleichenden Mobilitätsforschung. In: Pappi, F. U.(Hrsg.): Sozialstrukturanalysen mit Umfragedaten, Königstein: Athenäum 1979, S. 124-167

Interesse am naturwissenschaftlichen Lernen im Sachunterricht – Ergebnisse einer Schülerbefragung

Klaus-Henning Hansen, IPN Kiel und Udo Klinger, Ministerium für Bildung, Wissenschaft und Weiterbildung Mainz

1. Einleitung

1.1 Fragestellung

Dieser Beitrag beruht auf einer umfangreicheren empirischen Untersuchung zur Entwicklung von Schülerinteressen am naturwissenschaftlichen Lernen in den Klassen 4 bis 6 (Hansen, Klinger 1997). Der Begriff „naturwissenschaftliches Lernen" bezeichnet die Gesamtheit der schulischen Erfahrungen von Schülerinnen und Schüler einer bestimmten Altersgruppe mit naturwissenschaftlichen Themen, Denkweisen und Tätigkeiten. Die Daten wurden Ende 1995 im Rahmen der Evaluation des Modellversuches PING (Praxis integrierter naturwissenschaftlicher Grundbildung, s. Projektgruppe 1992) in Rheinland-Pfalz erhoben. In diesem Beitrag werden nur die Angaben der 539 Schülerinnen und Schüler vom Anfang der Klasse 5 genutzt, die erst nach der Befragung Unterricht nach PING im neuen Fach Naturwissenschaft erhalten haben. Sie wurden retrospektiv über ihre Erfahrungen im Sachunterricht der Klasse 4 befragt.

Dem Sachunterricht an der Grundschule kommt eine wichtige Aufgabe für die Orientierung der Kinder in der heutigen Lebenswirklichkeit und für selbstbestimmtes Handeln in dieser Wirklichkeit zu. Als Ort grundlegenden Lernens wird im Sachunterricht der Grundschule auch die Basis für weiteres fachliches Lernen auf der Sekundarstufe I gelegt. Beide Aufgaben lassen sich nur dann erfüllen, wenn die Lernenden am Angebot des Sachunterrichts Interesse mitbringen oder in der Schule erwerben. Ein wesentlicher Teil dieses Lernangebotes besteht in naturwissenschaftlichen Themen und Methoden.

Alltagssprachlich versteht man unter den Interessen einer Person ihre Vorlieben, Wertorientierungen und Umweltbezüge (Prenzel, Krapp 1992, S. 1). Interessen sind inhaltsspezifisch. In der didaktischen Forschung wird der Interessenbegriff genutzt, um die Bereitschaft der Lernenden zu beschreiben, sich aktiv mit einem Lernangebot auseinanderzusetzen. So versteht Lehrke (1988) unter Interessen den dynamischen Aspekt des Lernens, der die aktive Auseinandersetzung mit dem Lerngegenstand anregt und ihm subjektive Bedeutung verleiht. Interessen stellen eine Personen-Gegenstandsbeziehung her, in der Lernende Erkenntnisse gewinnen. Weiterhin liefern sie einen eigenständigen Beitrag zur Erklärung von Leistungsunterschieden (Hartinger 1997, S. 32). Informationen über die Art und die Intensität von Interessen gelten daher als ein Schlüssel zur Gestaltung von Lehr-Lernprozessen.[1] Ein weiteres Merkmal besteht in der Unterscheidung situationaler und dauerhafter Interessen. Während erstere den situationsspezifischen Anreiz eines Lerngegenstandes ausdrücken, repräsentieren letztere ein verinnerlichtes Motiv, das Teil der Persönlichkeit geworden ist[2]. Krapp (1992, S. 15) geht davon aus, daß das dauerhafte Interesse einer Person zusammen mit Merkmalen der Lernumgebung das situationsspezifische Interesse an einem Lerngegenstand bestimmen.

Aus entwicklungspsychologischer Sicht bilden sich nicht nur kognitive Operationen, sondern auch Interessen an Naturgegenständen, Themen und Handlungen in bestimmten Phasen der psychosozialen Entwicklung heraus (z.B. Nickel 1975). Das Grundschulalter repräsentiert solche Phasen in Hinblick auf die Entwicklung der Geschlechterrolle, die Ausweitung der Zeitperspektive oder das Entdecken der belebten Natur. Auch wenn sich dieser Beitrag auf eine Untersuchung des Interesses im Sachunterricht der Klasse 4 konzentriert, gehen entwicklungspsychologische Überlegungen in die Nutzung der theoretischen Konstrukte und Items ein.

Während es verschiedene Untersuchungen über die kognitiven Aspekte naturwissenschaftlichen Lernens im Grundschulalter gibt (z.B. Lauterbach et al. 1991), fehlen entsprechende Studien über Motive und Interessen (Hartinger 1997, S. 24). Dieses Defizit ist bemerkenswert, da Interessenstudien nicht nur Anstöße für die Didaktik des Sachunterrichts liefern können, sondern auch Erklärungen für den Interessenabfall an naturwissenschaftlich-technischen Lernangeboten in der Sekundarstufe I (z.B. Lehrke, Hoffmann, Gardner 1985).

---

[1] Zum Physikunterricht vgl. Häußler, Hoffmann (1995), zum Chemieunterricht s. Gräber (1995).

[2] Zur psychosozialen Konstitution einer naturwissenschaftlich geprägten Persönlichkeit vgl. Gebhard (1988)

Nicht zuletzt spricht für eine Interessenstudie zum Sachunterricht in der Grundschule die Vermutung, daß dort bereits bekannte Interessenunterschiede zwischen Jungen und Mädchen an naturwissenschaftlich-technischen Themen hervortreten.

Dieser Aufsatz soll einen Beitrag zu drei Bereichen liefern. Der erste umfaßt Merkmale des Interesses am Fach Sachunterricht, an ausgewählten naturwissenschaftlichen Themen und an Lernmethoden . Das Ziel besteht darin, aus der unterschiedlichen Bewertung einzelner Items Rückschlüsse über die Struktur des Interesses am jeweiligen Interessenobjekt zu ziehen. Die zweite Fragestellung richtet sich auf die Bedeutung von Schülermerkmalen für das Interesse im Sachunterricht. Dabei geht es neben dem Geschlecht vor allem um das fachliche Selbstkonzept. Die dritte Fragestellung betrifft den Einfluß der Lernumgebung auf das Interesse. Dazu gehören die Wahrnehmung des durch die Lehrkraft geprägten Unterrichtsklimas und der Häufigkeit unterschiedlicher Lernmethoden.

1.2 Datenerhebung und Instrumente

Wie einleitend erwähnt, stammen die Daten aus einer Querschnittserhebung, die Ende 1995 in der gymnasialen Orientierungsstufe in Rheinland-Pfalz zur Evaluation des Modellversuchs *Praxis integrierte naturwissenschaftliche Grundbildung* (PING)[3] für verschiedene Fächerbereiche durchgeführt wurde. Die hier verwendete Teilstichprobe umfaßt 539 Schülerinnen und Schüler der Modellversuchsschulen in Rheinland-Pfalz, die am Anfang der Klasse 5 retrospektiv über ihre Erfahrungen mit naturwissenschaftlichen Themen und Methoden im Sachunterricht der Klasse 4 befragt wurden. Davon waren 52% Mädchen und 42% Jungen (6% ohne Angabe). 60% der Befragten waren 10 Jahre und 33% 11 Jahre alt (7% ohne Angabe).

Die Fragebögen enthielten neben den allgemeinen Angaben der Schülerinnen und Schüler fünf Fragebatterien zur Messung der zentralen Konstrukte.[4]

- **Wahrgenommenes Unterrichtsklima**

Hinter dem Konstrukt Unterrichtsklima verbergen sich eine Vielzahl von Variablen zur Beschreibung der Lernumwelt der Schulklasse, die empirisch zumeist

[3] Im PING-Projekt werden Anregungsmaterialien für eine integrierte naturwissenschaftliche Grundbildung in den Jahrgängen 5 bis 10 auf der Grundlage der Idee naturverträglichen und menschengerechten Handelns entwickelt (vgl. Projektgruppe 1992).

[4] Einige der Items lehnen sich an die Instrumente von Hoffmann, Häußler, Lehrke, Todt (1987) und Gräber (1995) an. Sie wurden teilweise umformuliert und in anderen Kontexten verwendet.

an der Wahrnehmung der Lernenden festgemacht werden (Dreesmann 1982). In der vorliegenden Untersuchung wurde das Unterrichtsklima durch 16 Items zur Einschätzung der Lehrkraft erhoben. Sie enthielten Aussagen zur Förderung autonomer Lernprozesse (z.B. „läßt uns bei der Gestaltung des Unterrichtes mitwirken"), zur psychosozialen Zuwendung (z.B. „hat stets ein offenes Ohr für unsere Probleme") und zur methodischen Kompetenz (z.B. „macht den Unterricht mit Filmen, Dias oder Modellen anschaulich").

- **Selbstkonzept der eigenen Fähigkeit für Sachunterricht**

Der Begriff „Selbstkonzept" bezeichnet die Gesamtheit der Vorstellungen, Einstellungen, Bewertungen und Urteile, die eine Person in Hinblick auf ihre eigenen Fähigkeiten, Verhaltensweisen oder sonstigen Eigenschaften besitzt (Klima 1978). In der Selbstkonzeptforschung herrscht weitgehend Einigkeit darüber, daß man nicht von „dem Selbstkonzept" einer Person, sondern von einer Vielzahl bereichsspezifischer „Selbstkonzepte" reden sollte (vgl. Helmke 1992, S. 20f.). In diesem Sinne wird auch von einem „chemiebezogenen Selbstkonzept" (Gräber 1995, S. 232) oder - im vorliegenden Fall - dem Selbstkonzept der eigenen Fähigkeiten für Sachunterricht gesprochen.[5] Es wurden zwei Items zur Einschätzung der eigenen „Begabung" für Sachunterricht (z.B. „Für Sachunterricht hatte ich einfach keine Begabung") und fünf zur Beurteilung der Lernfähigkeit im Sachunterricht (z.B. „Was wir durchnahmen konnte ich immer gut behalten") verwendet.

- **Fachinteresse**

„Fachinteresse" wird in dieser Studie als Kurzwort für das Interesse der Schülerinnen und Schüler am Sachunterricht verwendet. In mehreren Interessenstudien wurde das Fachinteresse durch eine oder zwei Fragen nach der Beliebtheit des jeweils untersuchten Faches gemessen (z.B. Gräber 1995, S. 227). Hoffmann, Lehrke (1986, S. 193) operationalisierten Fachinteresse durch eine Frage nach dem Interesse der Schülerinnen und Schüler am Unterrichtsfach Physik im Vergleich mit den Interessen an anderen Fächern.

Dieser Ansatz läßt wenig Möglichkeiten zu, konzeptionelle Merkmale des Interesses an einem Schulfach herauszuarbeiten. In der vorliegenden Untersuchung wurde daher neben der Frage nach der relativen Beliebtheit einzelner Fächer ein Rating des Sachunterrichtes durch 18 Items vorgenommen. Zu den zentralen Kriterien, nach denen die Items ausgewählt wurden, gehörte das „Flow-Erleben" bei der Auseinandersetzung mit den im Sachunterricht gestell-

---

[5] Für die Nutzung des Selbstkonzept-Konstruktes in der Grundschuldidaktik s. Kotthoff (1997).

ten Anforderungen und seinen Nutzen für die Entwicklung von Kompetenzen außerhalb des Faches. Unter Flow-Erleben wird ein psychischer Zustand verstanden, der sich besonders bei intrinsisch motiviertem Handeln beobachten läßt - die Lernenden gehen ganz in ihrem Tun auf (s. Krapp 1992, S. 38). Um diese Dimension von Fachinteresse zu erfassen, wurden den Befragten u.a. die Statements vorgegeben: „Der Sachunterricht ... hat mir immer viel Spaß gemacht", „hat meine Neugier durch spannende Themen angeregt" und „war so interessant, daß ich gerne meine Hausaufgaben gemacht habe".

Der Nutzen des Sachunterrichts für die Entwicklung von Kompetenzen außerhalb des Faches wurde durch Statements operationalisiert, die seine Bedeutung für die Bewältigung des unmittelbaren Alltags zum Ausdruck bringen. Dazu gehört z.B.: „Der Sachunterricht ... hat mir geholfen, Fragen zu beantworten, die im täglichen Leben auftauchen" und „hat mir geholfen, technische Geräte besser zu verstehen". Weiterhin wurden Statements formuliert, die einen Nutzen des Sachunterrichts für einen späteren Beruf zum Ausdruck bringen (z.B. „Der Sachunterricht ... ist für meine berufliche Zukunft wichtig").

- **Methodeninteresse und Häufigkeit der Methoden im Unterricht**

Der Begriff „Methodeninteresse" faßt in der vorliegenden Studie das Interesse der Befragten an einer Auswahl von Unterrichtsmethoden, Lernaktivitäten und Tätigkeiten zusammen. Die Auswahl der Items orientierte sich vor allem an den im Modellversuch PING unterstützten „Erkenntnismethoden" (Problematisieren, Entdecken, Nachforschen, Experimentieren, Untersuchen, Herstellen, Diskutieren, Berechnen). Zusätzlich wurden Items zur Entwicklung von Werthaltungen und Kreativität und zu Sozialformen und Medien für den Unterricht aufgenommen (Einzelarbeit, Gruppen/ Partnerarbeit, Frontalunterricht, Mediennutzung).[6]Die Befragten wurden gebeten, ihr Interesse an jedem der 43 Items auf einer 5-Punktskala von „sehr groß" bis „sehr gering" zu anzugeben. Die gleichen Items sollten zusätzlich danach beurteilt werden, wie oft sie im Sachunterricht vorkamen.

- **Thematisches Interesse**

Das Konstrukt „thematisches Interesse" wurde entwickelt, um zu klären, ob sich das Interesse der Lernenden an Themen des gefächerten naturwissenschaftlichen Unterrichts in den Klassen 5 und 6 von jenen für fächerübergreifenden Unterricht im Integrationsfach Naturwissenschaft unterscheidet. Dazu wurden

---

[6] Zur Problematik einer Einteilung von Lehr-Lernmethoden vgl. Klippert (1986), Hage, Bischoff, Dichanz et al, (1985).

32 thematische Fragestellungen ausgewählt.[7] Auch wenn sich diese Fragestellungen am gefächerten und integrierten naturwissenschaftlichen Unterricht der Orientierungsstufe in Rheinland-Pfalz orientieren, erschien es sinnvoll, sie den Grundschulkindern vorzulegen. Der Lehrplan für Sachunterricht nimmt einige von ihnen in elementarer Form auf und orientiert sich an fächerübergreifenden Themen wie „Wasser", „Stabilität und Gleichgewicht" und „Luft" (Kultusministerium Rheinland-Pfalz, 1984).

Die Fragestellungen richteten sich auf 7 physikalisch-technische[8], 5 chemische, 5 biologische, 8 integrierte naturwissenschaftliche und 6 kulturell-historische[9] Themen. Bei den integrierten naturwissenschaftlichen Themen wurde weniger nach interdisziplinären naturwissenschaftlichen Themen gesucht, sondern nach Fragestellungen aus dem Denk- und Erfahrungshorizont der Lernenden, die Wissen aus mehreren Disziplinen für die Entwicklung von Handlungskompetenz erfordern. Integrierte naturwissenschaftliche und einige der biologischen Themen enthalten „Bearbeitungsanlässe"[10] aus der Alltagswelt der Schülerinnen und Schüler. In den kulturell-historischen Themen sind Bearbeitungsanlässe angelegt, die über die Sicht einzelner Schülerinnen und Schüler durch eine geschichtlich-soziale Perspektive hinausreichen. Weiterhin wurde gefragt, ob die vorgegebenen Fragestellungen bereits im Unterricht behandelt worden waren.

---

[7] Die curriculare Validität der Themen wurde durch eine Diskussion mit den am Modellversuch PING beteiligten Lehrkräften geprüft.

[8] Diese Kategorie ist selbst fächerübergreifend und berücksichtigt, daß in den Jahrgängen 5 und 6 technische Anwendungen häufig zur Demonstration physikalischer Sachverhalte herangezogen werden.

[9] Themen dieser Art sind zwar selbst zumeist fächerübergreifend, werden aber auch im disziplinär orientierten Unterricht behandelt.

[10] Hoffmann, Lehrke (1986) und Häußler, Hoffmann (1995) verwenden den Begriff der „Bearbeitungskontexte", der sich mit der Bedeutung von „Bearbeitungsanlässen" überschneidet.

2. Die Entwicklung von Interessen an naturwissenschaftlichen Themen und Methoden im Sachunterricht

In diesem Kapitel werden die Ergebnisse der Studie vorgestellt. Die Darstellung folgt den drei Interessenobjekten, nach denen die Untersuchung aufgebaut ist: dem Fach Sachunterricht als schulischer Rahmen für das Lernen, ausgewählten thematischen Fragestellungen und den Lernmethoden.

Das Ziel der Auswertung besteht zunächst einmal darin, die Interessen der Grundschulkinder an den jeweiligen Interessengegenständen zu beschreiben und die Ergebnisse auf dem Hintergrund der eingangs formulierten Überlegungen zur Interessenentwicklung zu interpretieren. Dazu werden zumeist Mittelwerte der Antwortverteilungen über die einzelnen Items errechnet[11] und nach ihrer Größe geordnet. Diese Rangreihen dienen als Grundlage für Vergleiche zwischen verschiedenen Interessenitems bzw. für die spezifische Beurteilung einzelner Items durch Gruppierungen der Befragten nach qualitativen Merkmalen.[12]

Interessenentwicklung ist ein dynamischer Vorgang, der auf der Begegnung bereits vorgeprägter Schülerinnen und Schüler mit dem Interessenobjekt in einer Lernsituation beruht. Die Untersuchung muß somit berücksichtigen, daß in die Reaktion der Befragten neben dem schulischen Lernangebot Persönlichkeitsmerkmale und Erfahrungen aus dem Elternhaus als Dispositionen eingehen. Es wird auch danach gefragt, welche Merkmale des Sachunterrichts naturwissenschaftliche Fragestellungen und Methoden für Grundschulkinder interessant machen. Dazu gehören vor allem das curriculare Angebot und die Wahrnehmung des durch die jeweilige Lehrkraft geprägten Unterrichtsklimas.

Bei der Interpretation der Ergebnisse ist zu beachten, daß aus der Existenz oder dem Fehlen von Interessen nicht unmittelbar Folgerungen für den Unterricht gezogen werden können. So bedeutet z.B. eine hohe Präferenz für Videofilme im Unterricht nicht, daß dieses Medium ein entsprechendes Gewicht im Sachunterricht haben sollte. Es ist vielmehr notwendig, die Ergebnisse dieser Studie auf dem Hintergrund der Bildungsabsichten des Sachunterrichts zu reflektieren. Das kann in diesem Aufsatz nur ansatzweise geleistet werden.

---

[11] Der Mittelwert ist das geeignete Maß zum Vergleich unterschiedlicher Teilstichproben. Da er bei großen Fallzahlen robust gegen die zumeist vorliegende Verletzung der Verteilungsannahmen ist, schien seine Verwendung angemessen.

[12] Eine Zusammenfassung ausgewählter Items zu Skalen und die Verwendung dieser Skalen in multivariaten statistischen Verfahren würde den Rahmen der vorliegenden Studie überschreiten.

Der Sachunterricht ...	N	Mittel
behandelt die Themen so gründlich, daß ich fast alles verstehe	534	3,39
regt meine Neugier durch spannende Themen an	538	3,28
macht mir viel Spaß	537	3,27
macht mir Spaß, weil wir immer so lange an einem Thema arbeiten	535	3,27
veranlaßt mich, umweltbewußt zu handeln	536	3,16
zeigt mir wichtige Zusammenhänge zwischen Natur, Technik und Alltag auf	532	3,03
weckt mein Interesse durch die abwechslungsreiche Gestaltung des Unterrichts	538	2,98
ist nicht nur für Schülerinnen und Schüler interessant, die es später im Beruf brauchen	532	2,93
hilft mir, Fragen zu beantworten, die im täglichen Leben auftauchen	534	2,90
hilft mir, technische Geräte besser zu verstehen	537	2,77
hat damit zu tun, was ich außerhalb der Schule mache	532	2,74
ist so interessant, daß ich gerne meine Hausaufgaben mache	533	2,74
sollte in der Schule noch mehr Stunden einnehmen als bisher (andere Fächer erhalten dafür weniger Stunden)	533	2,60
regt mich dazu an, Fernsehsendungen über naturwissenschaftliche Fragen anzusehen	532	2,48
veranlaßt mich, auch außerhalb der Schule zu experimentieren	534	2,44
regt mich dazu an, mich auch in meiner Freizeit mit naturwissenschaftlichen Themen zu befassen	536	2,39
ist für meine berufliche Zukunft wichtig	513	2,21
weckt bei mir den Wunsch, später einen naturwissenschaftlich-technischen Beruf zu ergreifen	531	1,82

Tabelle 1 Interesse am Sachunterricht[13]

2.1 Interesse am Sachunterricht

In der vorliegenden Studie wurde das Interesse am Sachunterricht durch 18 Items zum „Nutzen" dieses Faches für die Grundschulkinder operationalisiert. Aus ihrer Perspektive muß der Sachunterricht als schulische Einrichtung erscheinen, die sich durch ein breit gefächertes Lernangebot, ein überwiegend durch Lehrerinnen[14] geprägtes Unterrichtsklima und ein bestimmtes Pensum an Hausarbeiten auszeichnet. Die Auseinandersetzung mit naturwissenschaftlichen Themen und Methoden macht dabei nur einen Teil ihrer fachlichen Erfahrungen aus.

Die Auswertung der vorliegenden Daten hat große Unterschiede in den Mittelwerten der 18 Items aufgezeigt. Die Unterschiede zwischen Mädchen und Jungen sind - abgesehen von einem etwas höheren Interessenpotential der Jungen - gering. Fragt man, ob Interesse am Sachunterricht eher durch Flow-Erleben (s. 1.2) oder durch den Nutzen des Gelernten für externe Zwecke bestimmt wird, liefert die Rangfolge der 18 Item-Mittelwerte erste Aufschlüsse:

Die Gruppierung der Item-Mittelwerte in Tabelle 1 deutet darauf hin, daß das Interesse der Befragten am Sachunterricht vor allem durch unmittelbare Erfolgs-

[13]Die Skalenwerte reichen von 1(trifft gar nicht zu) bis 4 (trifft voll zu). Drei negativ formulierte Items wurden angepaßt und die Mittelwerte in abnehmender Reihenfolge sortiert.

[14]Über 70% der Schülerinnen und Schüler gaben an, von einer weiblichen Lehrkraft unterrichtet zu werden.

erlebnisse und Spaß geprägt wird. Items wie „regt meine Neugier durch spannende Themen an", die ein positives Erleben im Sachunterricht ausdrücken, haben den höchsten Mittelwert. Das positive Erleben als zentrales Kriterium für Interesse am Sachunterricht mag auch erklären, warum das Item „macht mir Spaß, weil wir immer so lange an einem Thema arbeiten" an der 4. Stelle der Mittelwerte steht. Die Bedeutung des Sachunterrichts für die berufliche Zukunft trägt verständlicherweise bei Grundschulkindern am wenigsten zum Fachinteresse bei. Zwischen diesen Extremen liegen die Mittelwerte von Items zum Nutzen des Sachunterrichts für den unmittelbar erfahrenen Alltag. Neben dem unmittelbaren positiven Erleben als Gegenpol zu einer noch vage erscheinenden beruflichen Zukunft scheint die Bedeutung des Sachunterrichts für schulische und außerschulische Erfahrungen ein Merkmal des Fachinteresses zu sein. Dafür spricht, daß vor allem solche Items hohe Mittelwerte aufweisen, die schulische Erfahrungen erfassen, während relativ niedrige Mittelwerte bei Items zu verzeichnen sind, die außerschulisches Lernen ansprechen (z.B. „veranlaßt mich, auch außerhalb der Schule zu experimentieren"). Wie sich später zeigen läßt, regt Experimentieren das Interesse der meisten Schülerinnen und Schülern an. Wenn sie außerschulisches Experimentieren relativ niedrig bewerten, so mag das daran liegen, daß Experimentieren als schwierig gilt.

Das Interesse am Sachunterricht unterscheidet sich nach Merkmalen der Lehrenden und Lernenden. Das zeigt exemplarisch die Aufschlüsselung der 18 Items nach je einer Variablen zum Unterrichtsklima („ließ uns bei der Gestaltung des Unterrichts mitwirken") und zum Selbstkonzept („der Sachunterricht wäre mir lieber, wenn er nicht so schwierig wäre"). Für den Vergleich wurden beide Variablen dichotomisiert[15].

Aus Tabelle 2 geht hervor, daß Schülerinnen und Schüler, die angeben, daß ihre Lehrkräfte sie bei der Gestaltung des Unterrichts mitwirken lassen (trifft voll zu), den Sachunterricht auf allen Items positiver bewerten als solche, für die diese Aussage gar nicht, manchmal oder häufig zutrifft. Sie machen nicht nur ihre Hausaufgaben lieber, sondern beurteilen auch den Nutzen des Faches für ihren Alltag höher (z.B. „zeigt mir wichtige Zusammenhänge zwischen Natur, Technik und Alltag auf").

Schülerinnen und Schüler, für die die Aussage "der Sachunterricht wäre mir lieber, wenn er nicht so schwierig wäre" gar nicht zutrifft, haben größeres

---

[15]Beide Variablen haben schiefgipflige Verteilungen mit dem häufigsten Wert am Anfang bzw. Ende der Skala. Daher bot sich eine Dichotomisierung an, bei der der häufigste Wert als eine Kategorie und die verbleibenden drei Skalenwerten als zweite Kategorie zusammengefaßt wurden.

Das Fach Sachunterricht...	Lehrkraft läßt bei der Gestaltung des Unterrichts mitwirken		Sachunterricht ist schwierig	
	trifft gar nicht -häufig zu	trifft voll zu	trifft gar nicht zu	trifft selten voll zu
	Mittel	Mittel	Mittel	Mittel
macht mir viel Spaß	3,10	3,47	3,53	3,02
hilft mir, technische Geräte besser zu verstehen	2,62	2,94	2,80	2,74
regt meine Neugier durch spannende Themen an	3,06	3,54	3,44	3,12
veranlaßt mich, umweltbewußt zu handeln	2,96	3,39	3,24	3,08
weckt bei mir den Wunsch, später einen naturwissenschaftlich-technischen Beruf zu ergreifen	1,75	1,91	1,85	1,79
ist so interessant, daß ich gerne meine Hausaufgaben mache	2,46	3,06	2,97	2,52
hilft mir, Fragen zu beantworten, die im täglichen Leben	2,75	3,09	2,97	2,83
auftauchen ist für meine berufliche Zukunft wichtig	2,16	2,29	2,17	2,24
sollte in der Schule noch mehr Stunden einnehmen als bisher (andere Fächer erhalten dafür weniger Stunden)	2,37	2,88	2,86	2,35
behandelt die Themen so gründlich, daß ich fast alles verstehe	3,20	3,63	3,64	3,16
veranlaßt mich, auch außerhalb der Schule zu experimentieren	2,21	2,71	2,63	2,26
zeigt mir wichtige Zusammenhänge zwischen Natur, Technik und Alltag auf	2,82	3,27	3,20	2,86
regt mich dazu an, Fernsehsendungen über naturwissenschaftliche Fragen anzusehen	2,35	2,63	2,56	2,41
regt mich dazu an, mich auch in meiner Freizeit mit naturwissenschaftlichen Themen zu befassen	2,18	2,62	2,45	2,32
weckt mein Interesse durch die abwechslungsreiche Gestaltung des Unterrichts	2,63	3,39	3,19	2,79
ist nicht nur für Schülerinnen und Schüler interessant, die es später im Beruf brauchen	2,88	2,99	3,13	2,74
macht mir Spaß, weil wir immer so lange an einem Thema arbeiten	3,10	3,46	3,48	3,06
hat damit zu tun, was ich außerhalb der Schule mache	2,68	2,80	2,85	2,64

Tabelle 2 Interesse am Sachunterricht, aufgeschlüsselt nach je einem Item zum Unterrichtsklima und fachlichen Selbstkonzept. Die Miottelwerte beruhen auf Fallzahlen von 248 bis 281 Befragten.

Interesse am Fach. Die Mittelwertdifferenzen sind zwar geringer als bei den Variablen zum Unterrichtsklima, jedoch immer noch für die meisten der vorgegebenen Items statistisch signifikant[16]. Der Mittelwertvergleich sagt nichts darüber aus, ob das Fachinteresse das Selbstkonzept oder das Selbstkonzept das Fachinteresse prägt.

[16]Der t-test zeigt, daß eine Differenz von 0,2 für einen überzufälligen Unterschied (5% Signifikanzniveau) ausreicht

Thematische Fragestellung ...	Jungen	Mäd-chen	Diffe-renz
Wie repariert man eine elektrische Eisenbahn?	3,78	2,94	0,84
Wie funktioniert ein Computer?	4,54	3,92	0,62
Wie lassen sich die Bestandteile eines Gemisches erkennen und voneinander Trennen?	3,64	3,03	0,61
Welche Stoffe leiten den elektrischen Strom	4,23	3,64	0,59
Welche Vorstellungen hatten die alten Griechen vom Weltall?	3,69	3,27	0,42
Wie baut man ein Windrad im Garten, das Wasser Aufschlag die Beete pumt?	3,98	3,58	0,40
Welche Stoffe entstehen bei der Verbrennung?	3,61	3,23	0,38
Wie läßt sich Aufschlag einfache Weise Sonnenenergie nutzen?	4,00	3,65	0,35
Wie lange darf man an einem Computerbildschirm arbeiten, ohne daß die Augen geschädigt werden?	3,79	3,46	0,33
Was besagt die neue Smogverordnung	3,23	2,93	0,30
Wie lassen sich umweltschädliche Stoffe im Klassenzimmere nachweisen (z.B. Asbest)?	3,51	3,23	0,28
Welche Kräfte treten bei einem Fahrrad auf?	3,66	3,39	0,27
Wie entwickelt sich die menschliche Sexualität?	3,68	3,46	0,22
Welche Stoffe darf das Trinkwasser enthalten?	3,73	3,52	0,21
Wie kann man die verschiedenen Zustandsformen des Wassers erklären?	3,56	3,36	0,20
Aus welche Stoffen besteht die Luft?	3,78	3,59	0,19
Welche Bedeutung hatte die Sonne für die alten Ägypter?	3,48	3,31	0,17
Welche schädlichen Stoffe im Boden nehmen wir über pflanzliche Nahrungsmittel auf?	3,56	3,41	0,15
Welchen einfluß hat die Sonneneneinstrahlung Aufschlag die Haut?	3,68	3,57	0,11
Wie läßt sich die Jahresabrechnung für Heizung und warmes Wasser in der Wohnung erniedrigen?	3,31	3,20	0,11
Wie ist das menschliche Skelett aufgebaut?	4,03	3,93	0,10
Was können wir tun, damit sich das Ozonloch nicht noch mehr vergrößert?	4,20	4,16	0,04
Wie kann ich mich vor zu großem Lärm schützen?	3,27	3,25	0,02
Wie baut man ein Aquarium mit Fischen in der Klasse auf?	3,80	3,87	-0,07
Welche Ursachen gibt es für das Waldsterben?	3,93	4,01	-0,08
Wie läßt sich in der Schule Wasser einsparen?	3,19	3,30	-0,11
Wie geht es in der modernen Hühnerhaltung zu?	3,07	3,27	-0,20
Was muß ich beachten, damit eine Pflanze Aufschlag dem Blumenfenster gut gedeiht?	3,36	3,62	-0,26
Wie haben sich Ackerbau und Viehzucht entwickelt?	3,23	3,53	-0,30
Wie kann ich einem Igel helfen, der im Spätherbst im Garten Liegt und einen geschwächten Eindruck macht?	3,92	4,23	-0,31
Wie kann ich etwas zum Tierschutz beitragen	3,98	4,32	-0,34
Welche lebensgewohnheiten haben Delphine?	3,99	4,36	-0,37

Tabelle 3 Thematisches Interesse[17]

2.2 Thematisches Interesse

In diesem Abschnitt geht es um die Frage, welches Interesse 32 thematische Fragestellungen bei den Grundschulkindern hervorrufen. Dabei wurden 5 Bereiche unterschieden (vgl. 1.2). Die thematischen Fragestellungen wurden so ausgesucht, daß sie den gefächerten und den integrierten naturwissenschaftlichen Unterricht etwa gleichermaßen berücksichtigten. Es ist jedoch nicht anzu-

[17]Die Skalenwerte reichen von 1 (sehr gering) bis 5 (sehr groß). Die Items wurden nach der Mittelwertdifferenz zwischen Jungen und Mädchen sortiert. Die Mittelwerte der Jungen beruhen im Durchschnitt auf 200 und die der Mädchen auf 230 Angaben.

nehmen, daß diese Unterscheidung die empirische Beurteilung durch die Grundschulkinder entscheidend beeinflußt. Denn selbst wenn der Sachunterricht auf Wissen aus den einzelnen Fächern zurückgreift, findet das Lernen in einem fächerübergreifenden Rahmen statt. Es ist daher anzunehmen, daß die Lernenden andere Kriterien entwickeln, um ihr Interesse an den vorgegebenen Themen zu artikulieren. Einige dieser Kriterien werden deutlich, wenn man die Mittelwerte der thematischen Fragestellungen für alle Schülerinnen und Schüler nach ihrer Größe sortiert und diese Rangordnung mit den Mittelwerten für Jungen und Mädchen vergleicht (s. Tabelle 3).

Die hohen Mittelwerte für Items wie „welche Lebensgewohnheiten haben Delphine" oder „Wie kann ich etwas zum Tierschutz beitragen" weisen zunächst einmal darauf hin, daß solche Themen das größte Interesse der Grundschulkinder erregen, die Erfahrungen mit der lebenden Umwelt vermitteln. Weiterhin deuten die Mittelwerte für Items wie „Was können wir tun, damit sich das Ozonloch nicht noch mehr vergrößert" darauf hin, daß Fragen zum Erhalt der natürlichen Umwelt Interesse erregen. Diese Themen haben einen fächerübergreifenden Kontext und sie gehören nicht zu denen, die häufig im Sachunterricht behandelt wurden. Da sie jedoch über unmittelbare Erfahrungen oder Sendungen im Fernsehen in den Alltag der Kinder eindringen, haben sie eine erklärbare Bedeutung für die Grundschüler. Das Item „Wie funktioniert ein Computer" hat bei Jungen und Mädchen einen verhältnismäßig hohen Mittelwert, auch wenn er für Mädchen um 0,62 niedriger liegt. Hier zeichnet sich die Bedeutung der Informationstechnik für ihren gegenwärtigen und zukünftigen Alltag ab. Die Mittelwerte für die Frage „Wie repariert man eine elektrische Eisenbahn" liegen für beide Geschlechtergruppen niedriger. Bei den Mädchen ist das Interesse besonders gering. Das ist unschwer durch geschlechtsspezifische Erziehungsstile zu erklären, die Mädchen sehr selten mit typischem Jungenspielzeug in Berührung bringen.

Eine biologische Fragestellung mit einem relativ hohen Mittelwert (4,03 für Jungen und 3,93 für Mädchen) lautet „Wie ist das menschliche Skelett aufgebaut". 70% der Befragten gaben an, daß sie bereits im Unterricht behandelt wurde. Einen vergleichbar hohen Mittelwert von 4,23 bzw. 3,64 hat die physikalische Frage „Welche Stoffe leiten den elektrischen Strom?". Sie war bereits 75% der Grundschulkinder bekannt. Tabelle 3 läßt weiterhin Themen erkennen, die zwar Aufmerksamkeit in den Medien erhalten und als fächerübergreifende Fragestellungen gelten, die aber auf eher geringes Interesse stoßen. Dazu gehören z.B.: „Wie geht es in der modernen Hühnerhaltung zu?", „Was besagt die neue Smogverordnung" oder „Wie läßt sich an der Schule Wasser einsparen". Die letzte Frage wurde von 33% aller Befragten als bereits behandelt eingestuft.

Die Ergebnisse der Tabelle 3 stützen somit nicht die Vorstellung, daß anwendungsorientierte oder fächerübergreifende Themen *in jedem Fall* großes Interesse hervorrufen. Die Fragestellungen müssen durch weitere Merkmale bedeutsam werden. Dazu kann gehören, daß sie bereits einmal im Unterricht behandelt worden sind, daß sie die Phantasie der Kinder anregen oder daß sie den Lernenden geeignete Bearbeitungsanlässe bieten. In dieser Überlegung kommt das Potential des Sachunterrichts für die Entfaltung von Interessen im weiterführenden Unterricht zum Ausdruck.

Tabelle 3 stützt jedoch die in der Einleitung formulierte Annahme, daß sich bereits in der Grundschule bekannte Unterschiede zwischen Mädchen und Jungen an naturwissenschaftlichen Themen herausbilden. Knapp die Hälfte der Mittelwertdifferenzen ist größer oder gleich 0,30. Zu den Ausnahmen gehören umweltbezogene Fragestellungen wie „Was können wir tun, damit sich das Ozonloch nicht noch mehr vergrößert?" oder „Wie kann ich mich vor zu großem Lärm schützen". Die größten Mittelwertdifferenzen liegen für technische Themen vor, die Jungen bevorzugen (z.B. „Wie repariert man eine elektrische Eisenbahn?" mit 0,84 und „Wie funktioniert ein Computer?" mit 0,62). Dagegen fallen die Unterschiede bei den Fragestellungen geringer aus, die Mädchen bevorzugen (z.B. „Welche Lebensgewohnheiten haben Delphine?" mit -0,37 oder „Wie kann ich etwas zum Tierschutz beitragen?" mit -0,34). Diese Ergebnisse stützen die eingangs formulierte Vermutung, daß sich bereits im Sachunterricht der Grundschule geschlechtsspezifische Prägungen im Umgang mit technisch-naturwissenschaftlichen Themen verfestigen.

2.3 Methodeninteressen und Methodenangebote

In diesem Abschnitt geht es um die Klärung folgender Fragen:

- Wodurch zeichnen aus der Sicht der Grundschulkinder eher beliebte gegenüber eher unbeliebten *Lernmethoden* aus?
- Wie unterscheidet sich das Interesse an den vorgegebenen Methoden nach ausgewählten Merkmalen von Lehrenden und Lernenden?
- Wie nehmen Lehrkräfte im Sachunterricht der Klasse 4 die Interessen der Schülerinnen und der Schüler auf?

Um die erste Frage zu klären, wurden die Mittelwerte der 43 vorgegebenen Lernmethoden errechnet und nach ihrer Größe geordnet (Tabelle 4). Vergleicht man die 15 beliebtesten Lernmethoden (oberer Teil von Tabelle 4) mit den 15 unbeliebtesten (unterer Teil), so fällt ins Auge, daß vor allem solche Methoden hohe Mittelwerte aufweisen, die eine Eigentätigkeit der Lernenden oder „hands-on" - Erfahrungen ausdrücken (z.B. „Selber Experimente machen", „Etwas mit dem Mikroskop untersuchen", „Untersuchen, wie ein Gerät funktioniert", „Unterricht außerhalb der Schule machen"). Das Item „Der Lehrer/die Lehrerin führt Experimente vor" scheint dieser Interpretation zunächst einmal zu widersprechen. Es läßt sich daraus aber nicht belegen, daß die Grundschulkinder nur passiv Erfahrungen konsumieren wollen.

Besonders beliebt sind weiterhin Lernmethoden, die bildliche Anschauung vermitteln („Einen Videofilm zu einem naturwissenschaftlichen Thema ansehen", „Etwas zum Thema zeichnen, malen oder als Collage darstellen"). Das starke Interesse an Videofilmen relativiert die oben angeführte Deutung, daß vor allem die Möglichkeit zur Eigentätigkeit Methodeninteresse hervorruft. Es läßt sich jedoch durch Gewohnheiten und Erwartungen interpretieren, die durch die modernen Medien geprägt sind. Weiterhin geht aus der Tabelle hervor, daß Gruppenarbeit Interesse hervorruft. So hat die Methode „In kleinen Gruppen arbeiten" einen Mittelwert von 3,95, während „Alleine eine Aufgabe bearbeiten" nur einen Mittelwert von 3,45 aufweist[18].

Ein weiteres Ergebnis aus Tabelle 4 besteht darin, daß solche Lernmethoden auf das geringste Interesse stoßen, die sich auf die Verwendung von Papier und Bleistift beschränken. Die Tatsache, daß Rechnen und Schreiben auch im Computerzeitalter zu den notwendigen Kulturtechniken gehört, zählt dabei kaum. In diesem Bereich muß wohl besonders motiviert werden, z.B. durch Bearbeitungsanlässe, die den Grundschulkindern bedeutsam erscheinen.

Um Unterschiede im Methodeninteresse nach Merkmalen von Lehrenden und Lernenden zu herauszuarbeiten, wurden die Mittelwerte der 43 Items nach Geschlecht und der wahrgenommenen Möglichkeit zur Mitgestaltung im Unterricht aufgeschlüsselt. Tabelle 5 zeigt, daß ein Unterrichtsklima, in dem die Lernenden Einfluß auf den Unterricht haben, nicht nur das Fachinteresse (vgl. Tabelle 2), sondern auch das Interesse an Lernmethoden deutlich stärkt. Vergleichbare Befunde hat Hartinger (1997) in seiner Untersuchung zur „Autonomieunterstützung" im Sachunterricht herausgearbeitet.

---

[18] Dieser Mittelwertunterschied ist für die vorliegende Stichprobe signifikant.

Methoden	N	Mittel
Einen Videofilm zu einem naturwissenschaftlichen Thema ansehen	516	4,42
Selber Experimente machen	513	4,39
Der Lehrer/die Lehrerin führt Versuche vor	512	4,37
Unterricht außerhalb der Schule machen (z.B. in einem Bauernhof, im Zoo, im Museum, im Wald)	502	4,31
Etwas mit dem Mikroskop untersuchen	496	4,23
Gemeinsam etwas im Klassenzimmer zur langfristigen Beobachtung aufbauen (z.B. Aquarium, Blumenfenster, Wetterstation)	513	4,20
Etwas zum Thema zeichnen, malen oder als Collage darstellen	516	4,07
Verantwortung für Tiere oder Pflanzen in der Schule übernehmen	512	4,05
Einen Versuch vorschlagen und unmittelbar ausprobieren	515	4,03
Untersuchen, wie ein Gerät funktioniert	519	4,01
Mit einem anderen Schüler/einer anderen Schülerin eine Aufgabe bearbeiten	508	3,95
In kleinen Gruppen arbeiten	526	3,95
In der Gruppe neue Ideen entwickeln	515	3,91
Ein technisches Gerät bauen oder verändern	511	3,90
Methoden kennenlernen, mit denen ich meine Umwelt entdecken kann	515	3,88
Darüber nachdenken, wie man Gefahren im Umgang mit elektrischem Strom oder chemischen Stoffen vermeidet	503	3,88
Eine ungewöhnliche Idee entwickeln	514	3,84
Selbständig an einem Thema arbeiten	505	3,79
Computer bei der Bearbeitung naturwissenschaftlicher Themen einsetzen	489	3,78
Die eigene Meinung im Unterricht vertreten	502	3,75
Mir durch Spiele naturwissenschaftliches Wissen aneignen	511	3,75
Vorschläge zu umweltbewußtem Handeln machen	520	3,74
Regelmäßige Abläufe in der Natur erkennen	505	3,74
Arbeitsblätter zu einem Thema bearbeiten	518	3,72
Pflanzen oder andere Dinge sammeln und nach einem Schema ordnen	498	3,65
Zusammen mit anderen Schülerinnen und Schülern ein Problem lösen	523	3,63
Nachforschen, wie sich meine Mitmenschen für die Umwelt einsetzen	493	3,63
In Büchern etwas zu einem naturwissenschaftlichen Thema nachlesen	507	3,61
Mir Informationen über ein naturwissenschaftliches Thema verschaffen	492	3,59
Fragen zu einem Unterrichtsthema stellen, das mich persönlich bewegt	485	3,59
Messungen durchführen	500	3,53
Ein Rollenspiel zum Leben eines Naturforschers durchführen	475	3,53
Sich anhand eines Bildes oder einer Zeichnung mit einem naturwissenschaftlichen Thema auseinandersetzen	494	3,52
Mit Mitschülerinnen und Mitschülern ein Thema aus dem Unterricht diskutieren	513	3,49
Dem Vortrag der Lehrerin/des Lehrers zuhören und darüber reden	491	3,47
Alleine eine Aufgabe bearbeiten	516	3,46
Messungen auswerten	481	3,27
Eine Mappe zu einem Thema anlegen	508	3,26
Der Lehrer steht vor der Klasse und lenkt das Unterrichtsgespräch	491	3,20
Berechnungen durchführen	487	3,17
Sich mit einem Zeitungsartikel zu einem naturwissenschaftlichen Thema auseinandersetzen	500	3,16
Schriftlich etwas zum Thema ausarbeiten	510	3,04
Selber einen Vortrag halten	505	3,01

Tabelle 4 Interesse an Lernmethoden[19]

[19] Items nach Mittelwert geordnet, die Skalenwerte reichen von 1 (sehr gering) bis 5 (sehr groß).

Methode	Geschlecht		Mitgestaltung im Unterricht	
	männlich	weiblich	trifft gar nicht zu - häufig	trifft voll zu
	Mittel	Mittel	Mittel	Mittel
1 In kleinen Gruppen arbeiten	4,00	3,91	3,76	4,16
2 Mir Informationen über ein naturwissenschaftliches Thema verschaffen	3,60	3,57	3,29	3,94
3 Der Lehrer/die Lehrerin führt Versuche vor	4,41	4,34	4,17	4,58
4 Selber Experimente machen	4,42	4,34	4,19	4,61
5 Eine Mappe zu einem Thema anlegen	3,03	3,43	3,03	3,54
6 In der Gruppe neue Ideen entwickeln	3,94	3,87	3,61	4,25
7 Einen Versuch vorschlagen und unmittelbar ausprobieren	4,11	3,95	3,81	4,30
8 Arbeitsblätter zu einem Thema bearbeiten	3,65	3,75	3,46	4,00
9 Etwas mit dem Mikroskop untersuchen	4,29	4,13	4,15	4,32
10 Mit Mitschülerinnen und Mitschülern ein Thema aus dem Unterricht diskutieren	3,37	3,57	3,10	3,92
11 Mir durch Spiele naturwissenschaftliches Wissen aneignen	3,75	3,74	3,55	3,99
12 Untersuchen, wie ein Gerät funktioniert	4,30	3,76	3,81	4,23
13 Zusammen mit anderen Schülerinnen und Schülern ein Problem lösen	3,51	3,73	3,39	3,91
14 Vorschläge zu umweltbewußtem Handeln machen	3,77	3,72	3,56	3,96
15 Eine ungewöhnliche Idee entwickeln	3,91	3,78	3,61	4,10
16 Selbständig an einem Thema arbeiten	3,77	3,82	3,56	4,05
17 Die eigene Meinung im Unterricht vertreten	3,78	3,75	3,55	3,99
18 Etwas zum Thema zeichnen, malen oder als Collage darstellen	3,98	4,13	3,86	4,31
19 Methoden kennenlernen, mit denen ich meine Umwelt entdecken kann	3,88	3,83	3,63	4,15
20 Ein technisches Gerät bauen oder verändern	4,32	3,50	3,79	4,02
21 Alleine eine Aufgabe bearbeiten	3,43	3,51	3,23	3,71
22 Computer bei der Bearbeitung naturwissenschaftlicher Themen einsetzen	4,09	3,53	3,67	3,90
23 Schriftlich etwas zum Thema ausarbeiten	2,91	3,13	2,83	3,26
24 Einen Videofilm zu einem naturwissenschaftlichen Thema ansehen	4,50	4,36	4,29	4,57
25 Sich mit einem Zeitungsartikel zu einem naturwissenschaftlichen Thema auseinandersetzen	3,07	3,20	2,93	3,42
26 Gemeinsam etwas im Klassenzimmer zur langfristigen Beobachtung aufbauen (z.B. Aquarium, Blumenfenster, Wetterstation)	4,13	4,25	4,04	4,37
27 Verantwortung für Tiere oder Pflanzen in der Schule übernehmen	3,78	4,26	3,88	4,24
28 Messungen durchführen	3,79	3,26	3,42	3,64
29 Messungen auswerten	3,54	3,01	3,10	3,44
30 Berechnungen durchführen	3,44	2,90	3,01	3,33
31 In Büchern etwas zu einem naturwissenschaftlichen Thema nachlesen	3,55	3,62	3,43	3,83
32 Darüber nachdenken, wie man Gefahren im Umgang mit elektrischem Strom oder chemischen Stoffen vermeidet	3,96	3,77	3,71	4,05
33 Selber einen Vortrag halten	3,00	2,99	2,84	3,21
34 Regelmäßige Abläufe in der Natur erkennen	3,71	3,73	3,55	3,95
35 Mit einem anderen Schüler/einer anderen Schülerin eine Aufgabe bearbeiten	3,95	3,94	3,78	4,16
36 Pflanzen oder andere Dinge sammeln und nach einem Schema ordnen	3,58	3,67	3,50	3,84
37 Nachforschen, wie sich meine Mitmenschen für die Umwelt einsetzen	3,73	3,52	3,43	3,86
38 Dem Vortrag der Lehrerin/des Lehrers zuhören und darüber reden	3,45	3,47	3,20	3,78
39 Unterricht außerhalb der Schule machen (z.B. in einem Bauernhof, im Zoo, im Museum, im Wald)	4,18	4,38	4,22	4,39
40 Der Lehrer steht vor der Klasse und lenkt das Unterrichtsgespräch	3,16	3,20	3,02	3,40
41 Fragen zu einem Unterrichtsthema stellen, das mich persönlich bewegt	3,60	3,56	3,38	3,82
42 Ein Rollenspiel zum Leben eines Naturforschers durchführen	3,51	3,45	3,37	3,69
43 Sich anhand eines Bildes oder einer Zeichnung mit einem naturwissenschaftlichen Thema auseinandersetzen	3,50	3,52	3,33	3,73

Tabelle 5 Interesse an Lernmethoden nach Geschlecht und der Möglichkeit zur Mitgestaltung im Unterricht[20]

[20] Zur Dichotomisierung der Variable „Mitgestaltung" s. Fußnote 15. Die Mittelwerte der Items in den vier Teilgruppen schwanken von 206 bis 270 in Abhängigkeit von den fehlenden Angaben. Die Itemtexte wurden zur Identifikation der Ziffern in Abbildung 1 durchnumeriert.

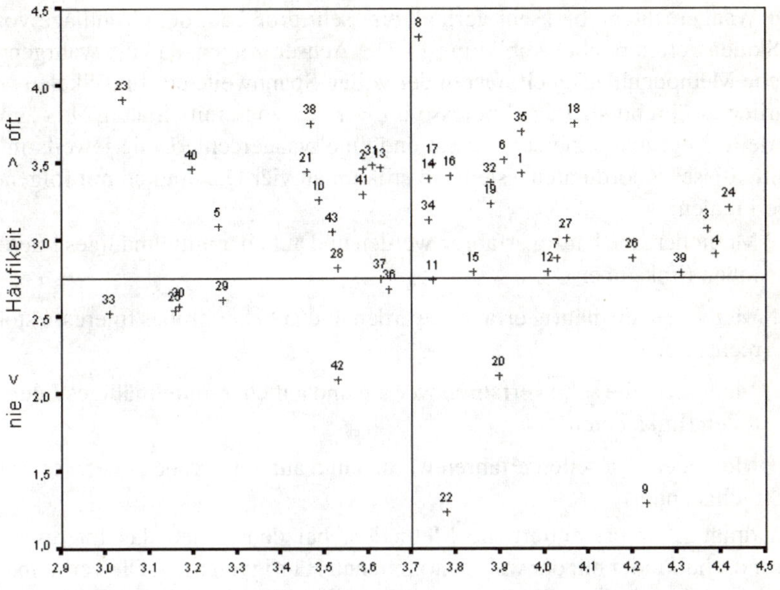

Abb. 1 Verhältnis von Methodenhäufigkeit und Methodeninteresse (zur Beschriftung der Items siehe Tabelle 5)

Die Interessenunterschiede zwischen Jungen und Mädchen fallen spürbar geringer aus. Die etwas höheren Mittelwerte bei den Mädchen für Items wie „Schriftlich etwas zum Thema ausarbeiten" deuten darauf hin, daß sich das Interesse der Mädchen fördern läßt, wenn der Sachunterricht nicht nur mathematisch-analytische Methoden bzw. Tätigkeiten, sondern auch sprachlich-schriftliche fördert.

Zur Beantwortung der Frage, wie die Lehrkräfte das Interesse der Schülerinnen und Schüler an den verschiedenen Lernmethoden im Sachunterricht der Klasse 4 aufnehmen, wurden die Mittelwerte der Items für die wahrgenommene Methodenhäufigkeit auf der senkrechten Achse und für das Methodeninteresse auf der waagerechten Achse eines zweidimensionalen Koordinatensystems (Scatterplot) abgetragen. Die Schnittpunkte repräsentieren die 43 Items in diesem Koordinatensystem, das auf der Senkrechten von „nie" bis „oft" und auf der Waagerechten von „sehr gering" bis „sehr groß" auf der Grundlage von je 5 Skalenwerten reicht (Abbildung 1). Die Achsen zeigen, daß die wahrgenommene Methodenhäufigkeit, fast in der vollen Spannweite der fünf Skalenwerte variiert, während sich das Interesse im Bereich von „mittelmäßig" bis „groß" verteilt. Legt man eine senkrechte und eine waagerechte Linie jeweils in die Mitte dieses Koordinatensystem, so erhält man vier Quadranten mit folgenden Merkmalen:

(1.) Methoden, die häufig erfahren werden und auf eher mittelmäßiges Interesse stoßen (links oben),

(2.) Methoden, die häufig erfahren werden und auf eher großes Interesse stoßen (rechts oben),

(3.) Methoden, die selten erfahren werden und auf eher mittelmäßiges Interesse stoßen (links unten),

(4.) Methoden, die selten erfahren werden und auf eher großes Interesse stoßen (rechts unten).

Quadrant (2) repräsentiert die Methoden, bei denen sich das Interesse der Grundschulkinder mit der wahrgenommenen Häufigkeit trifft. Die verbleibende Diskrepanz zwischen „Wunsch und Wirklichkeit" bleibt beträchtlich. Sie ist besonders groß bei den Methoden, die zur Eigentätigkeit anleiten (z.B. „4 Selber Experimente machen", „9 Etwas mit dem Mikroskop untersuchen", oder „20 Ein technisches Gerät bauen oder verändern"). Diese Methoden werden von Jungen besonders bevorzugt, jedoch nicht ausschließlich. So beurteilen z.B. die Mädchen das Item „39 Unterricht außerhalb der Schule machen" etwas positiver als die Jungen.

Auch die spielerische Aneignung naturwissenschaftlichen Wissens („11 Mir durch Spiele naturwissenschaftliches Wissen aneignen") und die Vermittlung visueller Anschauungen (z.B. „24 Einen Videofilm zu einem naturwissenschaftlichen Thema ansehen") kommen aus der Sicht der Lernenden zu selten im Sachunterricht vor. Für die Methode „8 Arbeitsblätter zu einem Thema bearbeiten" und „40 Der Lehrer steht vor der Klasse und lenkt das Unterrichtsgespräch" ist die Differenz zwischen Interesse und Häufigkeit leicht negativ. Das heißt, daß diese Methode häufiger angeboten wird als den meisten Grundschulkindern lieb ist[21]. Dazu gehört auch „23 Schriftlich etwas zum Thema ausarbeiten".

[21] Zur Kritik an der Verbreitung von Arbeitsblättern in der Grundschule s. Schümer (1991)

3. Zusammenfassung

Ein zentrales Ergebnis der vorliegenden Untersuchung besteht darin, daß das hohe Interessenpotential der Grundschulkinder im Sachunterricht häufig nicht ausgeschöpft wird. Die Untersuchung stützt die Erfahrung, daß „hands-on Erfahrungen" besonders beliebt sind, während traditionelle - und immer noch bedeutsame - Grundlagen wie Schreiben und Rechnen auf geringes Interesse stoßen. In wie weit sich diese Polarität durch anwendungsbezogene Themen oder Bearbeitungsanlässe auflösen läßt, konnte in der vorliegenden Untersuchung nicht geprüft werden.[22] Ein weiteres Ergebnis der Studie besteht in der Herausarbeitung des Zusammenhanges zwischen dem Interesse am naturwissenschaftlichen Lernen und der Bedeutung des Gelernten für das positive Erleben im Schulalltag. Damit ein Thema bzw. eine Methode für die Grundschulkinder Bedeutung erlangen kann, müssen sie zunächst einmal grundsätzliche Erfahrungen sammeln. Häufig findet jedoch eine erste Begegnung bereits im außerschulischen Erfahrungsbereich statt. Nicht zuletzt stützen die vorliegenden Ergebnisse aus dem Sachunterricht Erkenntnisse der neueren Interessenforschung, nach denen Eigentätigkeit und selbstbestimmtes Handeln die Interessen erhöhen.

Inhaltlich steht die Aufgabe an, die vorliegenden Ergebnisse auf dem Hintergrund pädagogischer Überlegungen zum Sachunterricht vertieft zu reflektieren. Um diesen Schritt zu erleichtern, wurde auf komplexe statistische Auswertungsverfahren verzichtet. Es ließ sich zeigen, daß ein Vergleich der Itemmittelwerte bereits Aufschluß über nicht unmittelbar ersichtliche Interessenstrukturen vermitteln kann, also über die Merkmale, die die Schülerinnen und Schüler zur Beurteilung der Interessantheit naturwissenschaftlichen Lernens heranziehen.

---

[22]Vgl. jedoch die positiven Erfahrungen im Projekt "'Chancengleichheit" bei Häußler/Hoffmann (1995), in dem die Interessen der Mädchen gezielt bei der Entwicklung von Unterrichtsmaterialien durch Einbettung der physikalischen Inhalte in Kontexte aus dem Erfahrungsbereich der Lernenden einbezogen wurden.

Literatur

Dreesmann, H.: Neuere Entwicklungen zur Erforschung des Unterrichtsklimas. In: B. Treiber, F. E. Weinert (Hrsg.): Lehr-Lern-Forschung. München, Urban & Schwarzenberg 1982

Gebhard, U.: Naturwissenschaftliches Interesse und Persönlichkeit. Frankfurt am Main: Nexus 1988

Gräber, W.: Schülerinteressen und deren Berücksichtigung im STS-Unterricht: Ergebnisse einer empirischen Studie zum Chemieunterricht. In: Empirische Pädagogik 9(1995)2, S. 221-238

Hage, K., Bischoff, H., Dichanz, H., Eubel, K.-D., Oehlschläger, H.-J., Schwittmann, D.: Das Methoden-Repertoire von Lehrern. Eine Untersuchung zum Unterrichtsalltag in der Sekundarstufe I. Opladen: Leske Verlag 1985

Hansen, K.-H., Klinger, U.: Integrierte naturwissenschaftliche Grundbildung aus Schülersicht. Ergebnisse der Evaluation des PING-Modellversuches in Rheinland-Pfalz. IPN Kiel 1997 (in Vorbereitung)

Hartinger, A.: Interessenförderung - Eine Studie zum Sachunterricht. Forschungen zur Didaktik des Sachunterrichtes, 2. Bad Heilbrunn: Klinkhardt Verlag 1997

Häußler, P., Hoffmann, L.: Physikunterricht - an den Interessen von Mädchen und Jungen orientiert. In: Unterrichtswissenschaft 23(1995)2, S. 107-126

Helmke, A.: Selbstvertrauen und schulische Leistung. Göttingen: Hofgrefe 1992

Hoffmann, L., Lehrke, M.: Eine Untersuchung über Schülerinteressen an Physik und Technik. In: Z.f.Päd. 32(1986)2, S.189-203

Hoffmann, L., Häußler, P., Lehrke, M., Todt, E.: Schülerfragebogen zur Veränderung von Schülerinteressen an Physik und Technik vom 5. bis 10. Schuljahr. Kiel: IPN, Mai 1987 (Polyskript)

Klima, R.: Selbstbild, Selbstkonzept. In: W. Fuchs, R. Klima, R. Lautmann, O. Rammstedt, H. Wienold: "Lexikon zur Soziologie". Opladen, Westdeutscher Verlag 1978

Klippert, H.: "Der Schüler hat Methode" - Zur Erfassung und Beurteilung methodischer Fertigkeiten". In: arbeiten und lernen, 44(1986), S. 24-35

Kotthoff, L.: Ich bin Ich: Selbstkonzept-Entwicklung im Grundschulalter. In: Sache-Wort-Zahl 24(1996)1, S. 5-12

Krapp, A.: Konzepte und Forschungsansätze zur Analyse des Zusammenhangs von Interesse, lernen und Leistung. In: A. Krapp, M. Prenzel (Hrsg.): Interesse, Lernen, Leistung. Neuere Ansätze der pädagogisch-psychologischen Interessenforschung. Aschendorffsche Verlagsbuchhandlung, Münster: 1992, S. 1-8

Kultusministerium Rheinland-Pfalz (Hrsg.): Lehrplan Sachunterricht, Grundschule. Grünstadt: Emil Sommer 1984

Lauterbach, R., Köhnlein, W., Spreckelsen, K., Bauer, H.F. (Hrsg.): Wie Kinder erkennen. Probleme und Perspektiven des Sachunterrichts, Bd. 1, Kiel: Institut für die Pädagogik der Naturwissenschaften 1991

Lehrke, M.: Interesse und Desinteresse am naturwissenschaftlich-technischen Unterricht. Kiel: Institut für die Pädagogik der Naturwissenschaften 1988

Lehrke, M., Hoffmann, L., Gardner, P.L. (Hrsg.): Interests in Science and Technology Education. 12th IPN Symposium. Kiel: IPN an der Universität Kiel 1985

Nickel, H.: Entwicklungspsychologie des Kindes- und Jugendalters, Band II, Schulkind und Jugendlicher. Wien: Hans Huber 1975

Prenzel, M., Krapp, A.: Zur Aktualität der pädagogisch-psychologischen Interessenforschung. In: A. Krapp, M. Prenzel (Hrsg.): Interesse, Lernen, Leistung. Neuere Ansätze der pädagogisch-psychologischen Interessenforschung. Münster: Aschendorffsche Verlagsbuchhandlung 1992, S. 1-8

Projektkerngruppe Praxis integrierter naturwissenschaftlicher Grundbildung (PING): Was ist PING? Kurz-Information. Status - Konzeption - Entwicklung. Kiel: IPN an der Universität Kiel 1992

Schümer, G.: Arbeitsblätter im Grundschulunterricht. In: Z.f.Päd., 37(1991)5, S. 807-825

Erhebung zur Praxis des Sachunterrichts (EBESA)

Helmut Geiser, Brunhilde Marquardt-Mau, Rolf Langeheine, IPN Kiel

1. Einleitung

Seit der Ablösung des Heimatkundeunterrichts und der Einführung des Faches Sachunterricht sind mehr als fünfundzwanzig Jahre vergangen. Drei Lehrplangenerationen zum Sachunterricht in mehreren der alten Bundesländer markieren wie Meilensteine die Entwicklung dieses Faches. In den neuen Bundesländern wurden mit der Wiedervereinigung verschiedene Konzeptionen von Heimat- und Sachunterricht eingeführt, teils mit, teils ohne Rückgriff auf die alten DDR-Lehrpläne, in denen Schulgartenunterricht und technisches Werken für die Grundschule vorgeschrieben war.

Während einige schulische Lernbereiche wie Arbeitslehre als Unterrichtsfach (Ziefuß et al. 1984) oder Umwelterziehung als Bildungs- und Erziehungsauftrag (Eulefeld et al. 1993) empirisch recht gut erfaßt sind, fehlt eine solche Untersuchung des praktizierten Sachunterrichts. Insbesondere liegen keine empirischen Analysen darüber vor, inwieweit das unterrichtliche Handeln im Sachunterricht den komplexen Erziehungs- und Bildungsaufgaben dieses Faches entspricht und wie der Unterrichtsalltag aussieht. Mit der geplanten empirischen Erhebung zur Praxis des Sachunterrichts (EBESA)[1] sollen Grundschullehrerinnen und -lehrer dieses Faches in allen Bundesländern befragt werden, um diese Lücke zu schließen. Der folgende Beitrag begründet die Notwendigkeit einer solchen Studie und gibt einen Überblick über die zentralen Fragestellungen und Erhebungsbereiche sowie über die theoretischen Aspekte der EBESA-Studie.

[1] EBESA wird von H. Geiser, R. Langeheine, B. Marquardt-Mau vom Institut für die Pädagogik der Naturwissenschaften (IPN) in Kooperation mit H. Giest, Universität Potsdam, durchgeführt.

2. Zur Notwendigkeit einer Bestandsaufnahme

Die Notwendigkeit einer Bestandsaufnahme zum Sachunterricht ergibt sich aus curriculumtheoretischen und bildungspolitischen Gründen:

Die curriculare Entwicklung eines jeglichen Schulfaches muß vom Ist-Zustand seiner schulischen Praxis ausgehen, welcher nur empirisch erhoben werden kann. Dabei geht es erstens sowohl um den jeweiligen Beitrag und den Stellenwert eines Faches im Fächerkanon des allgemeinbildenden Schulwesens als auch um bestehende Defizite und Problembereiche. Zweitens scheint der Sachunterricht in seinem Stellenwert gefährdet. Während die Heimatkunde noch Sinnmitte des Grundschulunterrichts war, hat der Sachunterricht diese Stellung allem Anschein nach längst eingebüßt. Obwohl der Sachunterricht nach Deutsch und Mathematik zu einem weiteren Kernfach des Grundschulcurriculums zählt, wird sein Beitrag zur grundlegenden Bildung jedoch gegenüber der Vermittlung der Kulturtechniken des Rechnens, Schreibens und Lesens eher als gering erachtet.

Als Indizien dafür lassen sich sowohl entsprechende Einstellungen bei Lehrerinnen und Lehrern (Klose 1988) als auch amtliche Verlautbarungen wie z. B. die „Empfehlungen zur Arbeit in der Grundschule" der KMK von 1994 nennen. Im Unterschied zu den in dieser KMK-Empfehlung genannten Lernbereichen grundlegender Bildung von Spracherziehung, Mathematischer Erziehung, Ästhetischer Erziehung, Bewegungserziehung und Fremdsprachenerziehung wird der Lernbereich „Sachunterricht" nicht eigens genannt, sondern in einzelne Lernbereiche wie „Umgang mit Technik", „Umwelt und Gesundheit", „Heimatverbundenheit und Weltoffenheit" parzelliert, also Bereiche, die zum klassischen Bestand des Sachunterrichts zählen. Die von Schreier (1994, S. 26) für den Sachunterricht aufgezeigte Gefahr „der Umwidmung seiner Inhalte und Parzellierung des Bereichs" scheint im Zusammenhang mit dem KMK-Papier von 1994 eine eindringliche Bestätigung gefunden zu haben.

Ein weiteres, vielfach benanntes pädagogisches Problem ist das Auseinanderklaffen von Theorie und Praxis, das sich auch für den Sachunterricht konstatieren läßt. Der komplexe Erziehungs- und Bildungsauftrag dieses Faches, den Kindern „die Welt" zu erschließen, bringt es mit sich, daß eine einheitliche Didaktik des Sachunterrichts bis heute fehlt. Seit der Ablösung des traditionellen Heimatkundeunterrichts durch den Sachunterricht spielten insbesondere die curricularen Bezugsgrößen von Wissenschaftsorientierung und Fachpropädeutik auf der einen Seite und Kind-, Situations-, Lebenswelt- und Heimatorientierung auf der anderen Seite eine Rolle, sowie die Frage, wie diese Pole zu verbinden sind. In Rückblicken auf die Entwicklung des Faches Sachunterricht wird vielfach unterstellt, daß sich der praktische Sachunterricht in seiner pädagogischen, didaktischen und methodischen Gestalt weitaus weniger gewandelt habe als konzeptionelle Reformen der letzten zwanzig Jahre vermuten ließen. Die Wirklichkeit des Sachunterrichts läßt sich offensichtlich nur unzureichend durch die in der didaktischen Diskussion angewandten Kategorien erschließen (Schreier 1979, S. 194). Das Praxishandeln der Lehrerinnen und Lehrer wird vermutlich eher von anderen, weitgehend noch unbekannten, Faktoren bestimmt. Aus den genannten Gründen ist eine empirische Erfassung des Sachunterrichts dringend angezeigt.

3. Bisherige empirische Studien zum Stand des Sachunterrichts

Welches Bild der bisherigen Praxis des Sachunterrichts läßt sich auf Grundlage der wenigen vorliegenden Studien zeichnen?

Inhaltsanalysen von Lehrberichtsaufzeichnungen aus dem Raum Kassel zwischen 1967 und 1975 (Schreier 1979), Schülerarbeitsmappen aus Erlangen zwischen 1968 und 1981 (Einsiedler, Schirmer 1986) und eine Befragung von Lehrkräften in NRW zur Situation der technischen Bildung im Sachunterricht (Möller et al. 1996) belegen, daß insbesondere naturwissenschaftliche und technische Themen in der Praxis fehlen oder stark vernachlässigt werden.

In der Praxis dominieren thematisch unverbundene Segmente zu Lasten einer Orientierung an übergreifenden didaktischen Gestaltungsprinzipien (vgl. Schreier 1979), der Einsatz von Arbeitsbögen (vgl. Schümer 1995; Hansen & Klinger in diesem Band) gegenüber der Anzahl von Unterrichtsgängen (vgl. Schreier 1979; Hansen & Klinger ebd.). Eine Befragung niedersächsischer Lehrkräfte zur Verwendung und Rezeption von Lehrplänen im Sachunterricht (Klose 1988) zeigte ferner, daß die Auswahl von Unterrichtsthemen in hohem Maße von den Lehrplänen bestimmt und vorgesehene Gestaltungsfreiräume kaum genutzt werden.

Einige der oben genannten Befunde teilt der Sachunterricht offensichtlich mit einer generell geäußerten Kritik an der Unterrichtspraxis in unseren Schulen. Es wird z. B. beanstandet,

- „daß der Unterricht nicht lebensnah ist und weder die Interessen der Schüler noch ihre sozialen und emotionalen Bedürfnisse oder ihren Wunsch nach praktischer Arbeit berücksichtigt;

- daß die Lernprozesse durch die Lehrpläne, den Stundenplan und den Einsatz von Fachlehrern zerstückelt werden;
- daß der Unterricht monoton ist, weil immer wieder die gleichen Methoden und die gleichen Lehr- und Lernmittel eingesetzt werden;
- daß er vollständig vom Lehrer kontrolliert wird, der allein die didaktischen und methodischen Entscheidungen trifft und den Unterrichtsablauf orga-nisiert" (Schümer 1996, S. 141).

Im Vergleich zu den weiterführenden Schulen scheinen die Grundschule und darin der Sachunterricht sich dennoch positiv abzuheben. Es gibt offensichtlich einen größeren Umfang projektorientierten Arbeitens (vgl. Schümer 1996), den Kindern zugewandteres Verhalten der Lehrkräfte (vgl. Hansen in diesem Band) oder einen größeren Anteil von adäquater Umwelterziehung (Rode 1996).

4. Die zentralen Fragestellungen und Erhebungsbereiche

Wie bereits ausgeführt, darf eine Bestandsaufnahme zum Sachunterricht nicht dabei stehen bleiben, theoretische Konstrukte einer normativen Sachunterrichtsdidaktik einer Bewährungsprobe zu unterziehen, sondern muß gleichzeitig die konstitutiven Elemente alltäglichen Handelns im Sachunterricht möglichst facettenreich erfassen.

Gleichwohl bedarf eine solche Bestandsaufnahme eines normativen Bezugs, der es erst ermöglicht, die vorhandenen Ergebnisse in den zukünftigen Konsequenzen für den Sachunterricht einzuordnen. Für unsere Untersuchung stellen die Empfehlungen der KMK zu „Tendenzen und Auffassungen zum Sachunterricht in der Grundschule" (1980) einen solchen normativen Bezugsrahmen dar.

Zum einen ist es die einzige KMK-Empfehlung, die sich bundeslandübergreifend explizit mit den Aufgaben, Zielen und Inhalten des Faches Sachunterricht befaßt und als Basis für die Lehrplanentwicklungen in den alten Bundesländern gedacht war. Sie kann als Versuch gedeutet werden, nach einer damals etwa zehnjährigen Praxis des Faches Sachunterricht Fehlentwicklungen entgegenzuwirken und Impulse für die Weiterentwicklung zu geben. Ihr Erscheinungsjahr 1980 fällt etwa in die Mitte der bisherigen Sachunterrichtsentwicklungen. Zum anderen hat die KMK-Empfehlung von 1980 sich bereits sowohl für Sachunterrichtsdidaktiker aus sozialwissenschaftlichen und naturwissenschaftlichen orientierten Arbeitsschwerpunkten als auch für Praktiker und Praktikerinnen in einer überregionalen Arbeitsgruppe zur Lehrerausbildung (vgl. Arbeitsgruppe „Sachunterricht-Lehrerausbildung" 1983, S. 65) als konsensfähig erwiesen.[2]

Die geplante empirische Studie zur schulischen Praxis des Sachunterrichts soll dementsprechend zwei globale Fragestellungen umfassen:

- *In welchem unterrichtlichen Rahmen, mit welchen Methoden, zu welchen Themen und in welchen Kontexten findet derzeit Sachunterricht an unseren Grundschulen statt?*
- *Welche Faktoren und Zusammenhänge fördern oder verhindern einen pädagogisch wünschenswerten Sachunterricht?*

Die folgende Übersicht der geplanten Erhebungsbereiche umfaßt solche Faktoren, die nach „klassischen" didaktischen Fragen einen Unterricht wesentlich konstituieren und/oder einen wesentlichen Einfluß auf ihn haben: dies sind die Inhalte („Was"), Lernformen („Wie"), Medien („Womit"), die Unterrichtsplanung, Lehrerpersönlichkeit und allgemeine schulische Rahmenbedingungen.

Was:
Beim „Was" soll das inhaltliche Geschehen im Unterricht erfaßt werden, also welche Inhalte mit welcher Intensität und Dauer behandelt werden, wie die Bedeutsamkeit dieser Themen eingeschätzt wird und in welchen Bereichen das Interesse der Lehrkraft liegt. Um die Vergleichbarkeit zwischen den einzelnen Bundesländern zu gewährleisten, wird auf Grundlage einer Lehrplansynopse ein idealtypischer grobmaschiger Themenkanon erstellt.

Wie:
Beim „Wie" soll das Vorkommen verschiedener grundlegender Lern- und Arbeitsformen im Sachunterricht wie Experimentieren, Interviews, Lehrgang, Unterrichtsgang erfaßt sowie deren zeitliche Ausprägung im Sachunterricht insgesamt von Lehrkräften eingeschätzt werden.

Womit:
Beim „Womit" geht es im wesentlichen um den Anteil der verwandten Medien wie z. B. Schulbuch, Arbeitsbogen, Nutzung von schulischen und außerschulischen Medien (z. B. FWU, Sendung mit der Maus) oder Kinderbüchern und Spielmaterialien. Für die Gestaltung des Sachunterrichts ist außerdem bedeutsam, welchen Zugang die Kinder zu Medien, z. B. im eigenen Klassenraum, haben oder nicht.

---

[2] Diese KMK-Empfehlung soll in einem Rating mit Experten aus dem Bereich Sachunterrichtsdidaktik hinsichtlich neuerer Entwicklungen aktualisiert werden.

Unterrichtsplanung:

In diesem Bereich geht es um die didaktische Strukturierung und die Auswahl von Inhalten und Lern- bzw. Arbeitsformen aus Lehrplänen oder durch Lehrkräfte und Kinder. Von Interesse ist ferner, ob die Inhalte und Methoden beispielsweise differenziert werden hinsichtlich der Lernwege oder der kulturellen Herkunft der Kinder.

Schulische Rahmenbedingungen:

Erfaßt werden sollen allgemeine Schulmerkmale wie Stadt- oder Landschule, die Ausstattung der Schule, z. B. bei den Medien oder bei der Schulhofgestaltung (Biotope, ökologische Schulhofgestaltung, Schulgarten) oder solche Faktoren, die offensichtlich die Qualität einer Schule ausmachen, wie Schulprofil, Schulpläne zum Sachunterricht, die Kooperation im Kollegium und mit Externen (z. B. Eltern).

Einstellungen und Vorerfahrungen der Lehrerinnen und Lehrer:

Beim Sachunterricht ist anzunehmen, daß er im wesentlichen von sachunterrichtlichen Autodidakten durchgeführt wird. Ein hoher Prozentsatz der derzeit unterrichtenden Lehrerinnen und Lehrer konnte während ihres Studiums noch kein Sachunterricht studieren, ein einheitliches universitäres Bezugsfach fehlt bis heute in mehreren Bundesländern (vgl. Marquardt-Mau et al. 1996). Anders als bei den Fächern Deutsch und Mathematik ist das Aufgabenprofil für Lehrerinnen und Lehrer im Sachunterricht komplex und unter Umständen nicht eindeutig (Theoriedisparität).

Da offensichtlich auch das derzeitige Angebot an Fortbildungsveranstaltungen zum Sachunterricht minimal ist und die Themenauswahl keine systematische Konzeption erkennen läßt (vgl. Graudenz et al. 1995), wird das unterrichtliche Handeln der Lehrerinnen unter Umständen von anderen Faktoren z. B. der eigenen schulischen Sozialisation, Hobby und Interessen, Berufswahlmotiven oder dem Selbstkonzept und Kontrollüberzeugungen der Lehrkräfte bestimmt.

Von all diesen Erhebungsbereichen nehmen wir an, daß sie die Praxis des Sachunterrichts adäquat erfassen können. Obwohl der Schwerpunkt unserer geplanten Untersuchung auf der Bestandserhebung liegt, sind wir auch an offensichtlichen Beziehungen zwischen den einzelnen Erhebungsbereichen interessiert. Ob diese Beziehungen auch einer empirischen Überprüfung standhalten, läßt sich erst durch multivariate Analysen der Daten ausmachen.

Die Auswertung und die Verknüpfung der Einzelbefunde sollen die Beantwortung folgender Forschungsfragen ermöglichen:

- *Welche didaktischen Sachunterrichtsmodelle liegen dem praktizierten Sachunterricht zugrunde und welchen Einfluß hatten die konzeptionellen Reformen?*
- *Welchen Stellenwert hat der Sachunterricht in der Grundschule und in Bezug auf den Kanon des weiterführenden Schulwesens und was trägt er zur grundlegenden naturwissenschaftlichen Bildung bei?*
- *Welches sind die zentralen Strukturmomente zur Konstituierung des praktischen Sachunterrichts? Welche Rolle spielen z. B. Lehrpläne oder andere Dokumente zum Sachunterricht?*
- *Welche Faktoren beeinflussen die didaktische Strukturierung des Sachunterrichts und die Auswahl von Inhalten, Lern- und Arbeitsformen?*
- *Von welchen Bedingungen ist das naturwissenschaftlich orientierte Lernen im Sachunterricht abhängig?*
- *Wie wirken die Konzeptionen der DDR-Lehrpläne, des Schulgartenunterrichts und des technischen Werkens in der Grundschule in den Neukonzeptionen des Heimat- und Sachunterricht in den neuen Bundesländern nach?*
- *Welcher Zusammenhang besteht zwischen der Ausbildung der Lehrkräfte und dem praktizierten Sachunterricht?*

5. Theoretische Aspekte der EBESA-Studie

Das sachunterrichtliche Geschehen der unmittelbaren und mittelbaren Praxis soll in der Studie aufgefaßt werden als soziales Aktionssystem, das mit Hilfe des strukturell-funktionalen Systemansatzes in Anlehnung an T. Parsons strukturiert und einer Beschreibung und Analyse zugänglich gemacht werden soll (Parsons 1971, 1968). Der Bezug auf Parsons hat forschungspraktische Gründe. Sein Systemansatz dient ausschließlich als Strukturierungsraster und Leitfaden zur systematischen Deskription der Bedingungen und Probleme des Sachunterrichts, unter denen Lehrerinnen und Lehrer arbeiten. Eine Auseinandersetzung mit anderen systemtheoretischen Ansätzen wie etwa denen von Luhmann oder Watzlawick würde den Rahmen dieses Aufsatzes sprengen.

Die Beschreibung und Analyse des sozialen Systems „Sachunterricht" wird in unserer Studie durch das Begriffspaar „Handelnder" (Lehrerinnen und Lehrer) und „Situation" (unmittelbares und mittelbares schulisches Umfeld) bestimmt. Hauptinformationsquelle der Untersuchung ist demnach der Handelnde, also in der Regel die Sachunterrichtslehrerin oder der -lehrer.

In sozialen Systemen ist die Grundeinheit der einzelne Mensch als „Handelnder". Menschliches Handeln im Sinne von Verhalten wird gekennzeichnet durch Zielgerichtetheit, aber auch durch spontan-affektive Reaktion. Das Individuum kennt mehr oder weniger seine Ziele, seine Situation und darüber hinaus sich selbst. Eben aus dieser Kenntnis resultiert weitgehend sein Handeln und sein Verhalten (Parsons 1971).

Das Unterrichten im Sachunterricht bedeutet individuelles Handeln oder Verhalten. Dieses Verhalten resultiert aus persönlichen Bedingungen und/oder Merkmalen sowie Einstellungen, Interessen, Werthaltungen, Einschätzungen und wird nicht zuletzt auch geprägt durch Wünsche und Bedürfnisse.

Handeln kann sich nicht isoliert vollziehen; es bedarf einer Umgebung, also Bezugspunkte. Das individuelle Verhalten muß im Rahmen übergreifender Bezüge geschehen, die politische, rechtliche, sozial-kulturelle und ökonomische Dimensionen umfassen. Diese Bezugspunkte kann man mit dem Begriff „Situation" zusammenfassen. In der Situation treten dem Handelnden mindestens drei Objektklassen gegenüber und beeinflussen sein Handeln (vgl. Parsons 1971, S. 151). Da ist einmal die Klasse der *sozialen Objekte:* Das sind die anderen handelnden Individuen, die durch ihr Handeln das Handeln des einzelnen beeinflussen (Kollegen, Eltern, Kinder, Personen der Schuladministration, Zuteilung von Kompetenzen). Zum zweiten beeinflußt die Klasse der *kulturellen Objekte* das Handeln, indem der einzelne im Rahmen seiner Sozialisation sich an kultureller Tradition, an Ideen, Wertmustern oder ähnlichem orientiert; jedoch sind diese Werte nicht Teil seiner Persönlichkeitsstruktur. Nicht zuletzt üben die *physischen Objekte* als dritte Objektklasse Einfluß aus. Physische Objekte sind Mittel und Bedingungen des Handelns, die nicht durch die ersten beiden Objektklassen geprägt sind, etwa finanzielle Ausstattung oder Sachausstattung.

Die eben skizzierten Objektklassen (Situation) werden in der theoretischen Grundlegung der Studie als Bezugspunkte des Handelns genommen. Daher stellen sie für das Individuum (Sachunterrichtslehrerin, -lehrer) „Beziehungsmuster oder Orientierungsmuster" dar, welche Ziele und Verhaltensmaßstäbe errichten und damit normierend wirken. Die Beziehungsmuster und auch ihre Ziele scheinen nach Parsons weitgehend stabil zu sein. Für ein theoretisches System bedeutet dies, daß durch dieses Stabilitätsgefüge Bedingungen und Randbedingungen identifizierbar werden, die gesellschaftliche Prozesse (Unterrichten des Sachunterrichts) prognostizierbar machen können.

Theoretisch wird von der durchgehenden Interdependenz aller Strukturmomente des Sachunterrichts ausgegangen, wie es das lerntheoretische Didaktikmodell fordert (Heimann 1962, Heimann et al. 1970). Der Kern des Ansatzes ist, daß „Didaktik" nicht mehr als Teil des (Sach-) Unterrichts gesehen wird, sondern vielmehr als Ganzheit in Form einer Theorie des Unterrichts mit allen wesentlichen Voraussetzungen, Bedingungen und Folgen des Unterrichts. Die zentrale These dieser didaktischen Theorie zeichnet sich dadurch aus, daß zwischen allen Strukturelementen, die den (Sach-) Unterricht konstituieren (Intentionalität, Inhaltlichkeit, Methodenorganisation und Medien) und seinen Bedingungsfeldern (anthropologische und sozio-kulturelle Determinanten) ein Verhältnis gegenseitiger Beeinflussung besteht (vgl. Blankertz 1970; Heimann 1962).

Das lerntheoretische Didaktikmodell ermöglicht es, eine gewisse Ordnung und Systematisierung in die Reflexionen über Unterricht zu bringen, indem es Grundmuster des (Sach-) Unterrichts beschreibt und analysiert und dadurch erfahrungswissenschaftlichen Verfahrensweisen zugänglich macht. Dies rechtfertigt unseres Erachtens den Rückgriff auf das inzwischen „klassisch" gewordene Didaktikmodell.

Bei der Studie handelt es sich um eine beschreibende Untersuchung mit evaluativen Aspekten zum Erwerb von analytischem Wissen. Dabei wird eine Stichprobe von Grundschullehrerinnen und -lehrern zu ihrer Praxis des Sachunterrichts befragt, um dann Aussagen über die verschiedenen Ausprägungen des Sachunterrichts in der Bundesrepublik Deutschland machen zu können.

Entsprechend der Zielstellung unserer Untersuchung können vorläufig die folgenden Variablen-Bereiche als Bezugsrahmen identifiziert werden, wie sie in Tabelle 1 aufgelistet sind.

Von EBESA erhoffen wir uns eine ähnliche Rückmelde- und Reflexionsfunktion im Prozeß der Theoriebildung und Forschung und bei der Entwicklung und Planung des Sachunterrichts wie sie für die Umwelterziehung eine vergleichbare IPN-Studie zur schulischen Umwelterziehung hatte (Eulefeld et al. 1993). Dies scheint angesichts der aktuellen Diskussion um den Bildungsauftrag und die Gestalt des Sachunterrichts dringend erforderlich.

Unabhängige Variablen

Einstellungen und Vorerfahrungen

Einstellungen und Interessen:
- Berufswahlmotive und
- Berufseinstellungen
- zum Fach
- zu Kindern
- zum Lernen
- schulische Interessen
- private Interessen
- disziplinäre Interessen

Vorerfahrungen:
- durch Aus- und Fortbildung
- schulische Sozialisation
- studentische Sozialisation
- Freizeitverhalten

Kontrollüberzeugungen

- Selbstverständnis von GrundschullehrerInnen
- Einschätzungen zur persönlichen schulischen Wirksamkeit
- Einschätzungen zu Anspruch und Wirklichkeit

Schulische Rahmenbedingungen

- allgm. Schulmerkmale wie Standort, Größe, Einzugsbereich usw.
- Ausstattung, finanzielle Mittel
- Schulprofil, Schulpläne
- Schulklima, Verhältnis zu Schulleitung oder Kollegen
- Kooperationsmöglichkeiten, Kompetenzen

Abhängige Variablen

Sachunterrichtliche Inhalte

- Themen und Bildungsziele
- Einschätzungen der Bedeutsamkeit
- Stellenwert der Lehrpläne und anderer Dokumente
- Bezug zu anderen Fächern

Unterrichtsplanung

- Informationsquellen
- Auswahlgesichtspunkte der Themen
- Strukturierung und Differenzierung der Inhalte
- Artikulationsformen des Unterrichts
- Auswahlgesichtspunkte der Organisationsformen des Unterrichts

Unterrichtsdurchführung

- sachunterrichtliche Problemstellung
- Sozialformen des Unterrichts (Unterrichtsmethoden)
- Einsatz der Unterrichtshilfsmittel (Medien)
- Leistungsbewertung und Erfolgskontrolle

Unterrichtsreflexionen

- Umgang mit Kompetenzen
- Verarbeitung von Mißerfolgen
- Umgang mit Unterrichtsstörungen

Tabelle 1 Erhebungsbereiche und Variablenliste

Literatur

Blankertz, H.: Theorien und Modelle der Didaktik. München: Juventa 1970[3]

Einsiedler, W./Schirmer, G.: Auswirkungen der Sachunterrichtsreform auf die Unterrichtsgestaltung, aufgezeigt an Schülerarbeitsmappen von 1968-1981. Berichte und Arbeiten aus dem Institut für Grundschulforschung. Universität Erlangen-Nürnberg 1986, S. 1-17

Einsiedler, W.: Probleme und Ergebnisse der empirischen Sachunterrichtsforschung. (in diesem Band) 1997

Eulefeld, G./Bolscho, D./Rode, H./Rost, J./Seybold, H.: Entwicklung der Praxis schulischer Umwelterziehung in Deutschland. Kiel: IPN 1993

Graudenz, I./Plath, I./Kodron, C.: Lehrerfortbildung auf dem Prüfstand. Baden-Baden: Nomos 1995

Hansen, K. H. / Klinger, Udo: Interessen am naturwissenschaftlichen Lernen im Sachunterricht - Ergebnisse einer Schülerbefragung: In diesem Band

Heimann, P.: Didaktik als Theorie und Lehre. In: Die Deutsche Schule, 9 (1962), S. 407-427

Heimann, P./Otto, G./Schulz, W.: Unterricht. Analyse und Planung. Hannover: Schroedel 1970[5]

Klose, P.: Verwendung und Rezeption staatlicher Lehrpläne in Schulen. Eine empirische Untersuchung am Beispiel des Sachunterrichts. Frankfurt: Peter Lang 1988

Marquardt-Mau, B./Köhnlein, W./Cech, D./Lauterbach, R. (Hrsg.): Lehrerbildung Sachunterricht. Bad Heilbrunn: Klinkkardt 1996

Möller, K./Tenberge, C./ Ziemann, U.: Technische Bildung im Sachunterricht - eine quantitative Studie zut Ist-Situation der technischen Bildung an nordrhein-westfälischen Grundschulen. Bd. 2 der Schriftenreihe der Abteilung Didaktik des Sachunterrichts, Münster: Selbstverlag 1996

Parsons, T.: Soziologische Theorie. Neuwied: Luchterhand 1968

Parsons, T.: Die Konstitution sozialer Systeme. In: Tjaden, K. H. (Hrsg.): Soziale Systeme. Materialien zur Dokumentation und Kritik soziologischer Ideologie. Neuwied: Luchterhand 1971, S. 151-163

Parsons, T.: Grundstrukturen und Grundfunktionen sozialer Systeme. In: Tjaden, K.H. (Hrsg.): Soziale Systeme. Materialien zur Dokumentation und Kritik soziologischer Ideologie. Neuwied: Luchterhand 1971, S. 164-170

Rode, H.: Schuleffekte in der Umwelterziehung. Frankfurt: Peter Lang 1996

Schreier, H.: Sachunterricht, Themen und Tendenzen. Eine Inhaltsanalyse von Lehrberichtsaufzeichnungen aus Kasseler Grundschulen im Zeitraum 1967-1975. Paderborn: Schöningh 1979, S. 194

Schreier, H.: Entwicklungslinien im Sachunterricht der Primarstufe seit 1980. In: Wiechmann, J. (Hrsg.): Reformperspektiven für die Primarstufe. Kiel: IPN 1994, S. 21-38

Schümer, G.: Projektunterricht in der Regelschule. Anmerkungen zur pädadogischen Freiheit des Lehrers. In: Zeitschrift für Pädagogik, 34. Beiheft: Die Institutiona-lisierung von Lehren und Lernen. Weinheim, Basel: Beltz 1996, S. 141-158

Sekretariat der ständigen Konferenz der Kultusminister der Länder in der Bundesrepublik Deutschland: Beschluß: Empfehlung zur Arbeit in der Grundschule. Beschluß der KMK vom 02.07.1970 i. d. F. vom 06.05.1994

Sekretariat der ständigen Konferenz der Kultusminister der Länder in der Bundesrepublik Deutschland: Tendenzen und Auffassungen zum Sachunterricht in der Grundschule 230. Sitzung des Schulausschusses am 26./27. Juni 1980 in Berlin

Ziefuß, H./Hendriks, W./Reuel, G.: Arbeitslehre: Stand und Entwicklungstendenzen aus Lehrersicht. Braunschweig: Agentur Pedersen 1984

Handlungsintensives Lernen und Aufbau von Selbstvertrauen im Sachunterricht

Kornelia Möller und Claudia Tenberge, Universität Münster

Einleitung

Mit dem Stichwort „handlungsintensives Lernen" greifen wir in unserem Beitrag einen Bereich auf, der in den 90er Jahren zu einem Schlagwort der Schulreform geworden ist. In seltener Einmütigkeit verwenden vor allem Praktiker den Begriff der Handlung, um Kritik an einem überwiegend kognitiv orientierten Schulunterricht zu äußern. Unterrichtsmodelle, in denen Schüler mit Kopf, Herz und Hand lernen, haben Konjunktur; sie sollen ein Gegengewicht zu dem oben beschriebenen Defizit bilden.

Unser Beitrag verfolgt zwei Anliegen: In einem ersten Teil (Möller) sollen vorliegende Ansätze aus der allgemeinen Schulpädagogik einer kritischen Sichtung unterzogen werden. Ausgehend von begrifflichen und theoretischen Defiziten wird dann der Versuch unternommen, einen grundschulbezogenen Ansatz für „handlungsintensives Lernen" im Sachunterricht zu skizzieren.

Vorliegende Begründungszusammenhänge für einen so definierten Unterricht beziehen sich überwiegend auf anthropologische, soziologische und kognitionspsychologische Dimensionen. Der zweite Teil des Beitrages (Tenberge) greift den Aufbau von Selbstvertrauen als wichtiges Element der Persönlichkeitsentwicklung heraus und versucht, Zusammenhänge zwischen einem handlungsintensiven Lernen und dem Aufbau von Selbstvertrauen aufzuzeigen. Er geht der Frage nach, ob handlungsintensives Lernen einen Beitrag zur Förderung der kindlichen Persönlichkeitsentwicklung zu leisten vermag.

1. Handlungsintensives Lernen – Begriffsbestimmung, Begründung und Zieldimensionen (Möller)

1.1 Kritische Sichtung schulpädagogischer Ansätze

Eine Durchsicht vorliegender Ansätze, die sich auf den Begriff „Handlung" beziehen, zeigt eine ausgesprochene Heterogenität im Hinblick auf den zugrundeliegenden Handlungsbegriff, auf Ziele und theoretische Begründungsdimensionen. So stellt auch Wopp (1995, S. 601) fest: „Eine eindeutige Definition handlungsorientierten Unterrichts ... gibt es zur Zeit nicht ..." Mit den Begriffen „handlungsorientierter", „handelnder" oder „handlungsbezogener" Unterricht wird allgemein nach Wopp ein Unterricht bezeichnet, der Schülern einen handelnden Umgang mit den Lerngegenständen ermöglicht (ebd.). Auch die in jüngerer Zeit entwickelten Ansätze des „praktischen Lernens" und des „Lernens mit allen Sinnen" folgen diesem Ziel.

Historisch gesehen entstammen die oben genannten Konzepte unterschiedlichen Traditionslinien: den Arbeitsschulbewegungen von Gaudig beziehungsweise Kerschensteiner, der Sinnespädagogik von Montessori und der amerikanischen Erfahrungsphilosophie von Dewey. Neben diesen reformpädagogischen Strömungen haben die Tätigkeitspsychologie der Kulturhistorischen Schule, die kognitive Psychologie westlicher Prägung wie auch die Theorie des Kommunikativen Handelns von Habermas als neuere Ansätze handlungsbezogene Konzepte beeinflußt.

Im folgenden wird der Versuch unternommen, die oben genannten Konzepte grob zu unterscheiden.

Handlungsorientierter Unterricht

Für Gudjons (1992), Bönsch (1991) und – mit einigen Abweichungen - auch für Jank und Meyer (1991) ist „handlungsorientierter Unterricht" durch folgende Merkmale gekennzeichnet:

- durch Schülerorientiertheit (das heißt der Unterricht geht von subjektiven Schülerinteressen aus und ermöglicht selbst- und sinnbestimmtes, selbstgeplantes und selbstrealisiertes Handeln),
- durch Produktorientiertheit (das heißt der Unterricht kommt zu verwertbaren, gemeinsam angestrebten Ergebnissen mit Gebrauchswert),
- durch Ganzheitlichkeit (das heißt der Unterricht beansprucht Kopf, Herz und Hand; das Lernen ist kognitiv, emotional und praktisch orientiert).

Während Jank/Meyer und Gudjons ausdrücklich auf die Verknüpfung von Hand- und Kopfarbeit und auf ein ausgewogenes Wechselwirkungsverhältnis

Wert legen, grenzt sich Bönsch gegen praktisches Tun ab: Dieses assoziiere zu schnell praktische Tätigkeiten. Praktische Tätigkeiten *können* nach Bönsch im handlungsorientierten Unterricht enthalten sein, sie *müssen* es aber nicht.

Alle drei Autoren identifizieren die „Rein-" beziehungsweise „Idealform" handlungsorientierten Unterrichts mit „Projektunterricht". Ihr Begriffsverständnis ist eindeutig präskriptiv und, wie Jank und Meyer betonen, auf eine bestimmte pädagogische Praxis mit politischen Zielsetzungen ausgerichtet.

Alle Autoren nennen ergänzend eingeschränktere Formen beziehungsweise Vorformen des handlungsorientierten Lernens. Diesen Handlungsdimensionen werden zum Beispiel bei Bönsch durchaus Funktionen für Unterricht zugesprochen; allerdings nur im Sinne einer Vorbereitung des eigentlich angestrebten Projektunterrichts.

Praktisches Lernen

Ein weiteres, verwandtes, in den letzten Jahren entwickeltes Konzept ist das des „praktischen Lernens", das von Flitner, Fauser, Fintelmann, Spies und anderen vertreten wird. Es diente als theoretische Grundlage in großangelegten, von der Robert-Bosch-Stiftung unterstützten Projekten zur Förderung der praktischen Bildung. Ziel des praktischen Lernens ist es, der Gymnasialisierung der Schule entgegenzuwirken. Erfahrungen aus eigenem Tun sollen die intellektuelle Wissensvermittlung ergänzen (vgl. Fauser, Mack 1994, S. 272).

Der Begriff des praktischen Lernens ist, so räumen selbst die Autoren ein, ein wenig unglücklich; es geht nicht allein um den Erwerb praktischer Fähigkeiten und Fertigkeiten, sondern um die notwendige Ergänzung intellektueller Lernprozesse durch primäre sinnlich-ganzheitliche Erfahrung (vgl. ebd., S. 272). Die Erfahrung wird im Konzept des praktischen Lernens zweipolig aufgefaßt: als eigenes Tätigsein der Schüler und als Mitwirkung an gesellschaftlicher Praxis (vgl. ebd., S. 266).

Mit dem oben beschriebenen Konzept des handlungsorientierten Unterrichts besteht Verwandtschaft, aber keine Identität.[1] Fauser selbst grenzt deutlich ab: Zwar sieht er im handlungsorientierten Unterricht beziehungsweise im Projektlernen eine Hochform des praktischen Lernens, indem im Idealfall Aufgaben bearbeitet werden, die eine objektive Bedeutung für das Gemeinwesen haben (vgl. ebd., S. 274). Praktisches Lernen fällt in diesem Fall, so Fauser, mit politischem Lernen zusammen. Bildungswirksames und sinnvolles Tun be-

[1] Hier kann ich mich nicht der von Klafki nahegelegten Gleichsetzung von handlungsorientiertem Unterricht und praktischem Lernen anschließen (vgl. Klafki 1993, S. 6).

schränke sich aber nicht auf ein solches Projektlernen; bildende Erfahrungen seien zum Beispiel auch im Erforschen und Erkunden, im freien Spiel, im schöpferischen Gestalten sowie im Helfen, Üben und Arbeiten möglich (vgl. ebd., S. 274).

Für die Grundschule wurde das Konzept des praktischen Lernens erst in jüngster Zeit (vgl. Fauser, Mack 1994) diskutiert. Zunächst blieb die Grundschule, zum Beispiel im Wettbewerb „Praktisches Lernen" an Schulen des Landes Nordrhein-Westfalen, ausgespart. Fauser und Mack bestätigen dies in ihrem Beitrag: „Das Praktische Lernen war zunächst auf Sekundarschulen ausgerichtet" (ebd., S. 267).[2] Erst nachträglich haben die Autoren die innere Nähe zwischen dem praktischen Lernen und Reformen in der Grundschule festgestellt (vgl. ebd., S. 267).

Der Anwendungsbereich für praktisches Lernen wird allerdings sehr eng gesehen. So beschränkt er sich, nach Fauser und Mack, systematisch gesehen im wesentlichen auf die Bereiche Schuldruckerei, Gestaltung der Schule, Schulspiel und -theater (vgl. ebd., S. 270). Ziele des praktischen Lernens sind – das wird hier deutlich – wie im handlungsorientierten Unterricht konkrete Ergebnisse.

Lernen mit allen Sinnen

Nur kurz soll eine weitere Strömung erwähnt werden, die in der heutigen Grundschulpädagogik, vor allem in praxisbezogenen Beiträgen, weit verbreitet ist: Das „Lernen mit allen Sinnen" beziehungsweise das sogenannte „ganzheitliche Lernen". Argumentative Unterstützung erhalten diese Ansätze zum Teil durch neurophysiologische Befunde, nach denen ein Zusammenhang zwischen Lernwirksamkeit und multisensorischer Aufnahme von Lerngegenständen vermutet wird.

Problematisch wird dieser Ansatz, wenn das Lernen bei der sinnlichen Wahrnehmung stehen bleibt. So warnt Helbig (1991) vor dem Fehlglauben, die Sinnesaufnahme allein könne zur Erkenntnis führen.

Das von Helbig ausgeführte Unbehagen beschleicht auch mich, wenn ich die Fülle von Unterrichtsvorschlägen zum „sinnlichen Lernen" durchsehe und Beispiele von der Art finde: Ich streichle den Baum und fühle die Rinde.

---

[2] Übrigens konstatiert auch Glöckel zum Abschluß seines Beitrages zum handlungsorientierten Lernen, daß die eigentliche Domäne des handelnden Lernens die Berufsausbildung sei. Hier zeigt sich deutlich als dominierende Zieldimension die Vermittlung praktischer Fertigkeiten und Fähigkeiten (vgl. Glöckel 1992, S. 144).

1.2 Zusammenfassung und Kritik

- Das praktische Lernen wie auch das handlungsorientierte Lernen sind produktorientiert, das heißt: Das Handlungsergebnis ist Ziel des Unterrichts.[3]
- Beide Konzepte, das handlungsorientierte Lernen und das praktische Lernen unterscheiden sich im Anspruch an das Handlungsprodukt: einfache praktische Vorhaben sind nach Bönsch nicht handlungsorientiert, nach Fauser und anderen gehören sie aber sehr wohl zum „praktischen Lernen".
- Während das praktische Tun für Fauser und andere sowie für Jank/Meyer und Gudjons in einem dialektischen Verhältnis zur Theorie und zum Denken steht, ist für Bönsch auch rein geistiges Handeln denkbar.
- Eine wichtige Rolle spielt für Jank/Meyer, Bönsch und Gudjons die Selbstbestimmtheit des Handelns: ein angeleitetes Handeln ist nicht handlungsorientiert. Für Fauser und andere ist dieses Kriterium nicht unbedingt notwendig; praktisches Lernen umfaßt auch Formen angeleiteten Arbeitens.
- Obwohl die Ansätze des handlungsorientierten Lernens wie auch des praktischen Lernens auf die kognitive Psychologie, insbesondere auf Aeblis Theorie der Entwicklung des Denkens aus dem Handeln Bezug nehmen, werden hieraus keine expliziten konzeptionellen Konsequenzen gezogen. Das Handeln als *Mittel* zum Aufbau von Denkstrukturen wird kaum beachtet. Insgesamt stehen die angeführten theoretischen Begründungsdimensionen und das enge, präskriptiv bestimmte Konzept einer wünschenswerten, idealen Praxis nur in einem losen Zusammenhang.
- Das zuletzt vorgestellte Konzept beschränkt sich auf den Aspekt des Lernens mit vielen Sinnen. Auffällig ist hier der teilweise recht naive Bezug auf zugrundeliegende Theorien aus der Neurophysiologie, zum Beispiel wenn als Begründung für ein multisensorisches Lernen populärwissenschaftliche Arbeiten von Frederic Vester aus den siebziger Jahren angeführt werden, die einer Überprüfung in keiner Weise standhalten konnten.[4]
- Ärgerlich ist der Wirrwarr in der Begrifflichkeit. Wenn im Konzept des handlungsorientierten Lernens die Idealform das Projektlernen ist, die übrigen Formen zwar der Hinarbeitung auf den Projektunterricht dienen, nicht aber in ihrem eigenen Bildungswert gesehen werden, kann handlungsorien-

[3] Im hier nicht näher vorgestellten Konzept des handelnden Lernens, das auf der Kulturhistorischen Tätigkeitstheorie basiert, steht das Handlungsprodukt am Anfang des Lernprozesses. Ziel des handelnden Lernens ist die Verinnerlichung des Handelns. Diese „Interiorisierung" wird als Voraussetzung für die Bildung geistiger Operationen angesehen (vgl. Rohr 1980, Jantzen 1986, Galperin 1980).

[4] Vgl. hierzu auch die nicht hinreichend wissenschaftlich begründete Veröffentlichung von Zitzlsperger (1995).

tiertes Lernen ebenso mit dem Begriff Projektlernen gekennzeichnet werden. Die Vorformen könnten dann unter dem Stichwort projektartiges oder projektorientiertes Lernen gefaßt werden.

- Auch der Begriff praktisches Lernen ist unglücklich, da das dialektische Verhältnis von Handeln und Lernen scheinbar ausgeblendet bleibt.
- Dieselbe Kritik richtet sich auf das „Lernen mit allen Sinnen“: Wirkliches Lernen, Verstehen und Erkennen ist ohne „Kopf“ nicht möglich.
- Ein letzter Kritikpunkt: Mit Ausnahme des zuletzt genannten Konzeptes, dem Lernen mit allen Sinnen, sind die vorgestellten Konzepte nicht entwicklungsbezogen und berücksichtigen zu wenig die speziellen Bedingungen des Grundschulalters.

2. Handlungsbezogenes Lernen in der Didaktik des Sachunterrichts

In der Didaktik des Sachunterrichts gibt es Ansätze unter anderem von Klafki, Köhnlein, Meier, Möller, Popp und Soostmeyer, die das Handeln als Prinzip des Sachunterrichts begründen und entfalten.

Alle diese Beiträge versuchen, die spezifischen Bedingungen des Grundschulkindes in ihrem Ansatz zu berücksichtigen: Im Vergleich zur Schulpädagogik finden wir durchweg ein erweitertes Verständnis von Handlungsorientierung; lediglich Meier verknüpft Handeln im Sachunterricht eng mit dem Projekt- beziehungsweise Vorhabenbegriff (1994, S. 5).

Eine klare Definition und Charakterisierung handlungsbezogenen Lernens gibt es jedoch auch hier nicht; so spricht Meier vom „Handeln im Sachunterricht“ (1994), Soostmeyer von „Handlungsorientierung als konstitutives Element einer wissenschaftlichen Begründung für den Sachunterricht“ (1988), Köhnlein vom „Lernen durch Handeln“ (1984), Popp (1985) und Klafki (1993) vom „handlungsorientierten Lernen“, wobei Klafki den Begriff „praktisches Lernen“ synonym gebraucht, Möller (1987) vom „handlungsintensiven Lernen“.

Im folgenden soll der Versuch gemacht werden, ein erweitertes Konzept für den Sachunterricht der Grundschule zu skizzieren, das ich als *handlungsintensives Lernen* bezeichne.

2.1 Ein entwicklungsorientierter Ansatz

Unter Handeln wird zunächst in Übereinstimmung mit Popp (1994) ein bewußtes, nicht bloß reaktives, zielgerichtetes, sinnhaftes Verhalten verstanden. Damit ist noch keine Aussage über den Grad der Selbststeuerung der Handlung durch den Handelnden gemacht. Ein Kind, das Handlungsfolgen der Mutter in der Küche imitiert, handelt spielerisch-nachahmend; auch dieses Handeln ist – für das Kind – zielgerichtet, bewußt und sinnhaft.

Das von mir vertretene Konzept des handlungsintensiven Lernens folgt einem anthropologischen Ansatz. Es geht von der Frage aus, wie Sachunterricht gestaltet werden muß, um in umfassendem Sinn entwicklungsfördernd wirken zu können. Mit Entwicklung ist – in Anlehnung an Klafki (1993, S. 3) – eine Entwicklung aller Grunddimensionen menschlicher Fähigkeiten gemeint: die Entwicklung kognitiver wie sozialer und kommunikativer Fähigkeiten, die Entwicklung eines handwerklich-technischen Könnens, die Entwicklung ästhetischer Fähigkeiten und die Entwicklung einer politischen und ethischen Handlungs- und Entscheidungsfähigkeit. Ich füge noch hinzu: die Entwicklung der eigenen Persönlichkeit und die Entwicklung organischer Funktionen.

Bereits reformpädagogische Strömungen sahen im Handeln eine Möglichkeit, Lernprozesse entwicklungsfördernd anzulegen. Heutige Lebenswelten erschweren Kindern immer mehr das Auffinden von Situationen, in denen sie sich selbst als Verursacher und Aktor von Handlungen erleben, in denen sie primäre und sinnlich-leibliche Welt- und Selbsterfahrungen machen können (vgl. auch Popp 1994, S. 61f.).

Das Handeln als Grundprinzip des Unterrichts ist eine Antwort auf grundlegende Entwicklungsbedürfnisse jüngerer Kinder und auf veränderte Lebenswelten heute.

2.2 Begründungsdimensionen

Diese hier nur knapp umrissenen Thesen sind durch Erkenntnisse verschiedener Disziplinen zu belegen: anthropologische (Popp 1994), entwicklungs- und kognitionspsychologische (Köhnlein 1984, Soostmeyer 1988 und Möller 1987, 1991), neurophysiologische, lern- und motivationspsychologische (Gudjons 1992; Möller 1987), nicht zuletzt soziologische (Popp 1985 und 1994) und persönlichkeitspsychologische Aspekte sind aufzuarbeiten.

Enge und ausschließliche Ableitungszusammenhänge, wie zum Beispiel zwischen dem sogenannten handelnden Lernen und der materialistischen Lernpsychologie können nur zu einer verengten Sichtweise, nicht aber zu Antworten auf die oben gestellte Frage führen.

Ein derart offener, anthropologischer, an grundlegenden Entwicklungsbedürfnissen orientierter Ansatz führt nicht zu *einem* idealen Konzept handlungsorientierten oder handelnden Lernens, das es zu realisieren gilt. Er zeigt vielmehr vielfältige Möglichkeiten für handlungsintensive Lernsituationen auf, die auf unterschiedliche Weise entwicklungsfördernd wirken.

2.3 Handlungsformen

Entsprechend vielfältig sind auch die Formen, in denen sich ein Lernen durch Handeln ausprägen kann. So unterscheidet Popp im Rückgriff auf Habermas (1994, S. 69f.) teleologische, dramaturgische und kommunikative Handlungsformen, Soostmeyer (1988) entdeckende, dialogische, gestaltende, verstehende und festigende Formen des Handelns, Möller (1987) transformative und repräsentative Handlungen. Zu den transformativen Handlungen gehören zum Beispiel das Sammeln, das Beobachten und Untersuchen, das Herstellen und Konstruieren, das Anwenden und Gebrauchen, zu den repräsentativen Handlungen zum Beispiel Theaterspiele, Gebärden, Zeichnungen.[5] Nach dem Grad der Selbststeuerung lassen sich nachvollziehende von problemlösenden Handlungsformen unterscheiden und so weiter (Möller 1987).

Ich beschränke mich hier auf kurze Andeutungen; sie sollen auf das breite Feld sinnvoller, das heißt entwicklungsfördernder Handlungsmöglichkeiten verweisen.

Der Projektunterricht in der von Bönsch und anderen beschriebenen Form ist danach *eine* mögliche, sicher auch eine wichtige Form eines handlungsintensiven Unterrichts.

2.4 Zieldimensionen handlungsintensiven Lernens

Handlungsintensive Lernformen können unterschiedlichen Zieldimensionen zugeordnet werden. Diese lassen sich aus dem oben dargestellten, umfassenden Entwicklungsbegriff ableiten. Handlungsintensive Lernformen

- unterstützen die organische Entwicklung von Kindern durch Sinnes- und Bewegungsaktivitäten,
- bilden praktische Fähigkeiten und Kenntnisse aus,
- erleichtern das Lernen und Behalten,
- fördern den Aufbau von Denkstrukturen zum Beispiel durch entdeckende und problemlösende Verfahren,
- fördern in projektorientierten Lernsituationen die Fähigkeit, selbständig zu handeln,
- fördern die Entwicklung sozialer und kommunikativer Fähigkeiten durch

[5] Ähnliche Handlungsformen werden von Klafki aufgezählt (1993, S. 6).

gemeinsames Planen und Handeln,
- fördern Selbstvertrauen, Selbstwertgefühl und die Erfahrung von Kompetenz durch erfolgreich erlebtes Handeln und durch das Überwinden realer Widerstände,
- tragen zur Entwicklung eines realistischen Selbstkonzepts bei, weil Erfolg oder Mißerfolg direkt beobachtbar sind.

2.5 Zusammenfassung

Anders als im handlungsorientierten oder im handelnden Lernen gibt es im hier dargestellten Konzept des handlungsintensiven Lernens ein weites Spektrum möglicher Handlungsformen, die allesamt Bildungswert haben und die Entwicklung des Grundschulkindes fördern.

Entscheidend ist, die *Zusammenhänge zwischen Lernen, Denken, Entwicklung und Handlung* zu analysieren und zu erforschen.

Während lernpsychologische und -physiologische, auch biologische und kognitionspsychologische Aspekte des Handelns in einer Reihe von Arbeiten aufgegriffen wurden, liegen zum Zusammenhang von Handlung und Entwicklung der Persönlichkeit kaum Beiträge vor.

Um diesen defizitären Bereich geht es im zweiten Teil unseres Beitrages. Die Beobachtung von Schülern im Unterricht zeigt immer wieder die starke emotionale Beteiligung in Handlungsprozessen, die durch die Freude an der praktischen Tätigkeit, durch das Erfahren von Sinnhaftigkeit und Erfolg, durch das Überwinden von Widerständen, durch Erleben von Ernsthaftigkeit und durch die Identifikation mit der Handlung und ihrem Ergebnis hervorgerufen wird.

„Das ist das schönste, was wir im Sachunterricht bisher gemacht haben", – sagte eine Schülerin zu mir, nachdem sie in arbeitsteiligem Vorgehen Dübel für das Zusammensetzen eines Fachwerks zurechtgesägt hatte, das von anderen Schülergruppen dann mit Flechtwerk versehen und anschließend mit Lehm gefüllt wurde.

Handelt es sich hier – wie Bönsch sagen würde – um ein rein praktizistisches Handeln, ohne Selbstbestimmung der Schüler? Oder lernen die Schüler an diesem Beispiel, wie sich unspezialisierte Handarbeit durch Arbeitsteilung verändert hat, wie sich aus dem „Alleskönner" spezialisierte Berufe entwickelt haben?

Könnte – über die Sachebene hinaus – ein solcher Unterricht zum Erleben von Kompetenz und dadurch zu einer Stärkung des Selbstwertgefühls beitragen?

Der letzten Frage soll im zweiten Teil des Beitrages nachgegangen werden. Zwei Merkmale des handlungsintensiven Lernens werden dabei von besonderer Bedeutung sein: das praktische Tun und die Selbststeuerung des Lernenden.

3. Aufbau von Selbstvertrauen im Sachunterricht der Grundschule (Tenberge)

Im ersten Teil dieses Beitrages wurde ein erweitertes Begriffsverständnis von handlungsintensivem Lernen in der Grundschule, insbesondere im Sachunterricht, vorgeschlagen. Daran anknüpfend soll im zweiten Teil versucht werden, ein weiteres Forschungsfeld zu umreißen.

Die Bedeutung der Grundschulzeit für die sozial-emotionale Entwicklung der Kinder wurde bisher nicht immer deutlich gesehen, insbesondere nicht im Hinblick auf die damit verbundenen kognitiven Prozesse. In der frühen Kindheit werden bereits die Fundamente des kindlichen Selbstvertrauens aufgebaut, es bleibt aber zu berücksichtigen, daß die Grundschule entscheidende Weichenstellungen bei der Entwicklung des Selbstwertgefühls leistet. Über die Förderung des Aufbaus verschiedener Selbstkonzepte im Grundschulalter können wesentliche Schritte der Persönlichkeitsentwicklung angebahnt werden. (vgl. Einsiedler 1989, S. 103).

3.1 Persönlichkeitsentwicklung - ein Ziel des Sachunterrichts?

Versteht man die Grundschule als Ort grundlegender Bildung und damit als Anfang der Allgemeinbildung, so fordert diese grundlegende Bildungsarbeit neben anderen Zielen, „die Kinder als und zu Persönlichkeiten zu erziehen ...“. Erziehung als und zu Persönlichkeit heißt auch: Die Selbstkonzepte der Grundschulkinder aufbauen und stärken zu helfen (vgl. Köhnlein 1990, S. 107-125).

Zur Aufgabe grundlegender Bildung zählt Einsiedler (1994, S. 51) nicht nur das Lernen in Lehrgängen, sondern ebenso die Individualitätsentwicklung und dabei vor allem die Berücksichtigung möglicher Krisen der Entwicklung des Leistungsselbstbildes und des Selbstwertgefühls der Grundschulkinder. Bildung zeichnet sich auch dadurch aus, „daß das Individuum sein Selbstverständnis auf die ihm eigenen spezifischen gegenstandsbezogenen Kenntnisse, Fähigkeiten, Einstellungen und Haltungen gründet“ (ebd., S. 69) und damit ein realistisches Selbstkonzept aufbaut.

Wenn also die Förderung der kindlichen Persönlichkeitsentwicklung ein wesentliches Erziehungsziel ist, so gilt dieser Anspruch ebenso für den Sachunterricht der Grundschule.

Wie kann Sachunterricht diesem Anspruch gerecht werden? Anknüpfend an den ersten Teil des Beitrages von K. Möller möchte ich die Frage enger fassen: Können die herausgestellten Merkmale handlungsintensiven Lernens („das praktische Tun" und „die Selbststeuerung des Lernenden") Grundschulkinder im Hinblick auf eine positive Persönlichkeitsentwicklung unterstützen? Damit begebe ich mich auf das Feld der Begründungen im Kontext der fachdidaktischen Diskussion des Sachunterrichts der Grundschule.

3.2 Psychologische Grundlagen

Der Begriff „Persönlichkeit" wird sehr weit gefaßt. Daher ist es sinnvoll, Teilaspekte der Persönlichkeit in den Blick zu nehmen. Um zu einer differenzierteren und weniger umfassenden Ebene des komplexen Konstruktes „Persönlichkeit" zu gelangen, werden zunächst das Selbstkonzept, das Selbstwertgefühl und das Selbstvertrauen beschrieben.

3.2.1 Begriffsbestimmung

Einsiedler (1988, S. 20) faßt die *Persönlichkeit* eines Menschen als „die Einzigartigkeit der Struktur seiner Dispositionen und Handlungsweisen, die Summe der Fähigkeiten, der Einstellungen, der Interessen, der Emotionalität, der sozialen Aufgeschlossenheit und Verhaltensweisen, des Temperaments, der Wertüberzeugungen und so weiter" auf. Dabei sind Selbstkonzepte die kognitiven Repräsentationen über spezifische Bereiche der eigenen Persönlichkeit (vgl. Einsiedler 1988, S. 21).

Weder theoretisch noch empirisch läßt sich das Konstrukt Selbstkonzept eindeutig charakterisieren. Probleme entstehen vor allem dadurch, daß zur Wirkungsweise, Struktur und Entstehung des Selbstkonzeptes sehr verschiedene theoretische Modelle und Hypothesen existieren, die sich nur schwer miteinander in Einklang bringen lassen. Darüber hinaus sind an der wissenschaftlichen Diskussion mehrere psychologische Teildisziplinen (wie Persönlichkeits- und Entwicklungspsychologie, Sozialpsychologie), die sich auf unterschiedliche Theorie- und Forschungstraditionen stützen, sowie Nachbardisziplinen beteiligt (zum Beispiel Erziehungswissenschaft oder Soziologie) (vgl. Krapp 1997, S. 1f.).

In Anlehnung an Einsiedler (1989, S. 103f.) möchte ich zunächst die Begriffe Selbstkonzept, Selbstwertgefühl und Selbstvertrauen näher bestimmen:

Selbstkonzept:
„Unter dem Selbstkonzept eines Menschen versteht man das Bild, das er von sich selbst hat, das Wissen über seine eigene Person, die kognitive Repräsentation der eigenen Fähigkeiten, Empfindungen, Sozialbezüge, Interessen und so weiter in seinem Langzeitgedächtnis. Diese aus 'Bild' und 'kognitiver Repräsentation' zusammengesetzte Definition dürfte angemessener sein als die Beschreibung mit einem einheitlichen Oberbegriff, da vermutlich gemischte Anteile aus inneren Vorstellungsbildern und aus abstrakten Strukturen das Selbstkonzept formen. ... Im Laufe der Grundschulzeit bilden sich dann verschiedene Teil-Selbstkonzepte heraus. ... Die Teilkonzepte und das Gesamt-Selbstkonzept sind miteinander verbunden. Man spricht von Differenzierung und gleichzeitiger Integration. Die globaleren Selbstkonzepte setzen sich aus Selbstwahrnehmungen niedrigerer Ordnung zusammen." (S. 103)

Selbstwertgefühl:
„Das Selbstwertgefühl besteht aus den Selbstkonzepten und den sie überlagernden emotionalen und bewertenden Komponenten. ... Das allgemeine Selbstwertgefühl wirkt sich sehr stark steuernd auf das Wahrnehmen und Handeln aus. ... Neben einem allgemeinen Selbstwertgefühl unterscheidet man auch spezifische Selbstwertgefühle, die sich auf bestimmte Lebensbereiche beziehen. Schwere Verletzungen des Selbstwertgefühles können die Persönlichkeitsentwicklung zutiefst beeinträchtigen ..." (S. 104)

Selbstvertrauen:
„Das Selbstvertrauen ist die positive Ausprägung des Selbstwertgefühls und umfaßt die Zuversicht in die eigenen Fähigkeiten sowie die Akzeptanz der eigenen Person. Beim Selbstvertrauen spielen kognitive und emotionale Elemente zusammen, zum Beispiel das Wissen, auf Unwägbarkeiten in der Umwelt kompetent reagieren zu können, und die emotionale Sicherheit, die die Ausführung der entsprechenden Handlung erleichtert." (S. 104)

Wichtig erscheint mir an dieser Stelle der Hinweis, daß das Selbstwertgefühl als Vermittlungsinstanz zwischen der kognitiven Repräsentation des Selbst und der Anstrengungsbereitschaft als motivationale Komponente betrachtet werden kann (vgl. Pekrun 1987; Helmke 1987; nach Einsiedler 1988, S. 22).

3.2.2 Zur Struktur des Selbstkonzeptes

Jerusalem und Schwarzer (1991, S. 115) nehmen einen hierarchischen Aufbau des Selbstkonzeptes an. An die Spitze der Pyramide stellen sie Aussagen, die relativ zeitstabil sind (zum Beispiel: Ich bin nicht lebenstüchtig.). An der Basis

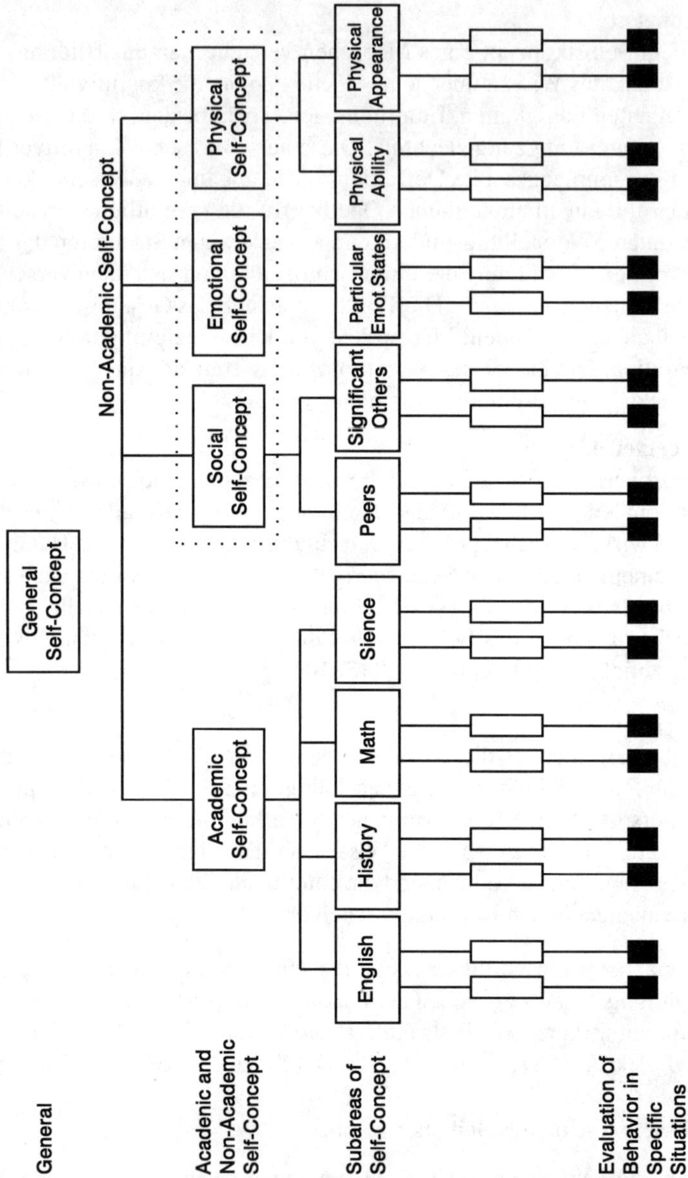

Abb. 1 Das hierarchische Selbstkonzeptmodell von Shavelson (nach Shavelson & Bolus 1982, S. 4.: Helmke 1992, S. 22)

stehen spezifische Aussagen, die situationsgebunden und nur wenig zeitstabil sind (zum Beispiel: Diese Aufgabe kann ich nicht lösen.).

Das folgende, in der pädagogisch-psychologischen Literatur häufig zu findende Modell bietet eine Visualisierung der hierarchischen Struktur an.

Welche Inhaltsbereiche auf welcher Hierarchieebene als subjektiv wichtig und zentral angesehen werden, muß nicht mit dem Modell übereinstimmen und kann sehr stark von Schüler zu Schüler variieren.

Aus der hierarchischen Anordnung läßt sich ableiten, daß das Selbstkonzept und das Selbstwertgefühl auf verschiedenen Hierarchieebenen zum Gegenstand von Untersuchungen gemacht werden kann. Auch der Sachunterricht der Grundschule kann als Mikroebene für spezifische, situationsgebundene Selbstkonzeptbildung betrachtet werden.

3.2.3 Entwicklungs- und sozialisationsbedingte Einflüsse auf das Selbstkonzept und das Selbstwertgefühl

Die Entwicklung des Selbstkonzeptes und des Selbstwertgefühls ist entwicklungs- und sozialisationbedingten Einflüssen unterworfen. Erikson beschreibt in seinem Buch „Identität und Lebenszyklus“ (1973) für das Vorschulalter die Phase der Autonomie beziehungsweise des Werksinnes, der gegen ein Minderwertigkeitsgefühl gerichtet ist. Das Kind strebt „danach, etwas gut zu machen. Es entwickelt eine Lust an der Vollendung eines Werkes durch Stetigkeit und ausdauernden Fleiß. ... Es kann völlig in einer Werksituation aufgehen“ (Erikson 1973, S. 103).

In dieser Phase werden die Grundlagen dafür gelegt, sich selber als Urheber eines Produktes oder einer Handlung zu erleben. Nicht nur die Tiefenpsychologie, sondern auch die Selbstbestimmungstheorie nach Deci & Ryan (1985) weisen auf Autonomie beziehungsweise Selbstbestimmung als eines der menschlichen Grundbedürfnisse hin. Damit läßt sich *Autonomie* als wesentliches Merkmal für den Aufbau eines positiven Selbstwertgefühls vermuten.

Gestützt werden diese Annahmen durch Befunde der älteren Spielforschung. Kinder erleben bei vielen Spielprozessen eine „Freude am Ursache-sein“. Der Gedanke wurde ausgebaut und der Begriff der Wirksamkeits- oder Kompetenzmotivation durch White (1959) geprägt:
„Kinder wollen mit Sachen kompetent umgehen, sie wollen eine Wirkung hervorrufen und diese auf sich zurückbeziehen. Sie verknüpfen das Handlungsergebnis mit der eigenen Tüchtigkeit, ein erstes Selbstkonzept eigener Fähigkeit entsteht, und diese Wahrnehmung ist mit Freude und Stolz verbunden, was

nichts anderes als die Anbahnung eines positiven Selbstwertgefühls bedeutet. Die Kinder lernen im freien Umgang mit Sachen das Kausalschema (Oerter 1987, S. 655): Ich bin Urheber einer Wirkung, ich kann etwas meistern, und dieses 'Bemeisterungsgefühl' (Sotton-Smith) ist die Grundlage für das Selbstvertrauen in Leistungssituationen" (Einsiedler 1989, S. 104).

Persy weist darauf hin, daß „frühe und häufige Erfolgserlebnisse, die der eigenen Leistungsfähigkeit zugeschrieben werden (das sind nicht nur verbale Fähigkeiten, d.V.), für die Entwicklung eines positiven Selbstkonzeptes wichtig sind" (Persy 1996, S. 20). Die Bedeutung des Grundbedürfnisses nach *Kompetenz* für das Selbstwertgefühl wird hier deutlich.

Bedeutungsvolle Beispiele für sozialisationsbedingte Faktoren sind die Familie und der soziale Vergleich mit anderen. Harter und Pike (1984, nach Kotthoff 1996b, S. 89) haben in ihren Untersuchungen Kompetenz und *Akzeptanz* in und durch die Familie als die wichtigsten Determinanten des Selbstwertgefühls bestätigen können. Es läßt sich daher vermuten, daß auch in der Grundschule Kompetenz und empfundene *Akzeptanz* als wichtige Bedingungsfaktoren Einfluß auf das Selbstwertgefühl der Kinder ausüben können.

Insgesamt kann vermutet werden, daß die Befriedigung der Grundbedürfnisse nach *Akzeptanz, Kompetenz und Autonomie* einen wesentlichen Faktor für den Aufbau eines positiven Selbstwertgefühls darstellt. Kotthoff folgend können wir also „von einem positiven Selbstwertgefühl sprechen, wenn ein Kind aufgrund eines guten Vertrauens auf sich selbst und seine Bezugspersonen ein Gefühl von Zugehörigkeit, Autonomie und Kompetenz erwirbt. Daraufhin können sich sachbezogenes und soziales Interesse, Lernbereitschaft und Kooperation entwickeln" (Kotthoff 1996b, S. 95).

Erwachsene und ältere Schüler sind in der Lage, Gefühle und Kognitionen auseinanderzuhalten, beim Grundschulkind jedoch durchdringen sich emotionale und kognitive Anteile noch sehr stark. Es ist daher vor allem im Grundschulunterricht wesentlich, eine positiv-emotionale Basis des Lernens und Leistens sicherzustellen. Der Aufbau von Selbstvertrauen wird zu einem vorrangigen Erziehungsziel, wenn Grundschulkinder ein negatives oder ungünstiges Selbstwertgefühl haben. Hinsichtlich der allgemeinen Förderung der Persönlichkeitsentwicklung und als Voraussetzung für das kognitive Lernen bekommt dieses Ziel dann Priorität (Einsiedler 1994, S. 55).

3.2.4 Aufbau von Selbstvertrauen durch Autonomie und Kompetenzerleben im Rahmen empfundener Akzeptanz

Als grundlegende Dimensionen, die zum Aufbau des schulischen Selbstwertgefühls beitragen können, lassen sich vermuten:

Kompetenz: Das Erleben eigener Kompetenz ist wichtig.
(„Daß ich was machen konnte, ich habe es geschafft!")

Autonomie: Das Erleben von Autonomie ist wichtig.
(„Daß die uns so viel haben selber machen lassen, fand ich toll.")

Akzeptanz: Als Voraussetzung, als Rahmen für die ersten beiden Dimensionen benötigen Kinder das Gefühl des Akzeptiertseins.
(„Daß Du da warst, war gut.")

Es erscheint nun lohnenswert, Aspekte zum Zusammenhang von handlungsintensivem Lernen und den oben dargestellten Dimensionen des Selbstwertgefühls im Sachunterricht der Grundschule aufzuzeigen. Dies geschieht vor allem hinsichtlich der Frage, ob sich begründet ein Einfluß des handlungsintensiven Lernens auf das Selbstwertgefühl vermuten läßt.

3.3 Aspekte zum Zusammenhang von handlungsintensivem Lernen und Selbstvertrauen

Den Ausführungen liegt folgende, im Rahmen einer empirischen Prüfung zu belegende Vermutung zu Grunde: Nicht nur für ihre kognitive, wie Möller (1987) zeigen konnte, sondern auch für ihre Persönlichkeitsentwicklung brauchen Kinder Erfahrungen im praktischen Tun und Erfahrungen der Selbstbestimmung im Handeln.

Es ist eindrucksvoll zu beobachten, wie sehr Kinder sich mit ihren Handlungsergebnissen identifizieren, wie emotional geladen ihre Erzählungen über den Herstellungsprozeß sind, wie hoch die subjektive Bedeutsamkeit des eigenen Produktes eingeschätzt wird, wie stolz die Kinder auf sich sind, wenn sie etwas geleistet haben. Es liegt die Vermutung nahe, daß diese Erfahrungen auch einen Einfluß auf ihr Selbstbild und auf ihr Selbstvertrauen haben. Zu untersuchen ist die Frage nach dem Warum und dem Wie.

Handlungsintensives Lernen erlaubt jedem Kind, sich selbst beim *praktischen Tun* oder *selbstbestimmten Handeln* als Initiator oder Urheber von etwas zu empfinden. Kotthoff weist darauf hin, daß „Autonomie und Selbständigkeit sich nur entwickeln können, wenn das Kind Gelegenheit hat, für sein Lernen eigenverantwortlich zu sein. Dazu gehören Maßnahmen, die dem kindlichen Denken und Erleben sowie dem Wunsch nach selbständigem und unbewertetem Tun entgegenkommen. Es muß Möglichkeiten haben, etwas auszuprobieren oder einen eigenen Schwierigkeitsgrad wählen zu können. ... Nur wenn Kinder Fehler machen dürfen, ohne eine Wertminderung befürchten zu müssen, können sie lernen, Fehler zu meiden“ (Kotthoff 1996b, S. 11).

Daran anknüpfend und auf der Basis der Ausführungen des ersten Teils dieses Beitrages möchte ich die zwei Merkmale handlungsintensiven Lernens, von denen ein positiver Einfluß auf die Dimensionen des Selbstwertgefühls vermutet wird, noch einmal benennen:

- Offenheit von Handlungsprozessen für Selbsttätigkeit im eigenen Denken und Selbstbestimmung im Tun (Selbststeuerung des Lernenden) *sowie*
- das konkrete praktische Tun.

Im handlungsintensiven Lernen erfolgt die Rückkopplung von Erfolg oder Mißerfolg primär durch die Sache, die zugleich eine Herausforderung bietet, sich erneut mit dem Problem auseinanderzusetzen. Gerade Kinder, die im Sinne der Brunerschen Repräsentationsebenen die enaktive Ebene bevorzugen, müssen durch handelnden Umgang mit und Bearbeiten der Sache die Wirksamkeit des eigenen Tuns unmittelbar erfahren und können gemäß der eigenen subjektiv eingeschätzten Fähigkeit ein optimales Anforderungsniveau wählen.

Der handelnde Zugang erlaubt es auch dem („leistungsschwächeren“) Kind zu erfahren, daß es etwas bewirkt. Diese Erfahrungen können sich festigen und geben ein Gefühl der Sicherheit. Durch nachmachendes Handeln erwerben die Kinder ein Handlungs- und ein Kompetenzrepertoire, auf das sie in ähnlichen Handlungszusammenhängen zurückgreifen können oder das sie auf andere Situationen transformieren können. Nicht alles kann von jedem neu entdeckt werden, vieles wird durch Nachahmen und Nachmachen erlernt (Modellernen).

Es bleibt die Frage, wie ein Kind, das Mißerfolg hatte, wieder ermutigt werden kann, sich erneut mit einer schwierigen Sache auseinanderzusetzen. Mißerfolgsorientierte Kinder sind entmutigte Kinder. Auf die Bedeutung des Mutes, der Ermutigung der Schüler hat auch Walter Popp (1994) unlängst hingewiesen. Der handlungsintensive Unterricht kann helfen, die entmutigten Kinder wieder zu ermutigen. Das vom Lehrer gegebene Vorschußvertrauen gibt den Schülern eine gewisse Sicherheit, sich auf die Sache, das Problem einzulassen.

Wichtig erscheint mir, daß punktuelle Erfahrungen von Autonomie und Kompetenz nicht ausreichen, um einen langfristigen positiven Einfluß auf das Selbstvertrauen zu nehmen. Punktueller Erfolg wird von leistungsschwachen Schülern eher auf Zufall und nicht auf eigene Fähigkeiten zurückgeführt werden. Ihre negative Selbsteinschätzung würde also nicht aufgebrochen, sondern bestätigt werden. Die Zirkelreaktion der Kinder würde sich fortsetzen.

Der Unterricht muß die Bedürfnisstruktur der Kinder erfassen und von diesen Bedürfnisstrukturen ausgehen, das gilt für alle Entwicklungsstufen. Handlungsintensives Lernen bietet Möglichkeiten für eine solche Differenzierung an, und zwar nicht nur für den kognitiven Aspekt des Lernens, sondern gerade auch für eine positive Entwicklung des Selbstwertgefühls und damit des Selbstvertrauens.

3.4 Untersuchungsansatz

Meines Erachtens lassen sich mittelbare und unmittelbare Zusammenhänge zwischen handlungsintensivem Lernen und der Förderung von Selbstvertrauen als positive Ausprägung des Selbstwertgefühls vermuten. Dies gilt es empirisch zu untersuchen. Als Leitfrage für weiterführende Untersuchungen schlage ich daher vor: Welchen Beitrag kann handlungsintensives Lernen im Sachunterricht zu einer (positiven) Entwicklung des Selbstvertrauens des Kindes leisten?

Für eine empirische Prüfung möchte ich konkretisieren:
Die oben genannten Merkmale des handlungsintensiven Lernens *Offenheit von Handlungsprozessen für Selbsttätigkeit im eigenen Denken und Selbstbestimmung im Tun* sowie das *konkrete praktische Tun* lassen sich als unabhängige Variablen betrachten. Ihr Einfluß auf die Dimensionen des Selbstwertgefühls *Autonomie* und *Kompetenz* soll prozeßorientiert untersucht werden. Dabei muß als Voraussetzung die Dimension *Akzeptanz* gewährleistet sein, da Kinder für die Entwicklung von Autonomie und Kompetenz das Gefühl des Akzeptiertseins benötigen. Der Nachweis von von Kausalitäten wird nicht verfolgt.

Eine weitere Differenzierung bieten folgende Fragen an:

- Wo liegen Chancen und Grenzen handlungsintensiven Sachunterrichts für die Entwicklung von Selbstvertrauen?
- Werden alle Kinder durch handlungsintensiven Unterricht gefördert?
- Gibt es Subgruppenunterschiede, zum Beispiel im Hinblick auf den Leistungsstand der Kinder, das Geschlecht, das Alter, den Unterrichtsgegenstand?

Dieser Beitrag kann nicht mehr leisten, als ein meines Erachtens lohnenswertes Forschungsfeld anzureißen. Ergebnisse der psychologischen Forschung zum Selbstkonzept können unter dem pädagogischen Anspruch der Förderung der kindlichen Persönlichkeitsentwicklung in und durch Grundschule im Kontext handlungsintensiven Sachunterrichts konkretisiert und für die Diskussion der Didaktik des Sachunterrichts fruchtbar gemacht werden.

Literatur

Bauer, H.F./Köhnlein, W. (Hrsg.): Problemfeld Natur und Technik. Bad Heilbrunn/Obb.: Klinkhardt 1984

Bönsch, M.: Variable Lernwege. Ein Lehrbuch der Unterrichtsmethoden. Paderborn u.a.: Schöningh 1991

Duncker, L./Popp, W. (Hrsg.): Kind und Sache. Weinheim und München: Juventa 1994

Einsiedler, W.: Schulanfang und Persönlichkeitsentwicklung. In: Grundschule, 20 (1988) 10, S. 20-23

Einsiedler, W.: Entwicklung des Selbstvertrauens und der Selbstkonzepte im Grundschulalter. In: Pädagogische Welt, 43 (1989) 3, S. 103-107

Einsiedler; W.: Grundlegung individueller Entwicklung und individuellen Lernens. In: Schorch, G. (Hrsg): Grundlegende Bildung. Bad Heilbrunn: Klinkhardt, 2. Aufl. 1994, S. 50-69

Erikson, E.H.: Identität und Lebenszyklus. Frankfurt/M.: Suhrkamp 1973

Fauser, P./Mack, W.: Praktisches Lernen - Erfahrungen aus eigenem Tun. In: Haarmann, D. (Hrsg.), a.a.O., S. 266-276

Filipp, S.-H.: Selbstkonzept-Forschung. Probleme, Befunde, Perspektiven. Stuttgart: Klett-Cotta, 3. Aufl. 1993

Galperin, P.J.: Zu Grundfragen der Psychologie. Köln: Pahl-Rugenstein 1980

Glöckel, H.: Vom Unterricht. Lehrbuch der Allgemeinen Didaktik. Bad Heilbrunn/Obb.: Klinkhardt, 2., durchgesehene und erweiterte Aufl. 1992

Gudjons, H.: Handlungsorientiert lehren und lernen. Bad Heilbrunn/Obb.: Klinkhardt, 3., neubearbeitete und erweiterte Aufl. 1992

Haarmann, D.: Handbuch Grundschule. Band 2. Weinheim und Basel: Beltz, 2., ergänzte Aufl. 1994

Haußer, K.: Identitätspsychologie. Berlin u.a.: Springer 1995

Heckhausen, H.: Motivation und Handeln. Berlin u.a.: Springer, 2., völlig überarbeitete und ergänzte Aufl. 1989, S. 492-500

Helbig, P.: Lernen ist mehr als sinnliche Erfahrung. In: Grundschule, 23 (1991) 5, S. 8-11

Helmke, A.: Entwicklung des Fähigkeitsselbstbildes vom Kindergarten bis zur dritten Klasse. In: Pekrun, R./Fend, H. (Hrsg.), a.a.O., S. 83-99

Helmke, A.: Selbstvertrauen und schulische Leistung. Göttingen: Hogrefe 1992

Jank, W./Meyer, H.: Didaktische Modelle. Frankfurt/M.: Cornelsen Scriptor 1991

Jantzen, W.: Abbild und Tätigkeit. Studien zur Entwicklung des Psychischen. Solms-Oberbiel: Jarick 1986

Jerusalem, M./Schwarzer, R.: Entwicklung des Selbstkonzeptes in verschiedenen Lernumwelten. In: Pekrun, R./Fend, H. (Hrsg.), a.a.O., S. 115-128

Klafki, W.: Zum Bildungsauftrag des Sachunterrichts in der Grundschule. In: Grundschulunterricht, 40 (1993) 1, S. 3-6

Köhnlein, W.: Grundlegende Bildung und Curriculum des Sachunterrichts. In: Wittenbruch, W./Sorger, P. (Hrsg.): Allgemeinbildung und Grundschule. Münster: Lit 1990, S. 107-125

Köhnlein, W.: Zur Konzipierung eines genetischen, naturwissenschaftlich bezogenen Sachunterrichts. In: Bauer, H.F./Köhnlein, W., a.a.O., S.193-215

Kotthoff, L.: Selbstkonzeptentwicklung und Bedeutung des Selbstwertgefühls. In: Bartmann, T./ Ulonska, H. (Hrsg.): Kinder in der Grundschule. Bad Heilbrunn: Klinkhardt 1996a, S. 75-103.

Kotthoff, L.: Ich bin ich: Selbstkonzept-Entwicklung im Grundschulalter. In: Sache - Wort - Zahl, 24 (1996b) 1, S. 5-12

Krapp, A.: Selbstkonzept und schulische Leistung: Dynamik ihres Zusammenspiels - Überblick. In: Weinert, F.E./Helmke, A. (Hrsg.): Entwicklung im Grundschulalter. Weinheim: Psychologie Verlags Union 1997 [in Vorbereitung]

Meier, Richard: Handeln im Sachunterricht I. In: Grundschulunterricht, 41 (1994) 10, S. 4-5.

Möller, K.: Lernen durch Tun (= Studien zur Pädagogik der Schule, Bd. 12). Frankfurt/M. u.a.: Lang 1987

Möller, K.: Handeln, Denken und Verstehen: Untersuchungen zum naturwissenschaftlich/technischen Sachunterricht. Essen: Westarp Wiss.1991

Oerter, R.: Entwicklung der Motivation und Handlungssteuerung. In: Oerter, R./Montada, L. (Hrsg.): Entwicklungspsychologie. München: Psychologie-Verlags-Union, 2. Aufl. 1987, S.637-695

Pekrun, R./Fend, H. (Hrsg.): Schule und Persönlichkeitsentwicklung. Ein Resumee der Längsschnittforschung. Stuttgart: Enke 1991

Persy, E.: Leistungsbeurteilung, Motivation und Selbstbild. In: Grundschule, 28 (1996) 2, S. 18-20

Popp, W.: Erfahren - Handeln - Verstehen. Zur Didaktik des Sachunterrichts.In: Beck, G. et al.: Zur Pädagogik des Heimat- und Sachunterrichts. Deutsches Institut für Fernstudien an der Universität Tübingen 1985, S. 63-97

Popp, W.: Zur anthropologischen Begründung eines handlungsorientierten Sachunterrichts. In: Duncker, L./Popp, W. (Hrsg.), a.a.O., S. 57-78

Rohr, B.: Handelnder Unterricht. Versuche zur Bestimmung eines materialistisch orientierten Unterrichts bei lernbehinderten Schülern. Heidelberg: Schinderle 1980

Soostmeyer, M.: Zur Sache Sachunterricht (= Studien zur Pädagogik der Schule, Bd. 14). Frankfurt/M. u.a.: Lang 1988

Wopp, C.: Unterricht, handlungsorientierter. In: Haller, H.D./Meyer, H. (Hrsg.): Ziele und Inhalte der Erziehung und des Unterrichts (= Enzyklopädie Erziehungswissenschaft, Bd. 3). Stuttgart: Klett 1995, S. 600-606

Zitzlsperger, Helga: Ganzheitliches Lernen - Welterschließung über alle Sinne. Weinheim und Basel: Beltz, neu ausgestattete Sonderausgabe 1995

Didaktisches Handeln zur Förderung von Naturerfahrungen - Aspekte der Evaluation und Innovation im Sachunterricht

Irene Frohne, Universität Potsdam

1. Sachunterricht im Wandel - die Situation

Der gravierende Wandel der Schule im Osten Deutschlands hat grundlegende Veränderungen auch für die Grundschule zur Folge. Gesellschaftlicher Wandel bzw. Umbruchssituationen, wie sie in jüngster Zeit allgemein gegeben sind, können jedoch als Chance begriffen werden, anstehende Innovationen im Unterricht insgesamt voranzubringen. Auch die Grundschule sieht sich dringend vor die Aufgabe gestellt, den Kindern jene Bedingungen des Lernens zu schaffen, die vielfältige Möglichkeiten für den Gewinn von Orientierungs- und Handlungsfähigkeit in der Pluralität heutiger Lebensverhältnisse bieten. In den neuen Bundesländern - wie anderenorts ebenfalls - sehen sich *zuerst die Lehrerinnen und Lehrer* mit einem veränderten Grundverständnis des Lernens und Lehrens in der Grundschule konfrontiert (Bildungskommission NRW 1995, S. 311). Die Notwendigkeit, mit Hilfe der gegenwärtig tätigen Lehrkräfte die Grundschule zu reformieren, rückt verstärkt *das pädagogisch-didaktische Handeln* in den Mittelpunkt der Weiterentwicklung auch für den Sachunterricht.

Innovationen des Sachunterrichts sind mit dem generellen Anspruch verbunden, bisher vertretene Orientierungen und erprobte pädagogische Handlungsmuster zu überprüfen, neu zu bewerten und in Leitlinien des neuen Verständnisses von Lernen und Lehren in der Grundschule einzuordnen. Eine solche Anforderung trifft auf Lehrerinnen und Lehrer, die - vorrangig von den bildungspolitischen Veränderungen nachhaltig betroffen - auf dem Hintergrund von Abwertung der eigenen Qualifikationen und der damit verbundenen deutlichen Zwänge zur Nach- und Weiterqualifikation eine tiefgreifende *Neuorientierung* zu leisten hatten und haben.

Von daher ist vorauszusetzen, daß Erfolg oder Mißerfolg der Reformbemühungen auch für den Sachunterricht eng an die Qualität des persönlichen Umgangs mit den neuen Anforderungen gebunden ist. Ebenso schlüssig im Rahmen der gegebenen gesellschaftlichen Umbruchssituationen ist, daß Innovationen ihren Anstoß „von außen" (etwa durch neue Curricula, Fortbildungsprogramme etc.) erhalten, und daß auch Innovationen aus der Fachdidaktik eines spezifischen Bedingungs- und Reflexionsrahmens bedürfen, ehe sie eine praxisbereichernde Qualität annehmen können.

Eine in diesem Sinne „glückliche Fügung" stellt ein BLK-Modellversuch „Um-Welt-Lernen in der Grundschule" dar, der in den Jahren von 1991 bis 1995 im Land Brandenburg durchgeführt wurde[1]. Er ermöglichte einen Zugang zu Evaluation und Innovation des Sachunterrichts über Begleitforschungen in den gegebenen praktischen Kontexten, ohne die Fehlinterpretation von „Praxis als angewandter Wissenschaft" (Derup/Terhart 1990, S. 10) zu transformieren. Anderenfalls hätten (und haben) sich die Innovationsbestrebungen wohl auch auf ein reines Informations- und Vermittlungsproblem reduziert - ein auch unter Fachkollegen noch verbreitetes Mißverständnis der Sachlage. Im Gegenteil: Der als Fortbildungsprojekt angelegte Modellversuch richtete sich an Lehrerinnen und Lehrer, die in der ehemaligen DDR teilweise bis zu dreißig Berufsjahren tätig waren. Im Rahmen des intendierten Verständnisses einer neuen Grundschule sollten die Lehrerinnen und Lehrer in vier Phasen des „Umlernens"[2] Gelegenheit erhalten, auf dem Hintergrund ihrer subjektiven Zugänge und individuellen Kompetenzen *neue Erfahrungen der Öffnung* gegenüber veränderter Grundschule einschließlich ihrer eigenen Rolle als Lehrende zu gewinnen. Neben der Vergewisserung über die eigenen Beziehungen zur Umwelt standen demzufolge auch das Verständnis des Lernens *als gemeinsames Lernen von Lehrperson und Kindern, selbstbestimmtes Lernen in situativen Kontexten* und das *Verstehen von Erscheinungen und Zusammenhängen* vorrangig durch eine projektorientierte Auseinandersetzung mit der Wirklichkeit und mit sich selbst im Mittelpunkt der angegebenen Zielvorstellungen. Orte der Fortbildung

[1] Der Modellversuch wurde gefördert vom Bundesministerium für Bildung, Wissenschaft, Forschung und Technologie, Ministerium für Umwelt, Naturschutz und Raumordnung des Landes Brandenburg, Ministerium für Bildung, Jugend und Sport des Landes Brandenburg. Die Betreuung des Modellversuches lag in den Händen des Pädagogischen Landesinstituts Brandenburg (vgl. Werkstatthefte Nr. 39 und 40 des Pädagogischen Landesinstituts Brandenburg).

[2] 1. Phase: Seminar zum Thema „Umlernen";2. Phase: Praktikum zum Gruppenlernen mit den Kindern; 3. Phase: Seminar zum Thema „Wochenplan"; 4. Phase: Praktikum als Projekt zum Umweltlernen mit den Kindern.

waren Umweltbegegnungsstätten des Landes, die günstige Bedingungen für fächerübergreifende Lernprozesse zur Umweltbildung boten.

Bekanntermaßen waren bis zum Jahre 1990 die Möglichkeiten der Öffnung des damaligen Heimatkundeunterrichts bereits aufgrund der gesellschaftlichen Gegebenheiten mehrfach verstellt. Die vorrangig erwünschte Unterrichtspraxis gründete sich besonders in den Klassen 3 und 4 unter anderem auf fächerorientierte Erkenntnislinien der Lehrplaninhalte, auf festgelegte Zeitvorgaben und auf zentral vorgegebene Lehr- und Lernziele. Es besteht zumeist Konsens in der Einschätzung, daß als Folge der bildungspolitischen Prägungen des Heimatkundeunterrichts in der ehemaligen DDR (wenn auch nicht ausschließlich dort) ein einseitiger „eher instruktionsorientierter Unterricht" (Ramseger 1993) die Qualität der Lernprozesse eingeschränkt hat. Fortbildung sollte in dieser Situation *Übergänge und Brücken* für ein eher anthropologisch begründetes Lehren und Lernen schaffen. Es sollte sich von der Beobachtung der Kinder, vom Verständnis kindlicher Erfahrungen und Sinngebung her einer Aufklärung der Lebenswirklichkeit mit den Kindern in erfahrbar sinnvollen Handlungszusammenhängen zuwenden. Innovative „Teilstücke" eines didaktisch-curricularen Konzeptes des Sachunterrichts, das den individuellen Zugriff der Kinder auf Naturerleben und -deutung in seiner Vielschichtigkeit in sich aufnimmt, beziehen sich im Modellversuch auf bisher als defizitär im Heimatkundeunterricht/Sachunterricht benannte Dimensionen wie

- Lernen in umfassenden Zusammenhängen der Lebenswirklichkeit
- Lernen in Situationen
- Mehrperspektivische Verarbeitung von Erfahrungen
- Lernen mit allen Sinnen.

Eine derartige Verknüpfung von Fortbildungsabsicht und spezifischen räumlichen, zeitlichen sowie strukturellen Rahmenbedingungen der Prozeßgestaltung erwies sich unter anderem als Basis für Fragestellungen der Didaktik des Sachunterrichts. Der Modellversuch, der für Schule außerhalb von Schule stattfand, legte ferner die Konzentration auf Möglichkeiten der Übertragbarkeit didaktischen Handelns auf den alltäglichen Sachunterricht nahe. Das grundsätzliche Anliegen einer sachunterrichtlich orientierten, pädagogisch-didaktischen Transferuntersuchung war demzufolge die Klärung der Frage, inwieweit sich didaktisches Handeln der Lehrerinnen und Lehrer zur Förderung der Naturerfahrungen der Kinder aufgrund der Anregungen des Modellversuches verändert hat.

2. Forschungsleitende Überlegungen

Im vorliegenden Fall des gebotenen Transfers von didaktisch relevanten Erkenntnissen in den alltäglichen Sachunterricht der Schule ergibt sich eine „Doppelung" der Perspektiven auf ein *Lernen auf der Grundlage der eigenen Erfahrung,* wenn zum ersten Lehrerinnen und Lehrer neue Berufserfahrungen und zum zweiten Kinder Naturerfahrungen erwerben - eben durch das darauf gerichtete Bemühen der Lehrenden.

Perspektive: Lehrerinnen/Lehrer
Nach Homfeldt/Schulz (1991) und anderen ist die Entwicklung pädagogischen Könnens als ein Lern- und Erfahrungsprozeß zu begreifen, in dem die Beteiligung der Lernenden einen konstitutiven Bestandteil darstellt. Das für pädagogisches Handeln notwendige Lehrerwissen kennzeichnet Ewald Terhart als „sehr komplexes und heterogenes Bündel aus Wissenselementen und Überzeugungen, Vorstellungen und Metaphern, Einstellungen und Beurteilungstendenzen, Rezepten, Emotionen und Maximen, Erfahrungswerten und Selbstrechtfertigungen, das insgesamt nicht isoliert dasteht, sondern mehr oder weniger intensiv mit der Persönlichkeit bzw. Identität des jeweiligen Lehrers verwoben ist" (1991, S. 133). Sachunterrichtliches Handeln der Lehrerinnen und Lehrer muß im Rahmen der Untersuchung an der Schnittstelle von gegebener Unterrichtssituation und erworbener Kompetenz verortet werden. So konzentriert sich die Untersuchung auf das „praktisch-prozedurale Handlungswissen", das sich zum großen Anteil aufgrund „persönlicher Erfahrungsbildung konstituiert und nur selten artikuliert" werden muß (ebenda, S. 134).

Weitere Aufschlüsse ergeben in diesem Zusammenhang Ergebnisse von Forschungen über pädagogisches Alltagshandeln, die in den letzten Jahren auf persönlichkeits-, situations- und gegenstandsspezifische Komponenten handlungsleitenden Lehrerbewußtseins aufmerksam machen (Koch-Priewe 1986; Groeben 1988; Mutzek 1988 u. a.).

Der Transfer von (Fortbildungs-) Erfahrungen erfordert, Phänomene und Prozesse vor allem auf die Entwicklung von Lehrerhandeln hin zu rekonstruieren und im Hinblick auf typische Bedingungen und Merkmale zu interpretieren. Die Ergebnisse der Untersuchung verweisen auf eher ganzheitliche, globale Qualitäten des Lehrerhandelns, die Orientierungen für Entscheidungen in der auch kontext- und situationsabhängigen Praxis des Sachunterrichts einschließen (vgl. 4).

Perspektive: Kinder
Die Richtung des Lehrerhandelns bezieht sich auf die Entwicklung des Naturverständnisses der Kinder unter Berücksichtigung eines *komplementären Ver-*

hältnisses von situativer Wahrnehmung, Erfahrung und rationaler Durchdringung der Sachverhalte und Phänomene, wobei die Erweiterung und Verarbeitung der Erfahrungen und damit die eigenständige Einordnung neuer Erfahrungen in das Zentrum didaktischer Aufmerksamkeit gestellt ist. Helmut Schreier (1994), Ludwig Duncker (1987, 1996) und andere haben zumeist mit Bezug auf John Dewey entsprechende erfahrungstheoretische Grundlagen schulischen Lernens bearbeitet, die im wesentlichen Aspekte der „Kontinuität der Erfahrung und Wechselwirkung zwischen Individuum und Umwelt" (Dewey 1963, S. 27) hervorheben. „Gerade die dialektische Rückwendung der Erfahrung zur Selbsterfahrung" - so Ludwig Duncker - „weist darauf hin, daß der Aufbau von Erfahrungsfähigkeit als Ziel des Unterrichts einmünden muß in einen offenen Prozeß, der freisetzt für neue Erfahrungen ..." (1996, S. 42). Das Fortbildungskonzept des Modellversuches postuliert ein Erfahren und Lernen in Situationen, die den Gewinn neuer Naturerfahrungen ermöglichen und gleichzeitig zu aktivem Tun und denkender Verarbeitung des Erfahrenen anregen.

Die Wirkungen des eigenen didaktischen Handelns erfahren die Lehrenden daher in erster Linie auf dem Weg der Beobachtung des Verhaltens der Kinder. Dabei beurteilen die Lehrerinnen und Lehrer in der Regel selbst „mit Hilfe internalisierter Normen und kognitiver Verarbeitung Ereignisse als Erfolg oder Mißerfolg" (Hofer 1986, S. 306 f.). Somit setzt das Einholen von Rückmeldungen immer auch Interpretationsleistungen der Lehrenden voraus, um aus Zeichen, Texten oder Ausdrucksverhalten von Kindern auf deren Sinngebung und Verständnis der Situationen zu schließen. Neuere Entwicklungen in der Lehrerhandlungstheorie scheinen den gegebenen Ansatz zu bestätigen, demzufolge Fragen der Selbstorganisation und Selbstreferenz der Lehrenden auf diesem Wege zunehmend Bedeutung für das professionelle Handeln eingeräumt wird (Alisch 1990, S. 30).

3. Zur Anlage der Untersuchung

Die sachunterrichtlich orientierte Untersuchung im Rahmen von Lehrerfortbildung greift also exemplarisch Innovationslinien auf, die ein komplementäres Verhältnis von situativ-lebensweltlichen und elementaren fachlichen Zugängen zum Verständnis der Natur im Blick haben. Dabei ist davon auszugehen, daß das *für Bildung konstitutive Verstehen* - über die rationale Durchdringung der ausgewählten lebensweltlichen Sachverhalte hinaus - in Verbindung mit der emotionalen Basis sinnlichen Erlebens, des Erfahrens sowie der individuellen Sinngebung und Zuwendung zu erreichen ist. Eine generelle Zurücknahme des einen Zugangs zum Verstehen von Bereichen der Lebenswelt auf Kosten der anderen geht im Sachunterricht mit Verlusten für die Qualität der Lernprozesse einher (Köhnlein 1994, S. 13). Trotz unterschiedlicher Formen der Wahrnehmung und jeweils spezifischer Erkenntniswege und Handlungsweisen werden daher didaktische Bedingungen der gegenseitigen Bereicherung gesucht. Das genannte komplementäre Verhältnis - theoretisch mehrfach beschrieben, häufig als „Mangelphänomen" der Sachunterrichtsdidaktik gekennzeichnet - gilt daher als *Leitkategorie* der Untersuchung.

Der Anspruch an den Transfer des didaktischen Erfahrungsgewinns erforderte eine Untersuchung, die exemplarisch im Forschungsfeld „Fortbildung" und im Forschungsfeld „Schule"

- Objekte und Situationen für Lehrerinnen[3] und Kinder kennzeichnet, an und in denen Erfahrungen erworben werden,
- Aspekte des Prozesses ermittelt, in denen Erfahrung zur Selbsterfahrung auf dem Wege der Reflexion, Aufklärung und kognitiven sowie emotionalen Aneignung wird,
- Erfahrungen der Lehrerinnen sowie möglicherweise darauf beruhendes verändertes didaktisches Handeln auffindet, die den Erwerb von Naturerfahrungen der Kinder begünstigen.

Der Forschungskontext verweist zunächst auf empirisch-qualitativ orientierte Unterrichtsforschung, die darum bemüht ist, Handlungsabläufe so weit wie möglich in ihrem situativen Kontext zu untersuchen. Dazu wird in einer *ersten Phase* an der Erfahrungssituation der Kinder im Forschungsfeld Fortbildung und an der Bedeutung angesetzt, die diese Situation für die Lehrerinnen hat. In einer *zweiten Transferphase* wird intendiertes pädagogisches Handeln in der schulischen Lehr-Lern-Situation rekonstruiert und interpretiert.

Die Untersuchung fand an drei Schulen (unter Beteiligung von sechs Lehrerinnen mit ihren Klassen) statt. Ein Arbeitsteam von fünf Personen begleitete jeweils Lehrerinnen und Kinder in der 1. Phase der Untersuchung mit dem Ziel,

- grundlegende Intentionen und Bedingungen der Fortbildung „vor Ort" zu erfassen,
- Kontakt zu den Lehrerinnen und Kindern der Versuchsschulen zu finden,
- mit Hilfe der vorgefundenen Phänomene und erfaßten Daten das Konzept für die Untersuchung in der 2. Transferphase an den Schulen zu entwickeln.

Die sich jeweils anschließende 2. Transferphase an den Schulen umfaßte die

[3] An der Fortbildung nahmen nur Lehrerinnen teil. Fortan wird in diesem Text auf die Doppelbezeichnung verzichtet.

Untersuchungsetappen:

- Ermitteln äußerer struktureller Bedingungen für den Transfer didaktischer Erfahrungen aus der 1. Phase (Lernorte, Zeitstrukturen, materielle und personelle Gegebenheiten)
- Planung, Durchführung und Auswertung je eines Lernvorhabens in den Klassen unterschiedlicher Jahrgangsstufen
- prozeßbegleitende Reflexionssequenzen zur kritischen Analyse von aus der Fortbildung resultierenden Erfahrungen und individueller Praxis der Lehrerinnen unter den konkreten Schulbedingungen.

Das Lernvorhaben an der Schule (als authentische Situation der Alltagspraxis) diente damit der Reflexion und Rekonstruktion des Lehrerhandelns hinsichtlich der anvisierten didaktischen Überlegungen und professionellen Handlungskompetenzen. Demzufolge waren die pädagogisch-anthropologisch determinierten und didaktisch orientierten Aspekte der Untersuchung darauf gerichtet, zur Ausdifferenzierung pädagogischer Erfahrungsfelder beizutragen, die sich im unmittelbaren Handlungszusammenhang der beteiligten Lehrerinnen ergeben haben.

4. Fragen zu Aspekten der Evaluation des Sachunterrichts

Angesichts der eher einseitig fachlich-sachlichen und instruktionsorientierten Ansätze des bisherigen Heimatkunde- oder Sachunterrichts wurden Fragen des didaktischen Handelns in den Vordergrund gerückt, die die *Vielfalt der kindlichen Zugänge zum Verstehen ihrer Lebenswelt* betreffen, zum Beispiel:

- Wie ist das Problemverständnis der Lehrerinnen beschaffen, das die bervorzugten Inhalts- und Handlungsstrukturen bestimmt hat?
- Inwieweit werden kindliche Erklärungen der Phänomene und Sachverhalte einer Reflexion zugeführt?
- Welche Möglichkeiten einer mehrperspektivischen Auseinandersetzung und Verarbeitung der Erfahrungen werden genutzt?
- Welche Formen der Wahrnehmung und des sinnlich-handelnden Umgangs mit den Naturerscheinungen werden zugelassen bzw. angeregt?

Als entscheidende Faktoren für ein auf Veränderung gerichtetes Lehrerhandeln werden die personenspezifische (subjektive) „Binnenwelt" eines Lehrers sowie ihre Wechselwirkung mit äußeren objektiven Situationsfaktoren angesehen (Terhart 1990, S. 120). Unverkennbar sind derzeit Lehrerinnen und Lehrer unter dem Stichwort „Umwelterziehung" mit differenzierten Haltungen im Hinblick auf die Natur konfrontiert, die sie - bis hin zu einem veränderten Bildungsverständnis überhaupt - in ihrem professionellen Selbvstverständnis betreffen. Lehrerinnen, die bisher im Rahmen ihres beruflichen Aufgabenfeldes Natur eher als eine Welt von begrifflich festgelegten Objekten behandelt haben, standen unversehens Leitbildern gegenüber, die - beherrscht von Naturidealisierungen - das individuelle Verhältnis zur Natur von vornherein zu normieren versuchten. Andere Auffassungen greifen eher solche reformpädagogischen Intentionen auf, die sich einseitig auf das beschränken, was aus kindlicher Sicht an der Natur zu bemerken bzw. aufzuklären ist. Die Untersuchung widerspiegelt somit die auf vielerlei Ebenen konfliktiv erlebten Widersprüche zwischen eigener Disposition, fachlicher sowie pädagogischer Kompetenz und der erwarteten Öffnung vor allem gegenüber den Lebens- und Lernansprüchen der Kinder.

Ein wesentliches didaktisches Problem der LehrerInnen bestand darin, den bisher engen Zirkel von Lernzielen, eigenem Gegenstandsverständnis und Methodenkonzept aufzulösen. Die konkreten unterrichtlichen Konzepte sowie Reflexionen der Lehrerinnen verweisen auf mehrschichtige Probleme im Rahmen unterschiedlicher professioneller Kompetenzbereiche. In gebotener Kürze sollen einige Aspekte des Problemverständnisses der LehrerInnen gekennzeichnet werden.[4] Es fokussiert sich vorrangig auf eine bis dahin eher ungewohnte komplexe didaktisch-curriculare Sicht, die es erlaubt, das praktizierte Konzept der zieldeterminierten Wissensvermittlung mit der individuellen Vielfalt der Erlebnisse, Erfahrungen und Intuitionen der Kinder zu vereinen. Entsprechend innovative Ansätze werden zu *didaktischen Erfahrungsfeldern der Lehrerinnen.*

[4] Dieser Beitrag stellt Aussagen vorwiegend zur theoretisch-konzeptionellen Anlage der Forschung zum Lehrerhandeln im Sachunterricht in den Mittelpunkt. Auf eine detaillierte Ergebnisdarstellung der Untersuchung muß an dieser Stelle verzichtet werden.

5. Didaktische Erfahrungsfelder: Ergebnisse

5. 1 Zum didaktischen Erfahrungsfeld: Umfassende Themenstruktur und Prozeßplanung

Themenstruktur und Prozeßplanung für die Lernvorhaben hatten in innovativer Absicht dem vereinbarten Anspruch zu genügen, den jeweiligen Entstehungs- und Begründungszusammenhang des Vorhabens soweit zum gemeinsamen Erleben und Lernen der Kinder werden zu lassen und ihn so offen zu halten, daß die Kinder auch aus ihrem individuellen Zugang zu den entstehenden Problemen heraus Mitentscheidungen für eine als sinnvoll erfahrene Auseinandersetzung treffen konnten. Der umfassende sinnstiftende Kontext des pädagogischen Anliegens schließt jedoch ein, daß die über die individuelle Situation der Kinder hinausgehende Bedeutung der Lerninhalte gleichermaßen dem didaktischen Zugriff verfügbar sind.

Durchgängig sehen die Lehrerinnen zunächst Defizite im Bereich der eigenen fachlichen Voraussetzungen, die das Erfassen und flexible Nutzen möglicher Perspektiven einer Sachstruktur erschweren. Zahlreich vorfindbare Modelle von Strukturen derartiger Themen wie Wasser, Müll usw. leisten unter dieser Bedingung offenbar unzureichende Hilfe, weil der „konkrete Problemzugang immer wieder neue Verflechtungen und Handlungsangebote notwendig werden läßt".[5]

Unter dem Aspekt der Evaluation des Sachunterrichts werden Probleme der Schaffung eines thematischen Rahmens evident, der die Lebenszusammenhänge der Kinder tatsächlich berücksichtigt (L.: „Der Einstieg war am schwersten, ... und dann immer die Schlüsselsituationen der Kinder zu finden ...".). Bei Angeboten und Sichtweisen der Kinder - in Fragen und anderen Interessenbekundungen zum Ausdruck gebracht - war die inhaltliche Flexibilität nicht hinreichend gegeben, um thematische Brüche oder Übergänge und die vorgedachte Problembearbeitung in ein produktives Verhältnis zu setzen (L.: „Die Schüler sahen Dinge, die ein Erwachsener nicht mehr sieht, die er schon übersieht - Wurzel ist nicht gleich Wurzel - das ist das, was unsere Planung oft umstürzt ..."). Im offen gehaltenen Rahmen der Untersuchung haben sich in diesen Fällen *„Plan-Lehrwege"* und *Lernwege der Kinder* in ihren Intentionen deutlich voneinander getrennt. Inhaltliche Zusammenhänge und Beziehungen gingen - oftmals unbemerkt - zugunsten eines unreflektierten Aktionismus verloren.

---

[5] Alle wörtlichen Passagen sind als typische Beispiele für authentische Aussagen der Lehrerinnen dem Protokollfundus der Untersuchung entnommen worden.

- So zum Beispiel hat die Frage zu Beginn eines Lernvorhabens, wo denn das viele Regenwasser der vergangenen Nacht geblieben sein könnte, den erwünschten Entdeckungsdrang der Kinder im Schulgarten, in der Schulküche usw. hervorgerufen, der zum geplanten Kennenlernen der Erscheinungsformen des Wassers notwendig erschien. Das besondere Interesse der Kinder galt dann jedoch nachhaltig den großen schillernden Wassertropfen, die auf einigen Blättern zurückgeblieben waren. Sie werden bewegt, zerteilt, und es wird gefragt: „Warum sind hier noch so große Wassertropfen geblieben?", „Warum kullern sie nicht vom Blatt?". Ein erster kindlicher Erklärungsversuch: „Auf glatten Blättern bleiben sie sitzen, auf weichen ziehen sie ein." An dieser Stelle wird das Bemühen der Kinder um den Sachverhalt abgebrochen. Planmäßig erfolgt die weitere Suche nach dem Wasser. Die Kinder haben - später vor die Wahl gestellt - Tropfen gemalt, hergestellt, eingefärbt, beschrieben ... und über deren Verbleib gestritten.

Dieses Beispiel dient als praxisorientierter Bezugspunkt der Verdeutlichung des Anliegens, das jedes der vier dargestellten didaktischen Erfahrungsfelder verfolgt. Es steht stellvertretend für eine große Anzahl von Praxisbeispielen, die an anderer Stelle bereits beschrieben worden sind (Frohne 1996a).

5. 2 Zum didaktischen Erfahrungsfeld: Integration spontaner Naturerfahrung und Sinndeutung

Das im Abschnitt 4. 1. gewählte Beispiel für das „Festhalten" an vorgedachter Themenstruktur und geplantem Unterrichtsablauf verweist mit gleicher Konsequenz auf Probleme der Integration spontaner Naturerlebnisse und -erfahrungen und deren Deutungen durch die Kinder. Das ermittelte Problemverständnis der Lehrerinnen ist vorwiegend der Bewertung kindlicher Intuition und Sinndeutung als pädagogisch ernst zu nehmenden Voraussetzungen für weiterführendes Verstehen zuzuordnen. Die Hierarchisierung von Wissensformen mit der gewohnten Präferenz hinsichtlich des naturwissenschaftlichen Wissens zeigt sich im wiederholt verwendeten Attribut „niveaulos" für die kindlichen Erklärungsversuche natürlicher Sachverhalte (L.: „Man muß als Lehrer eingreifen, damit es (das Wissen der Kinder - I. F.) eine Stufe höher kommt.").

Howard Gardner kennzeichnet „intuitive Arten des Verständnisses der Welt", über die die Kinder verfügen, als „intuitive Theorien". Solche Theorien erlauben den Kindern, „zumindest einen vorläufigen Sinn in dem zu sehen, was ihnen in der Welt begegnet" (1993, S. 111). Folgt man dieser Einsicht, kann davon ausgegangen werden, daß das intuitive Verständnis der Naturerscheinungen die Erklärungsmuster der Kinder andauernder beherrschen wird, wenn die „schulische Erklärung" des Phänomens nur neben die kindliche Deutung gestellt wird, ohne nachhaltig in sie einzugreifen (ebenda, S. 113).

Relevanz für die Evaluation des Sachunterrichts besitzt die generelle Feststellung, daß Erlebnisse und die oft widersprüchlichen Sinndeutungen der Kinder in den spontanen Situationen der Naturbegegnung größtenteils unbemerkt bzw. unbeachtet blieben. Die Notwendigkeit gemeinsamer Bemühungen um intersubjektive Deutungen einer Sache trat daher ebenso selten auf wie die Akzeptanz von Mehrdeutigkeit einer Sache in den gegebenen Handlungszusammenhängen. Die retrospektiven Betrachtungen des didaktischen Handelns durch die Lehrerinnen verweisen auf bisher kaum berücksichtigte Beziehungen von Erleben, persönlicher affektiver Betroffenheit und der verarbeitenden Erfahrung (Schmitz 1992, S. 21; Lippe zur 1987, S. 287 u. a.). Das Auffinden des theoretisch adäquaten „Ortes" der didaktischen Erfahrung hat - vergleichbar mit Situationen in der studentischen Ausbildung - den Lehrerinnen den Blick auf eine dem Kind zugewandte innovative Praxis ermöglicht.

5. 3 Zum didaktischen Erfahrungsfeld: Mehrperspektivische Verarbeitung von Erfahrungen

Lehren und Lernen im Sachunterricht in der Grundschule richten sich letztlich auf ein Naturwissen, das durch Verläßlichkeit und intersubjektive Überprüfbarkeit gekennzeichnet ist. Für einen an kindlicher Erfahrung und Lernform orientierten Sachunterricht sind mehrperspektivische Möglichkeiten der Verarbeitung von Naturerfahrungen vielfach Gegenstand der wissenschaftlichen Diskussion um didaktische Konzepte (Richter 1993, S. 71 ff.). Die Erschließung des Symbolgehaltes kindlicher Lebensäußerungen wird dabei seit längerem als profunde Möglichkeit gesehen, kindlicher Sinngebung nachzugehen, um individuelle Lernprozesse ausreichend fördern zu können. Verstehen, das auf Orientierungsfähigkeit in der Lebenswirklichkeit abzielt, schließt dabei die Fähigkeit von Kindern zu „primärer Weltsicht" als ein fühlendes Denken „ ... in einem Gewebe von Imagination und Verstehen" (Portmann 1960, S. 38) in sich ein. Messner/Rumpf (1992, S. 10) beziehen sich auf diesen Gedanken, wenn sie auf die Bedeutung präsentativer Symbolisierungen von Naturerfahrungen (Sprachformen, Bilder, Klänge, Gesten usw.) als Vergegenwärtigungen hinweisen, die für das kulturelle Selbstverständnis unverzichtbar sind. Einer Bildung, die gegenwärtiger gesellschaftlicher Pluralität entspricht und die - orientiert an kindlicher Erfahrung, Lernform und Lebenswelt - auf mehrperspektivische Möglichkeiten der Weltwahrnehmung und -erklärung abzielt, entsprechen gleichgerichtete Intentionen der Fortbildung.

Die Rekonstruktion adäquater Erfahrungssituationen (wie bei den im Beispiel erwähnten vielfältigen Formen des Umgangs der Kinder mit dem Wasser) sowie die Reflexionen der Lehrerinnen ließen unterschiedliche Positionen zur Einbeziehung auch präsentativer Symbolisierungen von Naturerfahrungen erkennbar werden, vorrangig die Tendenz,

- mit Aufgaben verbundene Angebote zu unterbreiten - zumeist, um ein bestimmtes Maß an Leistungsanforderungen zu sichern, oder
- über eine Fülle von Material- und Handlungsangeboten eine relativ ungeregelte „Umsetzung" von Naturerlebnissen anzuregen.

Ein entsprechender Gesichtspunkt für die Evaluation des Sachunterrichts ergibt sich offensichtlich aus der generellen Feststellung, daß die Lehrerinnen eher sachlich-diskursive Formen und eher präsentative Formen der Verarbeitung von Erfahrungen als zwei streng unabhängig voneinander wirkende Zugangsbereiche zu den Sachverhalten auffassen, deren Ergebnisse für das Lernen und die Weltsicht der Kinder im ersten Falle berechenbar, im zweiten Falle unberechenbar und daher eventuell als verzichtbar angesehen werden könnten.

5. 4 Zum didaktischen Erfahrungsfeld: Sensibilisierung für Natur - „Lernen mit allen Sinnen"

Die Sensibilisierung für die Natur hat im gegebenen Kontext der Umweltbildung einen besonderen Stellenwert im Fortbildungsgeschehen eingenommen. Die kompensatorische Absicht im Hinblick auf das durch heutige - besonders städtische - Lebensweisen geschädigte Kind galt als eines der unhinterfragten Postulate. Oftmals war eine Lern- und Erfahrungsumwelt regelrecht inszeniert worden, in der die Vielfalt und Intensität von Sinneseindrücken einen obligatorischen Stellenwert einnahm - häufig förmlich „in reiner Meditationspraxis", wie Horst Rumpf derartiges bezeichnet (1994, S. 8).

Die Lehrerinnen haben diese Dimension der Fortbildung als Bereicherung ihres individuellen professionellen Erfahrungsspektrums gewertet (L.: „Wir haben bisher unsere Sinne vernachlässigt, vor allem haben wir uns selbst gesperrt. ... Für meinen Unterricht waren die Anleitungen zur Sensibilisierung der Sinne am wichtigsten."). Übertragen auf den Sachunterricht, ergab sich jedoch das Problem der didaktischen Sinnfälligkeit eines solchen Vorgehens. Unreflektierte Übernahme des „Sensibilisierens" führte größtenteils zu einem Sachunterricht, dessen Problem „in seiner Künstlichkeit und damit in seiner geringen Anschlußfähigkeit an die außerschulische Lebenswirklichkeit (liegt)" (Hiller 1994, S. 29). Entwicklungspsychologische und auch erkenntnistheoretische Begründungszusammenhänge beziehen sich auf die Konstitution des Sinnenbewußtseins im Prozeß der Verarbeitung von Erfahrungen (Gebhard 1994; Schmitz 1994, S. 21; Lippe zur 1987, S. 287 u. a.). Didaktische Konsequenzen, etwa in der Form eines „sachbezogenen Lernens mit den Sinnen" (Frohne 1996 b, S. 10), haben wenige der Lehrerinnen reflektiert. Ursachen dafür sind offenbar in der gegenwärtig recht einseitigen dominanten Sicht auf das „Lernen mit allen Sinnen" als Bezugspunkt für Erkennen und Verstehen in der Umwelt zu sehen. „Die Gegenbewegung, also das distanzierende Reflektieren, die Ausbildung von Kategorien für die Interpretation von Erfahrungen, die Verfremdung des bereits Bekannten" (Duncker 1996, S. 125) treten demgegenüber eher zurück.

In diesen Zusammenhängen scheint sich der gesuchte Aspekt der Evaluation des Sachunterrichts zu befinden: Die tatsächliche Unterrichtsanlage widerspiegelt vielfach das zumeist vorfindbare hierarchische Modell, demzufolge sich den programmatisch erworbenen Sinneseindrücken die „eigentlichen" rationalen Erkenntnisweisen anschließen. Das Ziel ist es, möglichst schnell eine intersubjektive eindeutige Interpretation einer Sache zu erreichen. „Welt-Sichten" werden separiert. Möglichkeiten subjektiver Verbindungen von Sache und Sensibilität (wie im Falle des Wassertropfens im angeführten Beispiel gegeben) finden kaum eine didaktisch reflektierte Entsprechung.

6. Schlußbemerkung

Im Rahmen der absolvierten Lehrerfortbildung ist Offenheit als allgemeine pädagogische Grundhaltung offensichtlich befördert worden. Entsprechend didaktisch reflektiertes pädagogisches Handeln scheint eines längerfristigen Prozesses der Weiterentwicklung auch des Sachunterrichts zu bedürfen. Das im Modellversuch angelegte „Umweltlernen" auch der Lehrerinnen auf der Basis von Erfahrungen läßt an Forschungszugänge in zweierlei Richtung denken: Zum einen als Phänomen authentischer Praxis, das als wesentliche Komponente der Professionalisierung in der Lehrerbildung anzusehen ist, zum anderen als Ansatz für den Diskurs mit unterschiedlichen wissenschaftlichen Konzepten, die alternative Deutungen konkreter Situationen bieten und somit auf dem Weg der unterschiedlichen Transformation Innovationen des Sachunterrichts befördern. Es muß einem weiteren Arbeitsschritt überlassen bleiben, Schlußfolgerungen für eine Lehrerausbildung zu ziehen, die es ernst meint mit der Befähigung zu Entscheidungen in einer entscheidungsoffenen Praxis.

Literatur

Alisch, Lutz-Michael: Neuere theoretische Entwicklungen in der Lehrerhandlungstheorie. In: Empirische Pädagogik, 4 (1990) 1, S. 3 - 33

Bildungskommission NRW: Zukunft der Bildung - Schule der Zukunft. Denkschrift. Neuwied; Kriftel; Berlin: Luchterhand 1995

Derup, Heiner; Terhart, Ewald (Hrsg.): Erkenntnis und Gestaltung. Vom Nutzen erziehungswissenschaftlicher Forschung in praktischen Verwendungskontexten. Weinheim: Deutscher Studien Verlag 1990

Dewey, John: Erfahrung und Erziehung. In: Dewey, J.; Handlin, O.; Correll, W.: Reform des Erziehungsdenkens. Weinheim: Beltz 1963

Duncker, Ludwig: Erfahrung und Methode. Studien zur dialektischen Begründung einer Pädagogik der Schule. Langenau-Ulm: Armin Vaas 1987

Duncker, Ludwig: Zeigen und Handeln. Studien zur Anthropologie der Schule. Langenau-Ulm: Armin Vaas 1996

Frohne, Irene (1996 a): Umwelt erfahren und verstehen - Studie zur Didaktik des Sachunterrichts. Universität Potsdam, Potsdamer Studien zur Grundschulforschung, Heft 10/1996

Frohne, Irene (1996 b): Verschiedene Wege der Kinder in der Natur. In: Grundschulunterricht, 43 (1996) 4, S. 8 - 10

Gardner, Howard: Der ungeschulte Kopf. Wie Kinder denken. Stuttgart: Klett-Cotta 1993

Gebhard, Ulrich: Kind und Natur. Die Bedeutung der Natur für die psychische Entwicklung. Opladen: Westdeutscher Verlag 1994

Groeben, N. et al.: Das Forschungsprogramm Subjektive Theorien. Tübingen: Francke 1988

Hiller, Gotthilf Gerhard: Sachunterricht - über die unterrichtliche Konstruktion von Kind und Wirklichkeit. In: Grundschule, 41 (1994) 6, S. 27 - 31

Hofer, Manfred: Sozialpsychologie erzieherischen Handelns. Wie das Denken und Verhalten von Lehrern organisiert ist. Göttingen: Verlag für Psychologie - Dr. C. J. Hogrefe 1986

Homfeldt, Hans-Günther; Schulz, Wolfgang: Strukturmomente des Erfahrungsprozesses in der pädagogischen Ausbildung zum Lehrer. In: Homfeldt, H. G. (Hrsg.): Ausbilden und Fortbilden. Krisen und Perspektiven der Lehrerbildung. Bad Heilbrunn/Obb.: Klinkhardt 1991

Koch-Priewe, Barbara: Subjektive didaktische Theorien von Lehrern. Frankfurt am Main: Haag und Herchen 1986

Köhnlein, Walter: Grundlegende Bildung und Curriculum des Sachunterrichts. In: Biester, W. (Hrsg.): Denken über Natur und Technik. Zum Sachunterricht in der Grundschule. Bad Heilbrunn/Obb.: Klinkhardt 1994, S. 9 - 23

Lippe, Rudolf zur: Sinnenbewußtsein. Grundlegung einer anthropologischen Ästhetik. Reinbek bei Hamburg: Rowohlt Taschenbuch Verlag 1987

Messner, Rudolf; Rumpf, Horst: Natur und Bildung. Gedanken zum schulischen Umgang mit Naturfragen. In: Grundschulzeitschrift, 6 (1992) 53, S. 9 - 13

Mutzek, Wolfgang: Von der Absicht zum Handeln. Deutscher Studien Verlag 1988

Portmann, Adolf: Naturwissenschaft und Humanismus. In: Jaspers, K.; Portmann, A. - Zwei Reden. München: R. Piper & Co. Verlag 1960

Ramseger, Jörg: Unterricht zwischen Instruktion und Eigenerfahrung. In: Zeitschrift für Pädagogik, 39 (1993) 5, S. 825 - 836

Richter, Dagmar: Strukturen der Lebenswelt als theoretischer Rahmen des Sachunterrichts. In: Lauterbach, R.; Köhnlein, W.; Kiper, H.; Koch, I.-A. (Hrsg.): Dimensionen des Zusammenlebens. Probleme und Perspektiven des Sachunterrichts, Bd. 4. Kiel: IPN/GDSU 1993, S. 63 - 76

Rumpf, Horst: Mit allen Sinnen lernen? Vorschläge zur Unterscheidung. In: Musik & Bildung, 26 (1994) 2, S. 5 - 9

Schmitz, Hermann: Neue Grundlagen der Erkenntnistheorie. Bonn: Bouvier 1994

Schreier, Helmut: Sachunterricht zwischen den Ansprüchen von Affirmation und Kritik. In: Oberliesen, R. (Hg.): Heimatkunde - Sachunterricht wohin? Dokumentation Erziehungswissenschaft der Universität Hamburg, Heft 8/1994, S. 3-12

Terhart, Ewald: Pädagogisches Wissen in subjektiven Theorien: das Beispiel Lehrer. In: Derup, H.; Terhart, E. (Hrsg.): Erkenntnis und Gestaltung. Weinheim: Deutscher Studien Verlag 1990, S. 117-134

Terhart, Ewald: Pädagogisches Wissen. Überlegungen zu seiner Vielfalt, Funktion und sprachlichen Form am Beispiel des Lehrerwissens. In: Zeitschrift für Pädagogik. 27. Beiheft. Weinheim/Basel: Beltz 1991, S. 129-141

Weitz, Bernd Otto: Möglichkeiten und Grenzen der Einzelfallstudie als Forschungsstrategie im Rahmen qualitativ orientierter Modellversuchsforschung. Essen: Die Blaue Eule 1994

Lebensentwürfe von Grundschulkindern - ein Forschungsthema für den Sachunterricht

Marlies Hempel, Universität Potsdam

Die systematische Erforschung der Lebensentwürfe von Grundschulkindern, in denen sich ihr „selbst", die Berufswünsche und Lebensvorstellungen, individuelle Deutungsmuster und subjektive Zugänge zur Welt, in der sie leben, sehr deutlich zeigen, steht erst am Anfang. Sie könnte zu einer wichtigen Grundlage für den Sachunterricht werden, für den das aktuelle Weltverstehen der Kinder konstitutive Bedeutung hat. Lebensentwürfe von Mädchen und Jungen im Grundschulalter sind auch aus didaktischer Perspektive von Bedeutung. Sie ermöglichen, sich den Auswirkungen geschlechtsspezifischer Sozialisationsprozesse auf die Wunsch- und Wertvorstellungen der Kinder zu nähern, um früh die durch das kulturelle System der Zweigeschlechtlichkeit tradierten einengenden Vorstellungen vom eigenen Leben, vom Arbeiten und vom Zusammenleben der Geschlechter aufzubrechen. Zudem hat Sachunterricht Mädchen und Jungen auf die veränderte Zukunft mit ihren potentiellen Möglichkeiten einer individuellen Lebensgestaltung vorzubereiten. Forschungen zu den Lebensentwürfen können dazu beitragen, das komplexe Thema des Zusammenlebens der Menschen in dem für den Sachunterricht grundlegenden komplementären „Verhältnis von situativer Wahrnehmung, Erfahrung und rationaler Durchdringung der Sachverhalte" (Frohne 1996, S. 6) zu bearbeiten.

Die folgenden Darstellungen wenden sich daher schwerpunktmäßig zunächst den gesellschaftlichen Rahmenbedingungen im Hinblick auf die „vergeschlechtlichten" Lebensentwürfe von Mädchen und Jungen zu, an die sich eine Analyse der Schulbuchrealität zur Darstellung von Lebensformen in den Lehrbüchern des Sachunterrichts anschließt. In einem zweiten Teil folgt die notwendige begriffliche Klärung und Darstellung der Bedeutung von Lebensentwürfen als Forschungsproblem für den Sachunterricht. Im letzten Abschnitt werden schließlich methodische Fragen der Erforschung von Lebensentwürfen im Grundschulalter diskutiert und ausgewählte Ergebnisse dargestellt.

1. Gesellschaftliche Rahmenbedingungen und individuelle Lebensentwürfe

Die geschlechtshierarchische Arbeitsteilung zwischen Mann und Frau, die wesentlich durch die Teilung in entlohnte Produktions- und unentlohnte Reproduktionsarbeit, in Berufs- und private Hausarbeit charakterisiert ist, kann als ein wesentliches Merkmal moderner Industriegesellschaften angesehen werden. Im Konzept des „weiblichen" und "männlichen" Arbeitsvermögens liegt unter anderem die gegenwärtig immer noch „typische" Segmentierung des Arbeitsmarktes begründet. Das steht der propagierten Gleichberechtigung nach wie vor gegenüber. „Die Chancen zwischen Männern und Frauen waren und sind noch immer ungleich verteilt, Rollenklischees gab und gibt es, Doppelbelastungen für Frauen, Vorurteile, Benachteiligungen und Diskriminierungen" (Nolte 1995, S. 9). Trotzdem ist der Trend sichtbar: auch für Frauen werden die Freiräume größer und die Individualisierungschancen wachsen. Das bedeutet, „... für die Planung des eigenen Lebenslaufs, der eigenen Biographie in stärkerem Maße selbst verantwortlich zu sein oder gemacht zu werden sowie ökonomisch oder normativ begründete Barrieren individuell ausgleich zu müssen" (Lemmermöhle-Thüsing u.a. 1992, S. 11). Beck-Gernsheim (1994) bezeichnet die Individualisierung als einen historischen Prozeß, der den traditionellen Lebensrhythmus von Menschen in Frage stellt und tendenziell auflöst und in deren Folge die Menschen ihre Biographie selbst herstellen müssen, so daß aus der Normalbiographie eine Wahlbiographie wird.

Deutlich wird dieser Prozeß an solchen soziodemographischen Vorgängen der letzten 20 bis 30 Jahre wie dem Geburtenrückgang, der rückläufigen Zahl der Eheschließungen und der Zunahme an Scheidungen, aber auch der Zunahme von nichtehelichen Lebensgemeinschaften und Alleinerziehenden. Ganz anders als zu DDR-Zeiten wird auch in den neuen Bundesländern die Familiengründung zu einem späteren Lebensalter geplant und es ist eine eindeutige Dominanz des Berufes gegenüber der Familie bei Mädchen zu verzeichnen. Auffällig ist die Zeitverschiebung in der Lebensplanung ostdeutscher Mädchen, in der zu DDR-Zeiten 70% der Frauen vor dem 25. Lebensjahr ihre Kinder bekamen. Heute planen die Mädchen zunächst ihre Berufsausbildung abzuschließen, sich ein paar Jahre im Beruf zu etablieren und erst dann die gewünschte Zahl der Kinder zu bekommen (vgl. Bertram 1994). Die traditionelle Vater-Mutter-Kind(er)-Familie wird vor allem von Frauen zunehmend als unbefriedigende Institution begriffen, um ihren Bedürfnissen nach partnerschaftlichem und selbstbestimmten Leben mit Kind(ern) nachkommen zu können. So wählen immer mehr Menschen vielfältige neue Familienformen jenseits der ideologisch nach wie vor hochgehaltenen Kleinfamilie. Begriffe wie „nicht-eheliche Lebensgemeinschaft", „homosexuelle Elternschaft" oder „Single mit Kind" deuten eine Diversifizierung der Lebensformen mit und ohne Kind(ern) an. Die weitgehende Unzufriedenheit mit Ehe und Familie hat ihre Ursache vor allem in der vorherrschenden Arbeitsteilung, die den Lebensentwurf, das Selbstbild und das Selbstwertgefühl beider Geschlechter berührt. Die mit den Individualisierungschancen zunehmende Pluralisierung der Lebensweisen scheint eine logische Folge zu sein. Bei all diesen Entwicklungen ist der Trend unübersehbar und unaufhaltsam geworden, die traditionell Frauen und Männer zugeschriebenen Rollen und Lebensweisen auszudehnen, zu überschreiten, zu wechseln oder ganz neu zu entwerfen. Lebensentwürfe und -realitäten von Mädchen und Frauen sehen zwar auch heute noch eine Doppelorientierung auf Beruf und Familie vor, der Wunsch nach Berufstätigkeit steht aber nicht in Frage (vgl. Hempel, Hartmann 1996). Besonders die Mädchen aus den neuen Bundesländern streben bei einer Familiengründung oder bei der Geburt eines Kindes keinen Rückzug aus dem Berufsleben an. Sie wollen auf keinen Fall nur Hausfrau und Mutter sein. Hier bestehen noch große Unterschiede zwischen Mädchen aus den neuen und aus den alten Bundesländern: Während die Mehrzahl der Ostmädchen nur eine kurze Kinderpause in Anspruch nehmen will, beabsichtigen viele der Westmädchen eine längere Berufsunterbrechung (vgl. Andruschow, Mersmann 1995; Kampshoff, Thierack 1995; Hempel 1995). Für Jungen dominiert dagegen immer noch weitgehend die ausschließliche Vorbereitung auf die Erwerbsarbeit. Darauf verweist auch die Tatsache, daß ein Anstieg der Zahlen von Vätern, die Erziehungsurlaub in Anspruch nehmen und sich auf wirklich geteilte Elternschaft einlassen, erst in geringerem Maße festzustellen ist. In den ersten Jahren seit Einführung des Erziehungsurlaubes nahmen 1,8 Millionen Eltern diesen in Anspruch. Davon waren lediglich 20.000 Männer (vgl. Jahrbuch der Bundesrepublik Deutschland 1989, S. 35). Auch die Akzepanz in der Bevölkerung ist gegenüber dieser Maßnahme noch relativ gering. Im Westen findet diese Form der Arbeitsteilung bei 45% der Befragten eine positive Resonanz und im Osten bei 50%. Unterschiede bei Frauen und Männern gibt es in dieser Frage kaum (vgl. Gleichberechtigung ... 1994, S. 32).

Die Kehrseite der sich vollziehenden qualitativen Veränderungen im Lebenszusammenhang von Frauen macht Poser mit dem Hinweis darauf deutlich, daß Rollenidentitäten sich zwar vor allem im Kontext familialer Sozialisationsprozesse herausbilden, zum anderen aber auch durch Anpassungsprozesse an die Gesellschaft und deren Dynamik. „Wenn die Wertigkeiten dieser beiden Orte nicht nur verschieden, sondern in unverträglicher Spannung zueinander stehen, entsteht anstelle einer auf die Zukunft gerichteteten integrativen Neuformulierung traditioneller Kulturmuster ein Bruch, der gewissermaßen das Individuum vergangenheitslos werden läßt. Oder anders ausgedrückt: Die Zersetzung und Verflüssigung identitätsstiftender und identitätsverbürgender Traditionsbestände erzeugt ein kulturelles Vakuum, innerhalb dessen Subjektivität zerstört, zugleich aber auch freigesetzt wird. Hiervon betroffen sind heute mehr und mehr Frauen, die - auf der Suche nach neuen Lebens- und Beziehungsformen - in der weiblichen Kulturtradition vor allem Fesselungen und Ohnmacht entdecken" (Poser 1994, S. 9).

Die Fülle der gegenwärtig vorliegenden Untersuchungen zu Lebensentwürfen, Lebensverläufen und beruflichen Orientierungen belegen durchaus die nachhaltigen Veränderungen in den letzten Jahrzehnten. Die weiblichen Lebensentwürfe und -verläufe sind vor allem durch die beiden Pole Streben nach Eigenständigkeit, Unabhängigkeit und Freiräumen sowie Orientierung an Bindungen und Beziehungen gekennzeichnet. Dazu sind häufig Kompromisse notwendig und nicht selten ist ein Festhalten an tradierten Mustern von Bindungen zu konstatieren (vgl. Keddi, Seidenspinner 1990; Keddi, Kreil 1994; Buchinger, Gödl 1994; Bonnemann-Böhner 1992; Bertram 1994). Einen nicht unwesentlichen Anteil spielt dabei auch die gesellschaftliche Norm „Heterosexualität" (vgl. Hartmann, Holzkamp 1995; Milhoffer 1994) sowie das gesellschaftliche Mutterideal und die Erwartung, daß der Mann/Vater aufgrund eines besseren Einkommens und sichereren Arbeitsplatzes sowie aufgrund seiner „Natur" als Familienversorger besser geeignet sei als die Frau. Hier bestehen erhebliche Unterschiede zwischen Mädchen aus den neuen und aus den alten Bundesländern. Das Leitbild der erwerbstätigen Mutter mußte in der ehemaligen DDR nicht legitimiert werden (Kampshoff, Thierack 1995). Trotzdem wird die Vereinbarkeit von Beruf und Kindern in den alten wie in den neuen Bundesländern immer noch als ein individuelles Problem betrachtet, das von Frauen zu lösen ist. Zwar fordern die Mädchen aus dem Osten immer wieder die verlorengegangene staatliche Unterstützung bei der Kinderbetreuung ein. „Aber im Gegensatz zu den Jungen reflektierten die Mädchen - unabhängig von der konkreten Berufswahl - bereits bei ihrer Ausbildungseinmündung die Möglichkeiten, wie sie mit Kindern und Familie eine Kontinuität in der Erwerbstätigkeit realisieren können" (Andruschow, Mersmann 1994, S. 44).

Generell kann man auf Grund der vorliegenden Untersuchungen davon ausgehen, daß Mädchen und Jungen bei der Bewältigung des Übergangs von der Schule ins Erwerbsleben, als der traditionell zentralen Aufgabe des Jugendalters, mit erheblichen Orientierungsproblemen zu kämpfen haben, die je nach Geschlecht, Rasse, Alter, Region differieren. Das dürfte vor allem damit zusammenhängen, daß immer noch die entsprechenden Bildungsangebote fehlen oder - und das ist der Ansatzpunkt für Grundschulforschung - zu spät einsetzen. „Für andere Sichtweisen, für verändernde Alternativen fehlen ausreichende Vorbilder, fehlt das Wissen um die soziale Konstruktion der geschlechtlichen Arbeitsteilung, und es fehlen vor allem unterstützende gesellschaftliche Rahmenbedingungen" (Lemmermöhle -Thüsing 1991, S. 8).

2. Schulbuchrealität und Vielfalt der Lebensformen

Zu wichtigen gesellschaftlichen Rahmenbedingungen gehören auch die Schulbücher, durch die es möglich wäre, andere Sichtweisen, Alternativen und Vorbilder in den Unterricht zu tragen. Es kann davon ausgegangen werden, daß das über die Schulbücher vermittelte Schulwissen einen nicht unerheblichen Stellenwert für die emotionalen und kognitiven Prozesse der Schülerinnen und Schüler hat. Die Identitätsentwicklung der Mädchen und Jungen wird schon dadurch beeinflußt, daß sie sich hier wiederfinden, sich in ihren Denk- und Handlungsweisen bestätigt fühlen, zu Tätigkeiten angeregt, zu Fragen provoziert werden oder aber ihr eigenes Leben als unnormal, als Abweichung erleben, weil sie sich nicht in den Schulbüchern wiederfinden.

Wenn auch heute immer noch keine gesicherten wissenschaftlichen Erkenntnisse darüber vorliegen, welchen Stellenwert Schulbücher für die emotionalen und kognitiven Prozesse der Schülerinnen und Schüler haben und wie sie die Identitätsentwicklung der Mädchen und Jungen tatsächlich beeinflussen, so steht doch ihre Bedeutung für die didaktische Strategiebildung und für die inhaltlichen Überlegungen der Lehrerinnen und Lehrer außer Frage. Die Bund-Länder-Kommission für Bildungsfragen und Forschungsförderung hat 1987 die Bedeutung auch der Schulbücher mit den Worten unterstrichen: „Es hat sich gezeigt, daß in vielen Fällen die Vermittlungs- und Präsentationsweisen der Medien für den Lernerfolg und die emotionalen Wirkungen bedeutsamer sind als die angebotenen Inhalte selbst" (zitiert nach Bennack 1995, S. 453).

Im Rahmen der Forschungsarbeiten zu den Lebensentwürfen von Mädchen und Jungen war die Frage interessant, mit welchen Bildern über die Geschlechter die Kinder heute durch die Schulbuchrealität konfrontiert sind. Wie präsentieren Schulbücher für den Sachunterricht gegenwärtig die Normalität der Vielfalt von Lebensformen? Wie geht man mit Geschlechter"rollen" um, welche Arbeitsteilungen und Aufteilungen in Handlungsräume werden in den Lehrbüchern vorgenommen? Welche Berufe werden Mädchen und Jungen vorgestellt?

Hypothetisch konnte davon ausgegangen werden, daß sich durch die intensive Kritik an der Geschlechterrollenstereotypisierung in den Schulbüchern der letzten 20 Jahren und die entsprechenden Richtlinien und Erlasse der Bundesländer (vgl. Thiel 1994) ein fortschrittlicheres Bild abzeichnen müßte, als es Schulbuchanalysen vergangener Jahre gezeichnet hatten.

So wird seit langem kritisiert, daß das Mutterbild nicht mehr der Wirklichkeit entspricht, daß die Realität der berufstätigen Frau keinen Niederschlag findet, ihr allenfalls der „typische Frauenberuf" mit dienendem Charakter zusteht, daß die sozialen Beziehungen in der Familie patriarchalisch-hierarchisch dargestellt werden, daß eine alte Rollenverteilung beibehalten wird, indem klassische Unterschiede bei Frau und Mann reproduziert und damit Gleichberechtigung erschwert wird und daß alternative Lebensformen fehlen (vgl. Fichera 1990, Hartmann 1994, Hempel 1994a).

Die einzelnen Fragen für die Analyse[1] von ca. 50 Lehrbüchern für den Sachunterricht waren:

1. Welche Lebens- und Wohnsituationen werden gezeigt (Ehe/ Familie/ andere Lebensformen/ Wohngemeinschaften/ häusliche Tätigkeit der Frauen/Mädchen und der Männer/Jungen)?

2. Wie wird die Arbeitswelt der Erwachsenen gezeigt (Arbeit/ Berufe der Frauen/der Männer)?

3. Wird die Doppelbelastung der Frau in Beruf und Haushalt thematisiert? Wie wird die Rolle des Mannes in dem Zusammenhang dargestellt?

3. Welche Eigenschaften/Verhaltensweisen werden den weiblichen bzw. männlichen Akteuren zugeschrieben?

4. Welche Tätigkeiten werden jeweils ausgeübt? Wer hat die Rolle des handelnden Subjekts, des Mitmachers, des Zuschauers inne?

Werden explizit Rollenstereotype angeprangert oder patriarchale Strukturen in Frage gestellt? Werden neue Rollenbilder angeboten („KFZ-Meisterin"; „bügelnder Mann")?

---

[1] An der Erarbeitung dieser Analyse (vgl. Hempel 1994a) waren die Studierenden Jana Bublak, Mirko Hartwig, Chris Rublack, Claudia Spreer beteiligt.

Das Ergebnis dieser Analyse zeigte, daß sich die Hypothese als falsch erwies. Immer noch (analysiert wurden hauptsächlich die in Brandenburg für das Schuljahr 1993/94 zugelassenen Schulbücher) unterstreicht das Angebot in Wort und Schrift in den Lehrbüchern das marginale Bild der Frau im Berufsleben. Sie geben keine Möglichkeiten zur beruflichen Orientierung oder zur Identifikation der Mädchen mit modernen und „untypischen" Berufen.

Nicht nur, daß männliche Berufsbilder wesentlich vielseitiger sind und häufiger vorkommen (je nach Schulbuch wurden 2 bis 10 mal mehr Berufe mit Männern dargestellt), sie entsprechen auch in stärkerem Maße dem modernen Berufsleben. Frauen üben immer noch überwiegend „typisch weibliche" Tätigkeiten aus (Krankenschwester, Sekretärin, Verkäuferin, Bäuerin, Zahnarzthelferin, Lehrerin). In einzelnen Schulbüchern (wie z.B. in „Bausteine - Sachunterricht, 4. Klasse, Moritz Diesterweg GmbH von 1992") kommen neue Berufe ins Bild, wie z.B. Programmiererin, Technische Zeichnerin, Flugzeugmechanikerin. Die Unterschiede zwischen den einzelnen Büchern sind groß und können im einzelnen einer entsprechenden Broschüre (Hempel 1994) entnommen werden, die zu jedem Schulbuch Angaben über Umfang und Inhalt der Tätigkeiten männlicher und weiblicher Personen sowie zu den Berufsbildern enthält. Es mag bereits ein Fortschritt sein, daß in bereits 10 von 50 Büchern geringfügig mehr weibliche als männliche Personen vorkamen. Verglichen mit Schulbuchanalysen früherer Jahre kann davon ausgegangen werden, daß sich in Einzelfällen positive Veränderungen im Hinblick auf die Überwindung tradierter Rollenbilder ergeben haben, daß aber die Thematisierung weiblicher Berufstätigkeit, auch die Probleme der Doppelbelastung von Frauen und die Probleme ihrer Entlastung, noch nicht annähernd der Wirklichkeit und perspektivischen Möglichkeit dieser Generation entsprechen. Der Tatsache, daß neben der Familie viele andere Möglichkeiten familienähnlicher Beziehungen in der Gesellschaft existieren und alleinerziehende Mütter eine Normalität sind, wird im Lehrbuch noch immer nicht Rechnung getragen. Nur zweimal wurde z.B. das mittlerweile jedes dritte Kind betreffende Thema Scheidung erwähnt.

Trotz vielfältiger Erlasse zu Schulbuchgestaltung sind auch die Autorinnen und Autoren geprägt vom kulturellen System der Zweigeschlechtlichkeit, so daß nach wie vor Tradiertes, Überholtes und Einseitiges in der Darstellung der Lebenswirklichkeit[2] der Kinder nicht ausgeschlossen werden kann. Schulbücher sollten aber immer auch die Funktion haben, neue Perspektiven zu eröffnen,

[2] Fichera weist nach, daß die Gleichberechtigung auch in den Schulbüchern der Sekundarstufe gegenwärtig noch nicht realisiert ist (vgl. Fichera 1995).

provozierend zu wirken, soziale Beziehungen kritisch zu reflektieren und Denkanstöße zu geben. Wenn durch diese wichtigen didaktischen Materialien keine Anstöße zur Überwindung tradierten Geschlechtsrollenverständnisses[3] ausgehen, sondern im Gegenteil „unbemerkt“ stereotype Vorstellungen von „Weiblichkeiten“ und „Männlichkeiten“ aber auch „Heile-Welt-Klischees“ produziert und reproduziert werden, hat dies für die Erziehung zur Gleichberechtigung und für die Vorbereitung der Mädchen und der Jungen auf die mögliche biografische Vielfalt ihres zukünftigen Lebens und auch für die Akzeptanz anderer Lebensformen (z.B. homosexueller Partnerschaft) eine kontraproduktive Wirkung.

3. Zur Bedeutung und zum Begriff der Lebensentwürfe

Forschungen zur Lebensplanung und Berufsorientierung beziehen sich gegenwärtig vor allem auf ältere Schülerinnen und Schüler (vgl. Faulstich-Wieland u.a. 1984; Rettke 1988; Nyssen u.a. 1992; Metz-Göckel 1990; Behnken u.a. 1991; Bonnemann-Böhner 1992; Lemmermöhle 1995; Bertram u.a. 1994; Kreienbaum 1995). Relativ unberücksicht blieb bisher die Erforschung von Lebenentwürfen, Berufswünschen und Zukunftsvisionen von Kindern im Grundschulalter, die erst in wenigen Forschungsarbeiten aufgegriffen wurde (vgl. Schimmel,Glumpler 1992; Leuzinger-Bohleber,Garlichs 1993; Hempel 1995).

Deutlich wird in all diesen Analysen, daß sich in den Lebensentwürfen die Konzeption des Selbst am deutlichsten zeigt. Hierbei erfolgt ein bewußtes Abwägen, Durchspielen und Zur-Kenntnis-Nehmen von unterschiedlichen biographischen Möglichkeiten, durch die eine Vermittlung und Verzahnung gesellschaftlicher und individueller Entwicklungsbedingungen im Mittelpunkt steht. (vgl. Keddi, Kreil 1994; Poser 1994). Sie geben darüber Auskunft, womit sich Mädchen und Jungen identifizieren und wie sie sich prospektiv als Mann und Frau definieren, so daß sie auch Identitätsentwürfe in bezug auf das Geschlechtsrollenverständnis darstellen (Bertram 1994). Das Erfassen der Lebensentwürfe und Berufsvorstellungen von Mädchen und Jungen im Rahmen der Kindheitsforschung hat aber nicht die Funktion, die Mechanismen des Zusammenspiels von strukturellen Vorgaben, Handlungsspielräumen und den subjektiven Wünschen zu untersuchen, denen die individuelle berufliche Entscheidung folgt. Das

[3] Das Konzept der Geschlechterrolle soll als Sammelbegriff für unterschiedliche Verhaltenserwartungen stehen, die von der Gesellschaft an weibliche und männliche Mitglieder herangetragen werden (vgl. Hilgers 1994, S. 549)

ist vor allem Gegenstand der Forschungen zum Berufswahlverhalten (vgl. Metz-Göckel 1990). Lebensentwürfe von Mädchen und Jungen im Grundschulalter sollen vor allem Aufschluß geben über die Identitätsentwicklung der Mädchen und Jungen, über deren subjektive Interpretation der Welt, in der sie für sich einen Platz finden wollen und müssen (vgl. Hempel 1996).

Wir verstehen demzufolge Lebensentwürfe als biographisch erworbene (Elemente der Lebensentwürfe der Eltern einschließende) längerfristig angelegte Orientierungen und Strategien individuellen Handelns, in denen sich die individuelle Wahrnehmung und Haltung zur eigenen Person im sozialen Kontext zu den damit verbundenen Handlungs- und Entscheidungsmöglichkeiten und sozialen Perspektiven artikuliert. Dabei ist davon auszugehen, daß die Lebensentwürfe geschlechtsspezifisch durch die die für moderne Gesellschaften charakteristischen „Zweigeschlechtlichkeit“ mit ihren institutionalisierten Folgen für die Geschlechter"rollen“, für Arbeitsteilungen, für Aufteilungen von Sozialleistungen und Handlungsräumen beeinflußt sind und daß die Individuen selbst „vergeschlechtlichend“ Bedingungen, Situationen und Handlungsmöglichkeiten wahrnehmen und beurteilen (vgl. Dölling, Jacobi, Hempel 1996).

In den Visionen der Kinder von ihrem zukünftigen Leben, in ihren Vorstellungen und (Märchen)träumen von der eigenen Rolle in vielfältigen sozialen Zusammenhängen lassen sich die Probleme entdecken, die die Mädchen und Jungen aktuell bewegen. Das Nachdenken über eigene Lebensperspektiven (in Form von Aufsätzen, Erzählungen, Rollenspielen, Zeichnungen...) ermutigt und schafft für die Kinder einen Rahmen, „... eigene Fragen an die Welt zu richten, ihnen Gelegenheiten zu erschließen, diese eigenen Fragen auf dem Wege des forschend-entdeckenden Lernens selbst zu klären und den Schülern dabei zugleich in einer unaufdringlichen Form Stück für Stück jene Interpretationsmuster der Welt vorzustellen und anzubieten, die die Menschheit im Laufe der Kulturentwicklung für die Fragen der Kinder schon erarbeitet hat” (Faust-Siehl u.a. 1996, S. 65f.).

Lebensentwürfe von Mädchen und Jungen lassen erkennen, wie sie ihre eigene berufliche Position und ihre Rolle in der Familie und der Gesellschaft verstehen, wo Rollenklischees sie beim Phantasieren und damit auch bei der freien Selbstentfaltung behindern. Die Vergeschlechtlichung (doing gender) des Lebensentwurfs durch die Kinder selbst wird so sichtbar. Durch die Herausforderung, über das eigene Leben nachzudenken, werden die sozialen Erfahrungen der Kinder mit politischen, gesellschaftlichen und familialen Strukturen, Traditionen und Werten sichtbar, die das aktuelle Denken der Kinder prägen. Für eine geschlechterbewußte Pädagogik von Bedeutung ist dabei, daß hier Denkmuster für stereotype Beurteilungen und Bewertungen bei der Erfassung der Lebenswelt sichtbar werden. Damit erhalten Forschungsarbeiten zu den Lebensentwürfen der Mädchen und Jungen im Grundschulalter einen nicht zu unterschätzenden Stellenwert im Rahmen der Kindheitsforschung (vgl. Hempel 1996) und schaffen Grundlagen für die Didaktik des Sachunterrichts.

Um im Sachunterricht Lernprozesse anregen zu können, die die individuellen Erfahrungen der Kinder berücksichtigen und jedem Kind ermöglichen, die aktuelle und zukünftige Lebenswirklichkeit zu erfassen, zu verstehen und zu gestalten, ist ein Wissen um „typische" und ganz individuelle Sozialerfahrungen und Erwartungen von Mädchen und Jungen in den Klassen 1-4/6 unverzichtbar. Damit kann einem Lernbegriff entsprochen werden, der Lernprozesse als Konstruktion von Einsichten in einem Netzwerk versteht, „... in dem die ablaufenden Prozesse rekursiv (rückkoppelnd) voneinander abhängen (Selbst-Referentialität und Zirkularität)...Nur das Kind ist Akteur seiner Entwicklungen, ich als Lehrer bzw. als Lehrerin habe für eine pädagogisch geplante Umwelt zu sorgen, 'Knotenpunkte' für das Netz eines jeden Kindes anzubieten, während das Kind 'seine' kognitiven Schemata und mentalen Modelle (Vorstellungsbilder) für sich aufbaut" (Hopf 1996, S.16).

Zugleich ist es - wie oben angedeutet - notwendig, eine frühe Auseinandersetzung mit Geschlechtsrollenstereotypen zu führen, die als objektiv weitgehend unrichtige kognitive Formeln (vgl. Bergler, Six 1973) das Erfassen der Lebenswirklichkeit in erheblichem Maße (negativ) beeinflussen, da sie Informationen selektieren und die Wahrnehmung einschränken. Eine tatsächliche Besinnung auf sich selbst, auf eigene Wünsche, Sehnsüchte, Ängste und Träume kann in unserem zweigeschlechtlichen hierarchischen Wertesystem daher nicht ohne eine aktive kritische Auseinandersetzung mit diesen oft verfestigten „Geschlechterschemata" (Bierhoff-Alfermann 1989) möglich sein.

Kinder nehmen ihre gesamte Lebenswelt, auch die Lebens- und Arbeitswelt der Erwachsenen, geschlechterdifferent wahr und verorten sich sehr früh als männlicher oder weiblicher Mensch in diesem System (vgl. Kaiser 1987, Scheu 1978, Grabrucker 1985, Röhner 1996). Sie haben eine durch ihre geschlechterspezifische Sozialisation geprägte eigene Perspektive auf ihre Welt entwickelt, die zu unterschiedlichen Wahrnehmungen, Deutungen und Präferenzen führt. Das so entstehende System der sozialen Erfahrungen prägt in einem nicht unerheblichen Maße die weitere Welterfassung und Interpretation der gesellschaftlichen Zusammenhänge. Ein Kennen der unterschiedlichen Perspektiven von Mädchen und Jungen in einer Klasse ist eine Bereicherung für die Lebenswelterfassung jedes Kindes und ermöglicht auch den Lehrerinnen und Lehrern, den Blick für das Einzelne, Individuelle, Besondere jedes Kindes zu schärfen.

Im Prozeß der Identitätsfindung geht es beständig um ein Wechselspiel zwischen Selbst- und Fremdbewertung, zwischen Real- und Idealbild, um den Vergleich zwischen dem Leben der anderen und den eigenen Vorstellungen und Entwürfen. Leuzinger-Bohleber und Garlichs heben dabei hervor, daß die Bildung von Identität wesentlich mit einem „Spiegelprozeß im Ich" zu tun hat. „In einem kreativen Prozeß wird „vor dem inneren Auge", also in der Phantasie z.B. eine bestimmte in der Realität erlebte Berufs- oder Geschlechtsrolle ausprobiert und geprüft, ob man sich mit dieser identisch fühlen kann, sich in ihr wiederfindet. Durch solche Proberealisierungen und identifikatorischen Festlegungen wird eine eigene Identität gebildet" (Leuzinger-Bohleber und Garlichs 1993, S. 116).

Die Arbeiten zu Lebensentwürfen von Grundschulkindern (vgl. Leuzinger-Bohleber, Garlichs 1993; Glumpler 1993; Hempel 1995 und 1996) und zu sozialen Erfahrungen der Mädchen und Jungen im Grundschulalter (vgl. Hempel 1994b) verdeutlichen, daß der den Kindern abgeforderte Perspektivenwechsel beim Thema „Lebensplanung" einen analytischen Blick auf die „Selbstidentifizierung" jedes Kindes im Kontext der Geschlechterbeziehungen seiner Lebenswelt ermöglicht. Die Zukunftsprojektionen bei jüngeren Grundschulkindern sind „wie eine Gesamtbilanz der bisherigen Sozialisationserfahrungen." (Leuzinger-Bohleber, Garlichs 1993, S. 214), in denen sich ein breites Spektrum von Gedanken, Gefühlen, Hoffnungen und Sorgen eröffnet, die Kinder in dieser Welt haben.

Die Phantasie in den Lebensentwürfen wird dabei stets von der Wirklichkeit gespeist und setzt entsprechende Erfahrungen voraus. Wunsch- oder Angstträume sind so auch immer ein Resultat sozialen Erlebens. Ihre vorgreifende Funktion ermöglicht das „Gegenwärtigsein" des Subjekts bei der Zukunft durch das Planen, das Entwerfen, das Vorwegnehmen. Sie ist aber nicht gefesselt an etwas Geplantes, sie erfaßt auch das eventuell Mögliche, das vielleicht nie verwirklicht werden kann. Wenn auch die Realisierung des Erträumten nicht zwingend folgen muß oder kann, können doch wesentliche Handlungsimpulse aus diesen Wunschphantasien erwachsen. Der Mensch ist „...um seiner Existenz willen auf die Vergegenwärtigung von Vergangenem und Zukünftigem, von Irrealem, Fremdem und Fernem angewiesen. Im Überspringen der räumlichen und zeitlichen Grenzen kann der Mensch erst zum Menschen werden. Die Phantasie wird darum zur Bedingung seiner Existenz überhaupt" (Lahrmann 1972, S. 20). Das Einnehmen anderer zeitlicher und räumlicher Perspektiven in der kindlichen Phantasie ermöglicht ein Spiel mit Tatsachen und Visionen, mit Möglichem und Unmöglichem, mit Varianten und Entscheidungen.

Die Tatsache, daß die Auseinandersetzung mit der eigenen beruflichen Zukunft im Kindesalter - aus der Sicht der Erwachsenen - noch keinen „Ernstcharakter" trägt, läßt im schulischen Alltag die Auseinandersetzung mit diesem Thema oft nebensächlich erscheinen. Für die Kinder selbst ist die Beschäftigung mit diesen Fragen aber eine durchaus ernste Sache, wie folgende Zitate eindrucksvoll belegen:

- „Wenn man nicht weiß, was man mal werden will, weiß man auch nicht, ob man aufs Gymnasium gehen muß oder nicht." (Stefanie, 10 Jahre)
- „... die guten oder schlechten Leistungen in der Schule bestimmen über den späteren Beruf. Also heißt es schon jetzt, tüchtig anstrengen, damit der Berufswunsch auch mal in Erfüllung geht." (Marc, 9 Jahre)
- „Man sollte sich nicht vorher Sorgen machen, ob man seinen Traumberuf ausüben kann. Aber seine Träume sollte jeder haben." (Christine, 10 Jahre) (vgl. Hempel, Hartmann 1995)

Die Erfahrungen vom Zusammenleben der Menschen werden all zu oft von Klischees und stereotypen Vorstellungen „überschattet". Wenn ein Junge der 4. Klasse sich z.B. in seinen Überlegungen davon leiten läßt, daß seine Frau später zu Hause bleiben soll, um auf die Tiere aufzupassen, während er in der Berufspraxis arbeiten möchte (vgl. Hempel 1995), so lassen sich hier die verschiedensten Ansätze des Verhältnisses der Geschlechter, der geschlechtshierarchischen Arbeitsteilung etc. diskutieren, weil, wie Beck-Gernsheim ausführt, Beruf nicht nur Beruf und Hausarbeit nicht nur Hausarbeit ist, sondern beide für Vorstellungen von Familie, und vom Geschlechterverhältnis stehen. Deshalb werden mit diesen Fragen die Selbstkonzepte beider Geschlechter berührt und die unterschiedlichen Vorstellungen von Gleichheit, Gerechtigkeit und richtigem Leben deutlich (vgl. Beck-Gernsheim 1994). Die zum Teil zwiespältigen Gefühle, die mit der Überwindung traditioneller Denkweisen bei den Kindern verbunden sind, lassen die großen Unsicherheiten erahnen, die aus den fehlenden Vorgaben und mangelnden Kenntnisse für die Gestaltung der eigenen Biographie erwachsen. Das erfordert zwingend die Ausbildung von Handlungskompetenzen zur „... biographischen Selbststeuerung in Auseinandersetzung mit normativen und institutionellen Vorgaben" (Geissler, Oechsle 1994, S. 141). Darüberhinaus ist eine Reflexion der Berufswünsche, der Lebensformen von Männern und Frauen, der beruflichen und privaten Arbeit usw. im Interesse einer frühen Erziehung zur Gleichberechtigung auch in der Grundschule nötig, um das breite Berufsspektrum von Mädchen zu erhalten und sie zur selbstbewußten Vertretung eigener Interessen zu ermutigen, das Interesse der Jungen an weiblich assoziierten Berufsfeldern zu wecken sowie eine bewußte Erziehung der Jungen zur Verbindung von Erwerbs- und Familienarbeit zu leisten (vgl. Schimmel, Glumpler 1992).

4. Zu methodischen Fragen der Untersuchung von Lebensentwürfen und ausgewählten Ergebnissen

Lebensentwürfe von Mädchen und Jungen im Grundschulalter zu untersuchen, stellt forschungsmethodisch ein relativ großes Problem dar, das vor allem aus den Entwicklungsbesonderheiten der Kinder resultiert (Konzentrationsfähigkeit, Lese- und Schreibgeläufigkeit). Im folgenden will ich zwei unterschiedliche methodische Ansätze - die Methode der freien Beschreibung und das Leitfaden-Interview (vgl. König 1995, S. 11 ff.) - in ihrem Für und Wider diskutieren.

Ziel der ersten Studie zu den kindlichen Lebensentwürfen, die 1994 in den Klassen 3 bis 6[4] im Land Brandenburg durchgeführt wurde, war es, die Kinder zu freien ungezwungenen Äußerungen über ihre subjektiven Wünsche, Träume, Ideen von ihrem eigenen zukünftigen Leben zu anzuregen. Das wurde über eine sehr ausführliche Motivation durch die jeweilige Lehrerin eingeleitet. Phantasiereisen in die Zukunft, Gespräche über das Leben als Erwachsener, aber auch Wunschgeschichten (Wunschring) waren der Ausganspunkt für die Beschreibungen. Gleichzeitig wußten die Kinder aber auch, daß ihre schriftlichen Äußerungen an der Universität ausgewertet werden sollten und ihre Arbeiten anonym bleiben konnten.

Die so entstandenen „Aufsätze" der Kinder belegen eindrucksvoll, daß mit dieser Methode eine der Thematik adäquate Möglichkeit gegeben ist, die Phantasie, den Einfallsreichtum, die Wünsche, Sorgen und Probleme der Kinder aufzufangen und abzubilden. Das Problem der Freiwilligkeit läßt sich im schulischen Kontext nur bedingt realisieren, war aber durch die Möglichkeit geschaffen worden, daß bei Ablehnung[5] auch ein anderes Thema hätte bearbeitet werden können. Eine der gößten Schwierigkeiten beim Einsatz dieser Methode besteht offensichtlich darin (die schriftlichen Arbeiten spiegelten dieses Problem mehr oder weniger deutlich wieder), daß sich die Ausführungen der Schülerinnen und Schüler durch die Eingangsimpulse der Lehrkräfte in starkem Maße leiten lassen. Können Mädchen und Jungen ihre Gedanken in der Schule überhaupt unbeeinflußt zu Papier bringen? Folgt nicht fast jede, auf den ersten Blick offen wirkende Motivation letztlich doch einer vorgefertigten Lebenshaltung der Lehrerin oder des Lehrers und wirkt damit einschränkend auf die Schülerinnen und Schüler? Können Kinder motiviert werden, ohne ihnen

---

[4] Brandenburg hat eine sechsjährige Grundschule.

[5] Das Problem der Freiwilligkeit konnte über die Einrichtung einer „Schreibwerkstatt" im Rahmen eines Projekttages besser gelöst werden (vgl. Hackbart/ Hartmann, Hempel 1995)

gleichzeitig die eigene Intentionen zu vermitteln?

Soll die Methode des freien Schreibens im Grundschulalter funktionieren, müssen die Bedingungen tatsächlich so sein, daß das Thema und die Atmosphäre die Kinder inspiriert. Themenstellung wie Motivation sollten gründlich geprüft werden, damit nicht die Meinung der Lehrkräfte reproduziert wird oder gar Geschlechterstereotype gefestigt werden und vorgefertigte Lebensentwürfe das Spiel mit den Möglichkeiten einengen. („Möchtest du einmal heiraten?)

Die folgenden Auszüge sollen einen Eindruck der Möglichkeiten vermitteln, mit dieser Methode die Subjektivität der Mädchen und Jungen in den Mittelpunkt zu rücken und deren Wünsche, Sehnsüchte, Theorien zum Ausgangspunkt pädagogischer Überlegungen zu machen (weitere Ausführungen zur Auswertung der Studie vgl. Hempel 1995)

„Wenn ich die dreizehnjährige Schule auf dem Helmholtz-Gymnasium hinter mir habe, will ich in Oxford Physik oder Mathematik studieren. Dann möchte ich Natur- und Physikforscher auf einem Boot werden, wo ich drei Jahre bleibe. Danach würde ich mich gern nach Amsterdam zurückziehen. Dort will ich mein Leben als Naturforscher weiterführen. Vielleicht würde ich auch ein kleines Cafe in der Altstadt eröffnen. Mein größter Wunsch ist es mein Hobby, das Segeln, auch während der Studienzeit beizubehalten. Einen Mann oder Kinder zu haben, hatte ich eigentlich nicht vor. Ich hoffe, daß mich das Verlangen nach Sport selbst in meinen siebzigern nicht nachläßt. Am liebsten möchte ich viele Haustiere haben. Dafür eignet sich ein Bauernhof. Die Haustiere, die ich liebe sind viele Huskys, Pferde, Kaninchen und Fasane. Mein sehnlichster Wunsch ist, kein großkotziger Erwachsener zu werden und meine Kindheit nicht zu vergessen." (Mädchen, 5. Klasse)

„Es sollte keinen Krieg mehr geben. Mehr Menschen sollten mit dem Fahrrad zur Arbeit fahren. Bis dahin muß auch eine Medizin gegen Aids erfunden werden. Alle Menschen sollten genügend Geld haben , um Essen, Anziehsachen und noch andere wichtige Sachen kaufen zu können. Meine Familie sollte nett zueinander sein. Ich möchte in einem schönen Haus wohnen." (Mädchen, 3. Klasse)

„Ich stell mir mein Leben im Jahr 2014 so vor: Ich bin von Beruf Chefkoch im Restaurant und bin verheiratet mit meiner Frau und zwei Kindern. Meine Frau ist von Beruf Modedesignerin. Für mich ist es schon wichtig, daß beide aus der Familie arbeiten gehen und nicht daß die Frau zu Hause sitzt und das Haus aufräumt und kocht. Na klar, ich werde mich auch mal mit meinen Freunden treffen und dann muß eben halt meine Frau aufräumen, aber sonst geht sie arbeiten. Aber eigentlich gehört es ja dazu, daß die Frau das Haus in Ordnung

hält. Denn die Männer müssen ja auch meistens körperlich schwer arbeiten." (Junge, 6. Klasse)

„Ich habe eine 4-köpfige Familie. Unsere 2 Jungen und eine wunderschöne Frau. Ich bin Fußballprofi und sehr viel unterwegs. Die Straßen sollen aus Steinen gebaut werden. Und ich wünsche mir, daß kein Krieg ist oder entstehen soll. Es sollen sehr sehr viele Bäume gepflanzt werden oder dastehen. Meine Frau ist Gymnastiklehrein. Meine beiden Söhne sind ein und drei Monate alt. Es sollen keine Autos mehr fahren und irgendwo auf dem Bürgersteig parken, sondern es sollen nur Solarautos fahren und in Steingaragen parken. Es sollen mehr Zebrastreifen und Ampeln gemacht werden und mehr Spielplätze gebaut werden, damit die Kinder Sicherheit haben." (Junge 4. Klasse)

In einer zweiten Studie (1995) stand als Methode das Leitfaden-Interview im Mittelpunkt, das als klassische Methode für die Erfassung subjektiver Theorien gilt. Ziel dieser Methode ist es, die Sichtweise des Gesprächspartners zu bestimmten Leitfragen möglichst unverzerrt zu erfassen. Die in der Literatur beschriebenen forschungsmethodischen Schwierigkeiten bei der Durchführung des Leitfaden-Interviews (Lamnek 1989; König 1995) waren durchaus berücksichtigt worden, trotzdem erwies sich die bekannte Tatsache, daß Leitfaden-Interviews eben keine normale Gesprächssituation darstellen, für die Erfassung der Lebensentwürfe als als eine große Einschränkung.

Wenn auch Fehlermöglichkeiten durch Interviewerschulungen weitgehend ausgeschaltet waren, blieb die Interviewsituation selbst, die auch noch videografiert wurde, für die Kinder eine unnatürliche, künstliche und absolut ungewohnte Situation. Sie konnten hier bestimmte Hemmungen nicht völlig ablegen und ihre Phantasie frei spielen lassen.

Ein Hineindenken in die zeitlich versetzte Perspektive (15 Jahre später) war zwar möglich, es fehlten aber Zeit und Raum, sich ganz versenken zu können und mit allen Möglichkeiten gedanklich zu spielen. Das Geschlecht der Interviewer hatte zudem bei dieser, an die eigene geschlechtliche Identität rührenden Thematik, durchaus Einfluß auf den Gesprächsverlauf, wie folgendes Beispiel verdeutlicht: So verweigerten die Kinder dem andersgeschlechtlichen Interviewpartner bei bestimmten Fragen doppelt so häufig die Antwort, wie das bei dem gleichgeschlechtlichen Interviewer der Fall war. Auf die Frage z.B. „Was möchtest du einmal werden?" gaben die Jungen dem männlichen Interviewer zu 27% keine Antwort, während sie den Frauen aber zu 41% keine Antwort gaben. Die Mädchen dagegen verweigerten den Männern zu 42% die Antwort, während sie bei den befragenden Frauen nur mit einer Häufigkeit von 26% keine Antwort gaben.

Und - ein Problem das beim freien Schreiben so nicht zu spüren war - die Kinder waren beim Nachdenken über diese Frage nicht allein. Das aber scheint, sowohl unter dem Aspekt des Alters wie auch unter dem Aspekt des Themas, eine zwingende Voraussetzung zu sein. Viele Fragen wurden, sofern sie nicht mit „ja" oder „nein" zu beantworten waren, von vielen Kindern gar nicht beantwortet. Insofern erbrachte das Leitfaden-Interview zwar eine Fülle wichtiger und interessanter Daten - von denen im folgenden einige dargestellt werden -, die Vielfalt, Differenziertheit und Farbigkeit der kindlichen Überlegungen ging hier aber verloren.

Die 222 Kinder wurden unter anderem gefragt, ob sie schon darüber nachgedacht hätten, welchen Beruf sie einmal ergreifen wollen. Hier antworteten 65,3% aller Kinder mit ja und nur 32% aller Kinder verneinten diese Frage, nur 2,7% gaben keine Antwort. Die Häufigkeitsverteilung der Ja- und Nein-Antworten in den einzelnen Schuljahren sollen an dieser Stelle - ohne sie zu diskutieren - kurz dargestellt werden. Das unterstreicht noch einmal, daß in der Grundschule ein großer Bedarf aus der Sicht der Schülerinnen und Schüler besteht, sich mit ihrer beruflichen Zukunft auseinanderzusetzen. Um die Unabhängigkeit der sich in den Berufswünschen widerspiegelnden Interessen von den Meinungen anderer, vor allem von geschlechtertypisierenden Zuschreibungen, zu prüfen, baten wir die Kinder, sich auf die Perspektive des anderen Geschlechts einzulassen. Sie wurden gefragt: *„Würdest du einen anderen Beruf wählen, wenn du ein Mädchen (Junge) wärst?"*

Aus der Perspektive des anderen Geschlechts zu antworten, fiel den Kindern erheblich schwerer, als das beim Einnehmen der zeitlich versetzten Perspektive der Fall war. Die Antworten der Mädchen und Jungen waren überraschend. Fast die Hälfte der Kinder (49,6% der Mädchen und 40,6% der Jungen) veränderte aus der Perspektive des anderen Geschlechts - in der Erwartung nunmehr völlig anderer gesellschaftlicher und geschlechtszuschreibender Konstellationen - die eigenen Berufswünsche. Die Kinder ließen sich in einem erstaunlichen Ausmaß von Überlegungen leiten, die von ihren eigentlichen eigenen Wünschen und Interessen wegführten. So begründeten sie ihre Antwort damit, daß „...man dann (als Junge/Mädchen) andere Interessen hätte", ...daß „man (als Junge) dann Technisches besser versteht", daß „...man dann (als Mädchen) nicht so etwas Schweres arbeiten könnte" usw.

Abschließend sollen an dieser Stelle noch die folgenden Ergebnisse erwähnt werden, da sie ein Spiegelbild der gegenwärtigen Defizite schulischer Bildung sind.

Hast du schon darüber nachgedacht, was du werden möchtest?

		ja	nein	keine Antwort
Jungen	4. Klasse	70,27 %	29,73 %	0
Mädchen	4. Klasse	82,50 %	12,50 %	5,00 %
Jungen	6. Klasse	58,33 %	38,89 %	2,78 %
Mädchen	6. Klasse	60,78 %	35,29 %	3,93 %
Jungen	8. Klasse	57,14 %	42,86 %	0
Mädchen,	8. Klasse	63,33 %	36,67 %	0

Tabelle 1

Während in den Aufsätzen alle Kinder einen bestimmten Beruf oder eine Tätigkeit angegeben hatten, die sie später ausüben wollten, waren in den Interviews dann 34,2% der Kinder *nicht* mehr bereit (Weiß ich nicht mehr!) den eigenen Traumberuf zu nennen, über den sie nachgedacht hatten. Interessant ist an dieser Stelle die Antwort der Kinder (die eine Berufsangabe gemacht hatten) auf die Frage, woher ihnen der genannte Wunschberuf bekannt sei. Ein Drittel der Kinder (30,7% der Jungen, 34,7% der Mädchen) konnten oder wollten hier wiederum keine Angaben machen.

Die anderen Kinder antworteten in folgender Häufigkeit:

Quelle des Traumberufes	Mädchen	Jungen
Eltern/Geschwister/Verwandte	22,3 %	34,6 %
Film und Fernsehen	13,2 %	8,9 %
Freunde	3,3%	7,9%
Schule/Lehrerinnen/Lehrer	1,6%	1%

Tabelle 2

Das unterstreicht, wie wenig das Thema Arbeit, Beruf und Lebensplanung in der Grund- und weiterführenden Schule thematisiert wird, obwohl es sich ganz offensichtlich (vergleiche Tabelle 1) um einen Bereich aus der Lebenswelt der Kinder handelt, zu dem sie bereits ganz intensive Beziehungen aufgenommen haben.

5. Lebensentwürfe als ethnographisches Material - Fazit

Eine wissenschaftlich begründete Didaktik des Sachunterrichts muß, will sie Kindorientierung nicht nur postulieren sondern realisieren, gerade auch für die soziokulturellen Themenbereiche aufklären, worüber Kinder nachdenken, welche sozialen Erfahrungen Kinder mit politischen, gesellschaftlichen und familialen Strukturen, Traditionen und Werten haben, wie das aktuelle Denken der Kinder gerichtet ist, mit welch differenzierter Perspektive Kinder auf ihre Welt blicken, wie also die „individuellen Schemata zur Rekonstruktion der Wirklichkeit" (vgl. Soostmeyer 1992, S.11) beschaffen sind. Wenn sich in den Lebensentwürfen die Konzeption des Selbst am deutlichsten zeigt und dabei die unterschiedlichen Vorstellungen von Gleichheit, Gerechtigkeit und (projektiertem) Leben - bei subjektiver Deutung gesellschaftlicher und individueller Rahmenbedingungen - sichtbar werden, wenn diese Entwürfe einen Einblick gestatten in das System der sozialen „vergeschlechtlichten" Erfahrungen, die die weitere Welterfassung und -interpretation prägen und zur Entwicklung der eigenen Identität führen, dann werden die kindlichen Lebensentwürfe zu einem bedeutsamen ethnographischen Material „artikulierter Vorerfahrungen", die die „nachgängige Reflexion" (vgl. Ducker,Popp 1995, S. 15ff.) der Erfahrungen im Sachunterricht ermöglichen.

Literatur

Andruschow, K./ Mersmann, R.: „Ick globe, die wollten lieber einen Mann...". Berufsorientierung und Ausbildungssituation der Mädchen und Jungen im Land Brandenburg. Ministerium für Arbeit, Soziales Gesundheit und Frauen des Landes Brandenburg, Potsdam 1994

Beck, U./ Beck-Gernsheim, E,: Das ganz normale Chaos der Liebe. Frankfurt am Main: Suhrkamp 1990

Beck-Gernsheim, E.: Alte Arbeitsteilung oder neue Partnerschaft? In „Die Frau in unsrer Zeit" 2/1994, S. 9-15

Behnken, I. u.a.: Schülerstudie '90. Weinheim und München: Juventa 1991

Bennack, J.: Medien in der Grundschule. In: Becher, H. R./ Bennack, J. (Hg.): Taschenbuch Grundschule. Hohengehren: Schneider 1995, S. 453-458

Bergler, R./ Six, B.: Stereotype und Vorurteile. In: Graumann, C.F. (Hg.): Handbuch der Psychologie. Band 7. Göttingen: Hogrefe 1973, S. 886 - 954

Bertram, B.: Unterschiedliche Lebenswege und Chancen für die Geschlechtergruppen? In: GEW-Frauenpolitik (Hg.): Koedukation. Frankfurt am Main 1994

Bertram, H.: Die Familie in den neuen Bundesländern. Opladen: Leske+Budrich 1992

Bierhoff-Alfermann, D.: Androgynie. Möglichkeiten und Grenzen der Geschlechterrollen. Opladen: Westdeutscher Verlag 1989

Bonnemann-Böhner, A. u.a.: Lebens- und Berufsvorstellungen von Schülerinnen der 8. Klassen in Kiel und im Kreis Rendsburg-Eckernförde. Abschlußbericht der wissenschaftlichen Begleitung. Kiel 1992

du Bois-Reymond, M.: Alte Kindheit im Übergang zu neuer Kindheit. Umgangsformen zwischen Kindern und Erwachsenen im Wandel dreier Generationen. In: Behnken, I./ Jaumann, O. (Hg.): Kindheit und Schule. Weinheim und München: Juventa 1995, S. 145 - 158

Buchinger, B./ Gödl, D.: „Un/erhörte Wünsche." Arbeits- und Lebensperspektiven von Mädchen und jungen Frauen in Salzburg. In: Bundesministerium für Unterricht und Kunst, Abteilung für Mädchen- und Frauenbildung, Wien 1994

Dölling, I./ Jacobi, J./ Hempel, M.: 'Geschlecht' in der Konstruktion von Lebensentwürfen. Eltern und Kinder im Vergleich. Unveröffentlichte Projektskizze. Universität Potsdam 1996

Faulstich-Wieland, H. u.a.: Erfolgreich in der Schule, diskriminiert im Beruf: Geschlechtsspezifische Ungleichheiten bei der Berufseinmündung. In: Rolff, H. G. u.a. (Hg.): Jahrbuch der Schulentwicklung Band 3. Weinheim 1984, S. 117 - 143

Faust-Siehl, G. u.a.: Die Zukunft beginnt in der Grundschule. Empfehlungen zur Neugestaltung der Primarstufe. Reinbek bei Hamburg: Rowohlt 1996

Fichera, U.: Schluß mit den sexistischen Stereotypen in Schulbüchern. In: Enders-Dragässer, U./ Fuchs, C. (Hg.): Frauensache Schule, Frankfurt: Fischer 1990

Fichera, U.: Ist Gleichberechtigung in den neuen Schulbüchern verwirklicht? In: Kaiser, A. (Hg.): FrauenStärken - ändern Schule. Bielefeld: Kleine 1996, S.201-205

Frohne, I.: Umwelt erfahren und verstehen - Studie zur Didaktik des Sachunterrichts. Potsdamer Studien zur Grundschulforschung, Heft 10/1996

Gleichberechtigung von Frauen und Männern - Wirklichkeit und Einstellungen in der Bevölkerung 1994. Schriftenreihe des Bundesministeriums für Frauen und Jugend, Band 18

Grabrucker, M.: „Typisch Mädchen..." Prägung in den ersten drei Lebensjahren. Frankfurt am Main: Fischer 1985

Hackbarth, I./ Hartmann, J./ Hempel, M.: Mädchen und Jungen heute - Fragen, Träume, Zukunftsvorstellungen. Ein Projekttag. In: Hempel, M./ Hartmann, J.: Lebensplanung und Berufsorientierung - ein Thema für die Grundschule? Potsdamer Studien zur Grundschulforschung, Heft 8/1995, S. 47-74

Hartmann, J.: Was sagen Schulbücher zu Mädchen & Jungen und Frauen & Männern? Heft Nr. 4 der Reihe hochschuldidaktischer Handreichungen „Die soziale Kategorie 'Geschlecht´ in der Ausbildung von Lehrerinnen und Lehrern" des Studienreformprojekts PIL. Technische Universität Berlin 1994

Hartmann, J./ Holzkamp, C.: Sensibilisierung für das Geschlechterverhältnis - Erfahrungen und Erkenntnisse aus der LeherInnenbildung, in: Marlies Hempel (Hrsg.), Verschieden und doch gleich. Schule und Geschlechterverhältnisse in Ost und West. Bad Heilbrunn: Klinkhard 1995, S.236 - 252

Hempel, M.: Gleichberechtigung und Chancengleichheit von Mädchen und Jungen an den Grundschulen des Landes Brandenburg. In: Hempel, M. (Hg.): Verschieden und doch gleich. Schule und Geschlechterverhältnisse in Ost und West. Bad Heilbrunn 1995, 94 - 120

Hempel, M.: Mädchen und Jungen im Schulbuch. Das Geschlechterverhältnis in den Lehrbüchern des Sachunterrichts und der politischen Bildung. Potsdamer Studien zur Grundschulforschung, Heft 3/1994 a.

Hempel, M.: Soziales Lernen in der Grundschule. Sozialkompetenz und Sozialerfahrungen von Mädchen und Jungen in der Grundschule. Potsdamer Studien zur Grundschulforschung, Heft 1/1994 b.

Hempel, M.: Lebensentwürfe und Identität - Überlegungen zur Kindheitsforschung. In: Hempel, M. (Hg.): Grundschulreform und Koedukation. Weinheim und München: Juventa 1996, S. 141-154

Hempel, Marlies/ Hartmann, Jutta: Lebensplanung und Berufsorientierung - ein Thema für die Grundschule? Potsdamer Studien zur Grundschulforschung, Heft 2/1995

Hilgers, A.: Geschlechterstereotype und Unterricht. Weinheim und München: Juventa 1994

Hopf, A.: Welchen Lernbegriff braucht die Grundschule? In: Grundschule, 28 (1996) 2, S.15-18

Kaiser, A.: Verschiedene Vorstellungen von der Arbeitswelt bei Mädchen und Jungen. In: Prengel, A. u.a. (Hg.): Schulbildung und Gleichberechtigung. Frankfurt/Main: Nexus 1987, S. 227-238

Kampshoff, M./ Thierack, A.: Geschlechtsidentität in Ost und West - Ein Werkstattbericht. In: Hempel M. (Hg.): Verschieden und doch gleich. Schule und Geschlechterverhältnisse in Ost und West. Bad Heilbrunn: Klinkhardt 1995, S. 121-145

König, A.: Qualitative Forschung subjektiver Theorien. In: König, E./ Zedler, P. (Hg.): Bilanz qualitativer Forschung. Band II: Methoden. Weinheim: Deutscher Studien Verlag 1995, S.11-29

Keddi, B./ Seidenspinner, G.: Veränderter weiblicher Lebensentwurf und Individualisierung des Lebenslaufs. In: Neue Sammlung 1990, 30 (1990) 4,

Keddi, B./ Kreil, M.: Weibliche Eigenständigkeit - Balanceakt zwischen Unabhängigkeit und Bindung. In: Seidenspinner, G. (Hg.): Frau sein in Deutschland. Weinheim und München: DJI 1994, S. 17-34

Kreienbaum, M. A.: Leben- und Karrierepläne - eine Absolventinnenstudie. In: GEW-Frauen: Koedukation. Frankfurt am Main 1995, S. 177-188

Lahrmann, L.: Phantasie und elementares Lernen. Paderborn 1972

Lamnek, S.: Qualiative Sozialforschung. Band 2: Methoden und Techniken. München 1989

Lemmermöhle-Thüsing, D.: Berufsorientierung und Berufswahlvorbereitung von Mädchen. Ein Prozeß zwischen Anpassung und Widerstand. In: päd. extra & Demokratische Erziehung, (1989)9, S. 5-11

Lemmermöhle-Thüsing, D.: Auf Lebensfragen der Mädchen nicht eingestellt. Berufsvorbereitung in der Schule. In: Unterschiede, (1991) 2, S.7-10

Lemmermöhle-Thüsing, D.: Berufsorientierung von Mädchen zwischen Anpassung und Widerstand. In: Wir werden was wir wollen! Ministerium für die Gleichstellung von Frau und Mann, Band 1, 1991, S. 9-24

Lemmermöhle, D.: Jugend Ost: Vorbereitung auf den Übergang von der Schule in die Arbeitswelt. In: Hempel, M. (Hg.): Verschieden und doch gleich. Schule und Geschlechterverhältnisse in Ost und West. Bad Heilbrunn: Klinkhardt 1995, 190 - 216

Leuzinger-Bohleber, M./ Garlichs, A.: Früherziehung West - Ost. Weinheim und München: Juventa 1993

Metz-Göckel, S.: Berufsbildung und Berufsfindung. In: Metz-Göckel, S./ Nyssen, E.: Frauen leben Widersprüche. Weinheim und Basel: Beltz 1990, S. 91 - 138

Milhoffer, P.: Sexualität als Problem der Koedukation. Zur Verhaltenslenkung von Mädchen und Jungen in der Koedukation durch das kulturelle Diktat der „hetero-sexuellen Paarbildung". In: Glumpler, E. (Hg.): Koedukation. Bad Heilbrunn: Klinkhardt 1994, S. 107-129

Nolte, C.: Frauen auf dem Weg zueinander - Aufgaben der Gleichberechtigung der neunziger Jahre. In: Konzertierte Aktion. Fünfte bundesweite Gleichberechtigungskonferenz 2. 11. 1995, S.7-17

Nyssen, E. u.a.: En Mann, ein Kind oder zwei und nebenbei noch mein Beruf. In: PÄD EXTRA, 1992/3, S. 34 - 39

Poser, M.: Weibliche Lebensentwürfe. Zwischen Kontinuität und Bruch. Bielefeld: Kleine 1994

Rettke, U.: Die schrittweise Verweiblichung der Berufsvorstellungen von Hauptschülerinnen. In: Pädagogik (1988) 5, S. 16 - 19

Röhner, C.: Mädchen und Jungen im offenen Unterricht. In: Hempel, M. (Hg.): Grundschulreform und Koedukation. Weinheim und München: Juventa 1996, S. 107-124

Scheu, U.: Wir werden nicht als Mädchen geboren, wir werden dazu gemacht. Frankfurt am Main: Fischer 1978

Schimmel, K./ Glumpler, E.: Berufsorientierung von Mädchen und Jungen im Grundschulalter. In: Glumpler, E. (Hg.): Mädchenbildung - Frauenbildung. Bad Heilbrunn: Klinkhardt 1992, S. 282 - 293

Soostmeyer, M.: Zur Sache Sachunterricht. Frankfurt: Peter Lang 1992

Thiel, H.: Frauen und Männer, Mädchen und Jungen in ministeriellen Richtlinien und Empfehlungen. In: Diskussion Deutsch, Frankfurt am Main, (1994) 136

Forschung über Lernvoraussetzungen zu didaktischen Schlüsselproblemen im Sachunterricht

Astrid Kaiser, Universität Oldenburg

1. Zur didaktischen Relevanz von Lernvoraussetzungen

1.1 Die Kategorie der „Lernvoraussetzungen" in der Allgemeindidaktik

In den theoretischen Konzepten der Didaktik gilt seit Comenius das Konstrukt der subjektiven Zugangsweisen der Lernenden als eine - z.T. als *die* - entscheidende Größe für „guten" oder gelingenden Unterricht. Für dieses Konstrukt hat sich bislang noch keine einheitliche Terminologie im wissenschaftlichen Diskurs herausgebildet.

Comenius umschrieb in der Didactica Magna dieses Konstrukt noch mit Naturkategorien des „in den Menschen eingehüllten" Besitzes, den es gälte „unterrichtlich herauszuschälen, zu entfalten" (Comenius 1904 (2), S. 40). Diesterweg (1835) forderte eine „Kenntnis des Standpunktes des Schülers" als Voraussetzung für gelingenden Unterricht.

Später haben sich in der didaktischen Diskussion - jeweils unterschiedlich akzentuierte Begriffe - wie Vorkenntnisse, Lernvoraussetzungen, Vorerfahrungen (Koch-Priewe 1995), Vorverständnis (Girg 1994) oder anthropogene Voraussetzungen (Heimann, Otto, Schulz 1968) herausgebildet. Gemeint ist dabei das Gesamt an Einstellungen, Kenntnissen, Wahrnehmungen, Wertungen, Wertorientierungen, Fähigkeiten und Interessen, das die Lernenden inhaltsspezifisch potentiell in den Unterricht einbringen. Hier werden sie als Lernvoraussetzungen gefaßt. Sogar einige Unterrichtstheorien sind explizit auf dieses subjektive Bedingungsgefüge von Unterricht bezogen als „schülerzentrierter Unterricht" (Wagner u.a. 1976) formuliert worden.

Seit der Wende von vorwiegend instruktionsorientierten, stärker objektivistischen Unterrichtskonzepten Herbartianischer Provenienz hin zu auf die Lernsubjekte orientierten didaktischen Konzeptionen Ende der 70er Jahre hat die Kategorie der Lernvoraussetzungen an Bedeutung gewonnen. Die Annahme, die Qualität von Unterricht sei wesentlich davon abhängig, inwieweit bei der Unterrichtsplanung und -durchführung auf die subjektiven Lernvoraussetzungen, d.h. auf das Vorwissen, die Vorerfahrungen, die Schülervoraussetzungen (Kaiser 1996) rekurriert wird, kann als Konsens betrachtet werden. In vielen Richtlinien wird auf Begriffe wie „Schülervorerfahrungen" (z.B. Rahmenrichtlinien Sachunterricht Naturwissenschaft in Hessen 1976) zentral verwiesen. Die Notwendigkeit, differenzierte Kenntnisse zu dieser wichtigen unterrichtlichen Planungsdimension zu bekommen, bleibt ungebrochen anerkannt.

Mit der Kategorie der Lernvoraussetzungen hängen die Begriffe des Interesses und der intrinsischen Motivation eng zusammen, zwischen denen wiederum gemeinsame Momente bestehen (Fölling-Albers 1995, S. 8). Beide setzen implizit eine positive Korrespondenz von Lernvoraussetzungen und zu lernenden Inhalten voraus. Denn „die Identifikation des Kindes mit dem Lerngegenstand hat .. beim Lernen aus Interesse einen größeren Stellenwert" (Fölling-Albers 1995, S. 8).

Trotz der erkannten Relevanz des Wissens um Lernvoraussetzungen ist der empirische Forschungsstand dazu außerordentlich defizitär. Die Redaktion der Zeitschrift Pädagogik hat dementsprechend den Titel des Themenheftes 7-8/1992 zu diesem Problem als Frage formuliert: „Was wissen wir von unseren Schülerinnen und Schülern?". Dies hängt auch mit den internen Strukturproblemen der Kategorie „Lernvoraussetzung" zusammen.

1.2 Was sind Lernvoraussetzungen?

1.2.1 Allgemeine Dimensionen von Lernvoraussetzungen

Lernvoraussetzungen sind pragmatisch in Hinblick auf Unterricht festgelegte Kategorien. Sie sind nicht an bestimmte genauer definierte Persönlichkeitsdimensionen (z.B. Motive, Einstellungen) gebunden, sondern sind eher umfassend zu verstehen, da die Kinder ihre gesamte Person in Lernsituationen einbringen. Gleichwohl werden nicht alle Aspekte in jeder Lernsituation gleichermaßen aktualisiert. Insofern sind Lernvoraussetzungen auch abhängig vom spezifisch inhaltlichen Aufforderungsgehalt der Lernsituation, die z.B. nur bestimmte Kenntnisse oder Einstellungen anspricht. Lernvoraussetzungen bleiben aber dennoch nicht auf die kognitiven Dimensionen beschränkt, auch wenn die Lernanregungen primär auf Wissen oder Kenntnisse zielen. Lernvoraussetzungen umfassen immer kognitive, emotionale, ethische, soziale und praktisch-handelnde Dimensionen (vgl. Kaiser 1995).

Das Konstrukt „Lernvoraussetzung" symbolisiert - konkretisiert auf die subjektive Ebene - zentrale gesellschaftliche Topoi, Normsetzungen und Differenzierungen. Auch die Konstruktion des Geschlechterverhältnisses läßt sich an Lernvoraussetzungen und ihrer geschlechtsbezogenen Differenzierung deutlich nachvollziehen.

Lernvoraussetzungen gibt es nicht an sich, sie werden nur in didaktischen Kontexten relevant und auch dort existieren sie nicht objektiv, sondern sind wiederum Konstrukte von Deutungen der beteiligten Personen, der Lehrkräfte, Kinder und Forschenden (vgl. Duit 1995). Gleichzeitig sind sie relativ unabhängig von den Zieldimensionen. Es können daraus Ziele entwickelt werden, die die jeweiligen Lernvoraussetzungen verstärken bzw. stabilisieren oder solche, die sie zu transformieren beabsichtigen.

Lernvoraussetzungen können in verschiedener Breite der Formen gefaßt werden. Sie können sich auf empirisch isolierbare Einstellungen beziehen, auf motorische Fähigkeitspotentiale erstrecken, ein Konstrukt aus Einstellungen, Vorwissenselementen und schon erfolgten Handlungserfahrungen umfassen oder kognitive Widersprüche als motivationale Vorbedingung für weiteres Lernen enthalten.

Lernvoraussetzungen existieren nicht nur als individualpsychologisch zu erfassende Bedingungen, sondern sind auch soziale Faktoren des Lernens in einer Schulklasse. So kann didaktisch gesehen eine abgestufte Wahrnehmung von Differenzierungen innerhalb einer Lerngruppe bedeuten, daß es unterrichtliche Ansatzpunkte dafür gibt, bisher dominierende Einstellungen oder Wahrnehmungsmuster zu relativieren.

Lernvoraussetzungen sind letztlich nur die im didaktischen Kontext verstandenen und betrachteten subjektiven Theorien der Kinder - und zwar im um emotionale und handelnde Dimensionen erweiterten Sinne - einer der zwei Begriffsbestimmungen von König unter dem Aspekt: „Kognitionen der Selbst- und Weltsicht" (König 1995, S. 12).

Hier werden unter Lernvoraussetzungen die kognitiven, affektiven und verhaltensbezogenen Persönlichkeitsdimensionen einzelner Lernender oder einer Lerngruppe verstanden, die in eine neue Lernsituation als Ergebnis bisheriger Erfahrungen eingebracht werden können und dann die neuen Lernprozesse beeinflussen. Kenntnisse, Begriffe, Fragestellungen, Situationsdeutungen, Einstellungen, Erwartungen, Verhaltensdispositionen und -strategien sind Aspekte von Lernvoraussetzungen, die in bestimmten unterrichtlichen Kontexten aktualisierbar sind.

1.2.2 Zur kontextuellen und inhaltlichen Relativität von Lernvoraussetzungen

Einige entwicklungspsychologische Untersuchungen verweisen bereits auf die Problematik von Lernvoraussetzungen. So können bei verschiedenen Lerngegenständen gleichzeitig differenziertere oder kognitiv weniger weit entwickelte Strukturen der Kinder hervorgerufen werden (vgl. Keller 1982). D.h. die kognitive Entwicklung verläuft nicht nur nach allgemeinen Prinzipien, sondern ist gegenstandsabhängig. Ein Kind kann also gleichzeitig allgemein gesellschaftliche Lösungen bei Umweltfragen erwägen, während diese Denkform bei Problemen der eigenen Taschengeldverwendung vielleicht das kognitive Abstraktionsvermögen der Grundschulkinder übersteigt. Einfache Alltagsvorstellungen und unterrichtlich nach wissenschaftlichen Kategorien angeregte Vorstellungen können gleichzeitig nebeneinander existieren (Duit 1993).

Eine weitere Schwierigkeit beim Formulieren von Lernvoraussetzungen ergibt sich daraus, daß diese - wie Ergebnisse entwicklungspsychologischer Forschungen immer deutlicher machten (Keller 1982) - in sich sehr heterogen sind und gleichzeitig - je nach Inhalt - verschiedene Stufen etwa der kognitiven Entwicklung nebeneinander stehen können. „Ihre (der Kinder) gesamte Entwicklung kann als sprunghaft, ungleichzeitig, verzögert oder beschleunigt vorgestellt werden“ (Hopf 1993, S. 65).

Die Diskrepanz der Entwicklung heutiger Kinder, die mit hoher kognitiver Ansprechbarkeit und einer sehr schwierigen Balance in der Situation einhergeht, ist gegenwärtig sehr augenfällig (Klafki 1992, S. 17). Deshalb ist es nicht mehr hilfreich für die Praxis, wenn die Fragentypen von Kindern in eine altersspezifische Rangfolge gesetzt werden, etwa daß die Fragen mit sozialem Aspekt „War das immer so?“ mehr dem 8.-9. Lebensjahr zugeordnet werden, während die Fragen nach dem ökonomischen Aspekt, „Was nutzt uns das?“, eher dem 7.-9. Schuljahr zugeordnet werden (Mayer 1994, S. 63).

Die generalisierenden Stufentheorien scheinen sich angesichts heterogener Lebenswelten von Kindern und risikohafter gesellschaftlicher Entwicklungen immer weniger als tragfähige Konzepte zur Analyse der subjektiven Bedingungen von Kindern zu erweisen.

Für Lernvoraussetzungen gilt diese Relativität besonders deutlich. Denn aus der Wechselbeziehung zwischen subjektiver Verarbeitung und äußeren Erfahrungen ergibt sich, daß Lernvoraussetzungen keine statische Größe sind, sondern dynamischen Veränderungen unterliegen. Sie sind immer auch selektive subjektive Deutungen von Problemen durch die Kinder (Duit 1995). Sie differieren durch ihre Kontextgebundenheit kulturell, sozial und geschlechtsbezogen. Lernvoraussetzungen sind zudem dynamisch und nur themenbezogen zu erfassen (Koch-Priewe, Stöcker 1982).

Lernvoraussetzungen sind prinzipiell dynamisch (s.o.) und eng mit den (auch pädagogisch) veränderten Umständen verknüpft. Sie sind also stark abhängig von den jeweiligen Umwelterfahrungen der einzelnen Kinder und der sozialen Kinderpopulationen und an verschiedene Bedingungsebenen gleichzeitig gebunden:

1. Strukturmerkmale des regionalen bzw. lokalen Umfeldes,
2. konkrete Wohn- und Lebenssituationen,
3. den Entwicklungsstand der Kinder,
4. das intraindividuelle Entwicklungsprofil.

Dieses Problem der Heterogenität und Abhängigkeit von konkreten äußeren Bedingungen wirkt sich auch auf die Erfaßbarkeit und Weite von Lernvoraussetzungen aus. Einerseits sind die Lernvoraussetzungen als latente Eigenschaften nicht eingrenzbar und nur dann faßlich und beschreibbar, wenn sie manifest, also bereits in einem begrenzten Ausschnitt sichtbar werden. Die Lernvoraussetzungen ändern sich aber gleichzeitig mit dem Prozeß des Manifestwerdens, weil dabei schon neue Lernvorgänge mitschwingen. Der Versuch, Lernvoraussetzungen zu beschreiben, enthält somit bereits eine gewisse Unschärfe, indem Merkmale punktuell festzuhalten versucht werden, obwohl sie sich gleichzeitig verändern.

2. Zum Forschungsansatz

2.1 Grundfragen der Lernvoraussetzungsforschung

Im deutlichen Kontrast zur theoretischen Akzeptanz der Relevanz von Lernvoraussetzungen für Unterricht steht das empirische Defizit ihrer Erforschung im sozialwissenschaftlichen Bereich, während im naturwissenschaftlichen Bereich eine Fülle an Untersuchungen, etwa 2500 Titel vor allem im Fach Physik, weniger in Chemie oder Biologie, zu einzelnen Begriffen, Vorstellungen, Konzeptwandel u.a. vorliegt (Duit 1992, S. 50).

Die Ergebnisse der vielfältigen Studien zu Schülervorstellungen im naturwissenschaftlichen Bereich dokumentieren, daß auch hieraus keine linearen didaktischen Schlußfolgerungen zu ziehen sind. Sie haben die pädagogische Debatte um „conceptual change“ beeinflußt, deren Grundgedanke in einer Anpassung der Alltagsvorstellungen (als falsche Vorstellungen interpretiert) an die von den Lehrkräften gewünschten wissenschaftlichen liegt. Dabei sind mehrere Formen zu unterscheiden, die vom Abbau der Alltagsvorstellungen durch Konfrontieren über das Unterstellen eines organischen Konzeptwandels aus den Alltagsvorstellungen im Sinne von Kontinuitätsthesen bis hin zu differenzierten Sichtweisen einer Gleichzeitigkeit verschiedener Vorstellungen reichen (Duit 1995, S. 915). Duit betont aus konstruktivistischen Überlegungen zu recht, daß die Schülervorstellungen von deren subjektiven Interpretationen abhängig sind und damit notwenig kontextgebundene Konstrukte sind.

Ich gehe deshalb von der Voraussetzung aus, daß die thematische Bindung von Lernvoraussetzungen vor allem situative und kontextgebundene Forschungsansätze erforderlich macht, die den in der Entwicklungspsychologie gefragten Prinzipien allgemeiner Entwicklungslinien zuwiderlaufen.

Es kommt dementsprechend in der Lernvoraussetzungsforschung darauf an, keine objektivistischen Designs mit generalisierten Aussagen für einen großen Kreis von Schülerinnen und Schülern zu entwickeln, sondern diese sowohl inhaltsbezogen wie auch sozialstrukturell spezifiziert zu untersuchen. Dabei sind komplexe Erhebungsmethoden erforderlich, um die kulturelle Verschiedenheit der Kinder, die nicht über eine kulturpessimistisch-schematische Sicht veränderter Kindheit zu erfassen sind, adäquat herauszuarbeiten. Kinder sind in ihrer Biographie und Entwicklung vielfältig und gleichzeitig in ihre gesellschaftliche Umwelt eingebunden. Dieser objektive Konflikt erfordert forschungsmethodisch differenzierte Herangehensweisen.

Ein interessanter Vorschlag zur Analyse der Lernvoraussetzungen der Kinder stammt von Renner: Er formulierte aus Alltagserfahrungen von Erwachsenen mit Kindern Thesen über die Lebenswelt von Kindern und hat diese über längere Zeit immer wieder „mit den Erfahrungen anderer Erwachsener verglichen, diskutiert und mehrmals variiert“ (Renner 1982, S. 203). Dieser Ansatz zeigt aber bereits, daß nicht die Kinder, sondern die Erwachsenen und deren Perspektiven zum Ausgangspunkt genommen werden. Angesichts der subjektiven Deutungen schon der befragten Erwachsenen werden hier deutliche Verzerrungen schon im Erhebungsdesign in Kauf genommen.

Derartige subjektive Deutungen sind aber auch im Forschungsprozeß unvermeidbar: „Was in der Literatur die Vorstellung der Schüler von einem bestimmten Phänomen genannt wird, ist tatsächlich zunächst die Vorstellung des Untersuchers von der Vorstellung der Schüler“ (Duit 1993, S. 6). Forschungsmethodisch scheint angesichts der mehrfachen Konstruktion der kontrollierte Rückbezug auf die „Befragten" analog dem Ansatz der „grounded theory" (Strauß, Corbin 1995) im Sinne einer spezifischen externen Validierung sinnvoll zu sein.

2.2 Fragestellungen und Ziele der Lernvoraussetzungsforschung im Sachunterricht

Trotz aller Probleme der Konstruktion von Erkenntnissen, ist es von großer praktischer Bedeutung, an einzelnen didaktisch relevanten inhaltlichen Bereichen des Grundschullernens genauer zu untersuchen, was Grundschulkinder in den Unterricht einbringen. Dazu zählen Kenntnisse, Begriffe, Einstellungen, Motive, Verhaltensstrategien und -dispositionen. Es wird also mit der Lernvoraussetzungsforschung angestrebt, den alltäglichen Vorgang der Aktualisierung von Erfahrungswissen, wie ihn Lehrkräfte in der Praxis oft spontan vornehmen, in eine mitteilbare und vergleichbare Form zu bringen.

H. Wirth beschreibt sehr plastisch, wie im Laufe der Schulpraxis immer mehr subjektive Kenntnis über Lernvoraussetzungen bei den einzelnen Lehrkräften individuell akkumuliert wird, aber auch durch die fehlende Vergleichbarkeit leicht in Frage gestellt werden kann:

„Ich habe immer mehr Möglichkeiten gefunden, solche die den Geschmack meiner Lieben besser treffen. Das entsteht durch das tägliche Feed-back, das mich weiter führt, durch Gespräche mit den Kindern und ihren Eltern, so daß ich Neigungen, Interessen und besondere Gewohnheiten mit einbeziehen kann. So komme ich mir vor wie jemand, der sich auf dem richtigen Weg glaubt, aber eigentlich gar nicht weiß, ob er es auch ist" (Wirth 1982, S. 361).

Lernvoraussetzungen können auch unter dem Gesichtspunkt kognitiver Entwicklungsschritte im Hinblick auf die Altersstruktur der Kinder interpretiert werden. Eine andere Variante der Betrachtung kognitiver Dimensionen wäre ein Vergleich des kognitiven Niveaus verschiedener Kinder einer Lerngruppe mit dem Ziel, die Spannweite kognitiver Lernvoraussetzungen abzustecken. Beide Ansätze der kognitiven Dimensionierung sollen hier nicht weiter verfolgt werden, weil für diese Fragerichtung ein weniger thematisch gebundener Untersuchungsplan sinnvoll wäre. Die Fragerichtung des hier beschriebenen Ansatzes hebt sich gerade deutlich von den in der entwicklungspsychologischen Forschung häufig verfolgten Hypothesen ab. Es werden hier nicht allgemeine abstrakte Entwicklungslinien von Persönlichkeitsmerkmalen nachgezeichnet, sondern es wird gerade umgekehrt situativ und thematisch gebunden danach gefragt, was in bestimmten diagnostischen Lernsituationen bei Grundschulkindern zu erwarten ist.

Diese deskriptiven Ansprüche - als Gegenpol zu analytischer Untersuchung verstanden - können nicht darüber hinwegtäuschen, daß hier keine Ansatzpunkte für generelle Aussagen über die Grundschulkinder und deren Bewußtsein gefunden werden können. Auch eine entwicklungspsychologische Stufentheorie wird nicht intendiert. Es werden vielmehr beispielhaft verschiedene mögliche Reaktionen von Grundschulkindern auf bestimmte unterrichtlich gesetzte Impulse beschrieben. Bei einer derartigen konkreten Fragestellung bleiben besondere situative und aktuelle Bedingungen immer auch gleichzeitig wirksam. Die als Ergebnis angestrebten Beschreibungen von Lernvoraussetzungen können nicht unter dem Anspruch betrachtet werden, in dieser Form generalisierbar zu sein. Es bleibt das Defizit vieler qualitativer Darstellungen pädagogischer Probleme bestehen, daß die notwendige und fruchtbare Praxisnähe gleichzeitig eine ständige Relativierung der Ergebnisse impliziert. Gleichwohl können die Deskriptionen von im Rahmen des Projekts gefundenen Lernvoraussetzungen insofern allgemeine Bedeutung haben, als beispielhaft sichtbar wird, wie differenziert und heterogen Kinder auf themati-sche Impulse reagieren können. Insofern dürften diese Beschreibungen Anknüpfungen für eigene genauere und differenziertere Beobachtungen in der jeweiligen Lerngruppe bieten und sie nicht präskriptiv ersetzen.

Die hier angestrebte Beschreibung eines Spektrums möglicher Lernvoraussetzungen zu den ausgewählten Themen sozialwissenschaftlichen Sachunterrichts kann - wie bereits erwähnt - Anregungs- und Ausgangsmaterial für weitere Beobachtungen von Lernvoraussetzungen durch Lehrkräfte bestimmter Lerngruppen bieten, um aus der besseren Kenntnis differenziertere und den Voraussetzungen der Kinder angemessenere Unterrichtsanregungen zu entwickeln.

Die hier angestrebten Ergebnisse einer Lernvoraussetzungsforschung können nicht den Stellenwert von Rezepten und Normen beanspruchen, sondern nur über die eigenen - bei Lehramtsstudierenden besonders eingeschränkten - unmittelbaren (Unterrichts-) Erfahrungen hinausgehende Hinweise geben. So ist es etwa denkbar, verschiedene Akzente von Kinderäußerungen zu beachten oder ein breiteres Spektrum möglichen themenbezogenen Interesses und Problembewußtseins bei Grundschulkindern zu antizipieren und dementsprechend im unterrichtlichen Handeln die Wahrnehmung vieler Kinder zu werten.

Derartige Untersuchungsergebnisse können in diesem Kontext nicht didaktische Entscheidungen ersetzen, sondern nur den Blick dafür schärfen, wie Kinder bei bestimmten Themen reagieren. Derartige offene Daten dürfen nicht präskriptiv in Richtung Angleichung oder Verstärkung der Unterschiede gewertet werden, sondern dazu bedarf es begründeter didaktischer Entscheidungen, die sich nicht per se aus den Lernvoraussetzungen ergeben. Es wird erwartet, daß eine genauere Kenntnis möglicher Lernvoraussetzungen dazu beiträgt, differenzierter und stärker kindorientiert zu planen und zu unterrichten. Dieser pragmatischen Hilfsfunktion für didaktische Entscheidungen in der Schule entspricht ein Erhebungsverfahren, das unmittelbar mit der schulischen Realität verknüpft ist.

2.3 Schlüsselprobleme und Lernvoraussetzungen

Um die Defizite „sachneutraler Unterrichtsbeobachtung“ (vgl. Rumpf 1969) zu vermeiden, bedarf es einer begründeten Auswahl von Inhalten. Die Inhalte, an denen hier beispielhaft die Lernvoraussetzungen für sozialwissenschaftlichen Sachunterricht erhoben werden, sollen zunächst an den von Klafki vertretenen didaktischen Schlüsselproblemen orientiert werden.

Seit 1985, mit Erscheinen seiner „Neuen Studien zur Bildungstheorie“, verwendet er für diese gesellschaftlich zentralen Inhalte den Begriff "Schlüsselprobleme". Er betrachtet seine beispielhaften Zusammenstellungen als nicht endgültig inhaltlich festgelegt, sie variieren auch in verschiedenen Publikationen, dennoch geht er von einem Kern der epochaltypischer Schlüsselprobleme aus, die auch in späteren Schriften wiederkehren (vgl. Klafki 1985, S. 21).

Die Schlüsselprobleme dürfen nicht als bloße Themenbereiche, die es aneinanderzureihen gilt, mißverstanden werden. Sie stellen ein Spektrum zentraler Inhalte dar, die sich aus der gesellschaftstheoretischen Analyse mit der Perspektive gesellschaftlicher Humanisierung, Egalität und Solidarität begründen. Sie implizieren aber noch keine unterrichtsbezogene Strukturierung.

Ich verwende eine zusammenfassende Kurzfassung der bei Klafki in unterschiedlichen Schriften verschieden kategorisierten Schlüsselprobleme (Klafki 1992, 1985, 1986):

1. Frieden
2. Umwelt
3. Eine Welt
4. Gerechte Verteilung in der Gesellschaft
5. Demokratisierung aller Lebensbereiche
6. Technikfolgen
7. Gleichheit in Verschiedenheit (Frauen-Männer, Kulturen, Lebensformen, Generationen).

In einem begonnenen Forschungsvorhaben soll am Beispiel von zwei verschiedenen didaktischen Schlüsselbereichen (Klafki 1985, S. 21), der Friedensfrage und der Problematik des gleichberechtigten Zusammenlebens von Frauen und

Männern, Mädchen und Jungen, untersucht werden, wie die Lernvoraussetzungen der Grundschulkinder in diesem Bereich deskriptiv zu skizzieren sind. Gerade der Unterricht in derart wichtigen inhaltlichen Bereichen bedarf sorgfältiger Planung und einer differenzierteren Kenntnis der Lernvoraussetzungen. Die bisherigen Forschungen geben dazu aber kaum Aufschluß. Wichtig wäre es jedoch, fundierte empirische Voraussetzungen für eine systematische Friedenspädagogik zu finden und Anhaltspunkte für einen gleichberechtigt-koedukativen Unterricht zu entwerfen, bei dem sowohl der Wahrnehmungs- und Interessenskontext von Mädchen wie auch von Jungen in den didaktischen Entscheidungen berücksichtigt wird.

Diese differenzierten Beschreibungen von Lernvoraussetzungen sind eine wichtige Voraussetzung für einen Unterricht, der nicht diffus-ganzheitliches Denken, sondern kritische Unterscheidungsfähigkeit (Kahlert 1994) zu fördern beabsichtigt.

3. Methoden der Erforschung von Lernvoraussetzungen

3.1 Erhebungsmethoden

Um Lernvorausetzungen zu erheben, sind schulnahe Methoden unerläßlich. Dies heißt aber auch, daß Methoden gewählt werden, die nicht in strenge methodische Raster quantitativer Datenerhebung passen. Denn weder die ganzheitliche Betrachtung von Einzelfällen (vgl. Fischer 1982), noch streng empirische Überprüfungen allgemeiner Persönlichkeitsdimensionen treffen die zwischen individueller und genereller Perspektive liegende schulische Unterrichtssituation. Hier wird deshalb versucht, Lernvoraussetzungen in einem möglichst realen schulischen Kontext zu ermitteln. Dazu sind Anfangsstunden von Unterrichtseinheiten zu entwickeln (vgl. Kaiser 1996), in denen schultypische, relativ offene, themenbezogene Impulse überwiegen. Diese verbalen oder visuellen Impulse müssen in den zu beobachtenden Klassen möglichst gleichermaßen von den Unterrichtenden gegeben werden. Die Reaktionen der Schüler darauf wird dann durch Protokolle ihrer Äußerungen oder durch andere Formen der Fixierung (z.B. Zeichnungen der Kinder) festgehalten. Zur Auswertung dieser Daten werden qualitative wie auch quantitative Verfahren herangezogen.

Dieses Vorgehen schließt notwendig Unschärfen bei der Datenerhebung ein, weil keine isolierten Variablen erhoben werden. Gleichzeitig bleiben die Ergebnisse auf einer deskriptiven Ebene stehen. Es bedarf anderer gesonderter Untersuchungen, um die Bedingungen näher zu analysieren.

Gerade wegen der Lernvoraussetzungsdynamik sind Methoden ungeeignet, die Lernvoraussetzungen nur statisch als festgelegte Eigenschaften erfassen. Aber auch weil Lernvoraussetzungen eng mit subjektiven Motiven verbunden sind, lassen sie sich durch kognitiv ausgerichtete Fragebögen nicht erfassen.

Deshalb werden hier qualitative methodische Varianten der Analyse von Lernvoraussetzungen präferiert, die auch Wertungen und andere emotionale Dimensionen zu erfassen in der Lage sind. Dabei sind zwei Grundformen zu unterscheiden:

1. Das offene Gespräch und Assoziationsketten
2. Die Analyse ästhetischer Produkte

Im ersten Bereich geht es um die Erhebung rein verbaler Daten, während im zweiten Bereich auch ästhetische Ausdrucksformen in die Auswertung miteinbezogen werden, die über den Rahmen verbaler Ausdrucksbereiche hinausgehen, aber auch als Material für die hermeneutischen Textauswertungsschritte aufzubereiten sind.

3.1.1 Das offene Gespräch und Assoziationsketten

Dieser Methodenbereich zielt generell darauf ab, verbale Daten über die themengebundenen subjektiven Vorstellungen der Lernenden zu bekommen. Dabei sind vielfältige Situationen zu unterscheiden wie Gespräche im Morgenkreis oder nach einem offenen thematischen Impuls zu Beginn einer Unterrichtseinheit oder eines Projektes und Gespräche während des Unterrichtsprozesses über die Lösung, Einschätzung oder Wahrnehmung von speziellen inhaltlichen Problemen. Erhebungstechnisch geht es dabei um die Aufzeichnung von verbalen Assoziationsketten nach einem thematischen bzw. situativen Impuls. Die Sozialform der Erhebung kann in verschiedenen Gruppierungen organisiert sein. Als drei Hauptsozialformen wären dabei die Gruppen-, Einzel- oder Klassensituation zu unterscheiden, in denen jeweils alle verschiedenen Erhebungsmethoden von Lernvoraussetzungen stattfinden können.

In einer Voruntersuchung wurden die folgenden konkreten Erhebungsansätze erprobt:

- offene Gesprächssituationen längerfristig protokollieren,
- Gespräche im Morgenkreis analysieren,
- Stichwort zur Assoziation vorgegeben (z.B. Umwelt),
- legen von Clustern anhand vorgegebener Stichwortkarten
- direkte standardisierte Interviewfrage („Was weißt Du über die Entstehung von Kriegen?“),

- teilstandardisiertes Interview (Stichpunkte für Interview: Überschwemmungsursachen, welche anderen „Natur“katastrophen, Klimakenntnisse),
- narratives Interview (erzählt von Euren Erlebnissen!),
- offener thematischer Impuls zu Beginn einer Unterrichtseinheit („Was wißt ihr zum Thema Umweltschutz und was wollt ihr lernen?”),
- philosophische Problemgespräche („Lieber hungern und ehrlich oder reich und gemein?“).

Bei den Vorerhebungen haben sich einige Methoden als besonders ertragreich erwiesen, die einen Mittelweg zwischen offener Erhebungssituation (offene Gesprächssituationen) und standardisierten Interviewformen darstellen. Insbesondere der Ansatz, Stichworte zur Assoziation vorzugeben, erwies sich in den Gruppen- wie auch in der Klassensituationen als außerordentlich produktiv. Dabei habe ich als Kriterium für produktive Erhebungsmethoden angelegt, daß größere Textmengen von den Kindern produziert wurden und das Textmaterial ein breites Spektrum qualitativer Kategorisierungsmöglichkeiten bot.

3.1.2 Analyse ästhetischer Produkte

Ästhetische Produkte sind Bilder, Zeichnungen, Skulpturen, Collagen, Geschichten, szenisches Spiel u.a. Formen der subjektiven Verarbeitung von inhaltlichen Problemen. Eine Variante der ästhetischen Analyse habe ich bereits mit der Bildanalyse im Bielefelder Projekt (Kaiser 1996) durchgeführt. Andere methodische Formen sind u.a. abstrakte Visualisierungen („Malt die Luft!“), symbolische Darstellungen (z.B. durch Knöpfe verschiedene Persönlichkeiten und soziale Beziehungen repräsentieren), plastische, szenische oder pantomimische Darstellungen. In allen diesen ästhetischen Formen können Kinder ihre eigene Sicht in verschiedenen Bedeutungsebenen aufdecken und dadurch für verstehende Menschen ein wichtiges Spektrum von Lernvoraussetzungen eröffnen.

- Bildanalyse (Impuls: „Was fällt dir zu Picassos Bild mit dem Kind und der Taube ein?“),
- ästhetische Impulse (Bild malen),
- projektive Handlungsmaterialien (eine Szene mit Figuren stellen/spielen),
- Zeichnungen (Impuls: „Wie stellst du dir dein Erwachsenenleben vor?“),
- abstrakte Visualisierungen (Impuls: „Malt den Frieden!“),
- symbolische Darstellungen (z.B. durch Knöpfe verschiedene Persönlich-keiten von Jungen und Mädchen und soziale Beziehungen repräsentieren),
- plastische Darstellungen (Impuls: „Formt aus Ton ein Denkmal für den Frieden!“),

- szenische oder pantomimische Darstellungen („ein Mädchen - wie ich es mir wünsche“),
- Standbilder (Impuls: „Stelle dich so hin, wie ein Mädchen nach Deiner Meinung [nicht] sein sollte!“).
- Aufsatzanalyse („Mein Leben in 20 Jahren“),
- selbsterstellte „Ergebnisbücher“ nach Abschluß eines Teilthemas.

Die Vorerhebungen haben eine Kombination aus Bildanalyse und Gesprächsanalyse als besonders fruchtbar erwiesen. Die von den Kindern gemalten Bilder werden dabei von ihnen selbst im Anschluß an das Malen verbal erläutert.

Die Kriterien für die Auswahl methodischer Ansätze zur Erhebung von Lernvoraussetzungen waren:

- Umfang der Textmenge, die durch die jeweiligen methodischen Impulse evoziert wurde,
- Anzahl der Kinder, die sich am Gespräch beteiligt haben,
- qualitative Differenziertheit der Aussagen der Kinder.

Die methodischen Ansätze der Lernvoraussetzungsanalyse sind in verschiedenen Sozialformen zu realisieren, sie reichen von der Großgruppe über Schulklasse, Kleingruppe, Partnergruppe bis hin zum Einzelkind. Je nach Form sind auch unterschiedliche Ergebnisse zu erwarten. Im Rahmen des hier beschriebenen Forschungsvorhabens werden wegen der Übertragbarkeit auf Unterricht die Formen der Schulklasse und Kleingruppe für die Datenerhebung ausgewählt.

3.2 Forschungsdesign

1. Die Untersuchung findet anknüpfend an Projekte der schulnahen Curriculumentwicklung (Klafki u.a. 1982) im realen schulischen Kontext statt. Zu den verschiedenen Themenbereichen werden offene thematische Impulse von den Lehrkräften der Klassen eingesetzt. Dieser Weg sollte ohnehin bei einer guten Unterrichtsplanung zu Beginn einer Unterrichtseinheit zum groben Erfassen von Vorerfahrungen der Schülerinnen und Schüler beschritten werden.

Den Kindern wird die Forschungsfrage offengelegt, indem ihnen gesagt wird, daß die beobachtenden Studierenden für andere Lehrkräfte herausfinden wollen, was Kinder im Unterricht zu einem Thema schon wissen, interessant finden, meinen oder gern wissen wollen.

2. Die Beobachtung erfolgt als teilnehmende Beobachtung, die mit dem Instrumentarium der „Forschungstagebücher“ (Altrichter, Posch 1994) bereits in ethnographische Methoden übergeht (Lüders 1995).

3. Die Produkte der Beobachtung sind Gesamtprotokolle des verbalisierten Unterrichtsverlaufs .

3.3 Auswertungsmethoden: Kategorisierung der Gesamtprotokolle

An dieser Stelle können nur ausgewählte Methodenprobleme Erwähnung finden (vgl. Kaiser 1996). Insbesondere die Schritte inhaltsanalytischen Verfahrens sind dem jeweiligen Design und der Fragestellung einer Untersuchung entsprechend zu spezifizieren.

Die im Laufe der Beobachtungen entstehenden Sammelprotokolle als zentrale Datenquelle werden zunächst kategorisiert. Dabei wird unterschieden, welche Fragestellungen und Probleme die Kinder überhaupt zum einzelnen Thema oder Impuls vorgebracht haben und welche Bedeutungen in den jeweiligen Formulierungen der herangezogenen Textausschnitte anzulegen sind. Dabei sind inhaltsanalytische Verfahren mit externer Validierung der Kategorisierung erforderlich.

Die Sammelprotokolle sind zunächst in Abschnitte, Diagnostische Lernsituationen (DL), einzuteilen. Eine DL wird dabei definiert als derjenige Interaktionsakt eines Schülers oder einer Schülerin, der als Folge auf einen jeweils spezifisch geplanten unterrichtlichen Impuls der Lehrkraft erfolgt. Entsprechend dieser Definition können Diagnostische Lernsituationen unterschiedliche Textmengen umfassen. Inhaltsanalytische Verfahren mit quanititativ definierten Textsequenzen können demzufolge nicht in die Entwicklung des analytischen Instrumentariums einbezogen werden. Das Instrumentarium der qualitativen Sozialforschung bietet aber bereits viele übertragbare Verfahrensweisen an (vgl. Rustemeyer u.a. 1995).

Für jede Diagnostische Lernsituation wird ein spezifisches Kategorienraster entwickelt. Die Kinderaussagen - umfangmäßig definiert als jeweils eine inhaltlich-spezifische Sinneinheit - sind dann den entsprechenden Kategorien zuzuordnen. Dabei sind mehrere allgemeine Probleme der Interpretation zu berücksichtigen:

1. Kategorisierung als Frage des Kontextes
Vielfach sind die im Wortprotokoll festgehaltenen *Kinderäußerungen* nur zu verstehen, wenn wir sie *im Kontext* des Unterrichtsverlaufes betrachten. Gerade im Grundschulalter sind die Sätze oft fragmentarisch und manchmal nur im situativen Kontext unter Einbeziehung von Betonung, Mimik und Gestik zu deuten.

Deshalb ist zu beachten, daß die Beobachtungs-, Auswertungs- und Interpretationsaufgaben nicht zu trennen sind. Die Beobachtung darf deshalb nicht als separate Aufgabe delegiert, sondern muß als Einheit mit der Auswertung gesehen und gehandhabt werden. Diese Kumulation von Aufgaben trägt in sich das Risiko subjektiver Verzerrungen. Deshalb sind externe Validierungsverfahren vonnöten.

Die den Kategorien zugeordneten Äußerungen der Kinder können nur etwas über die quantitative Verteilung der Kategorien (auch zwischen den Geschlechtern) aussagen.

Als weitere ganzheitliche Validierungsschritte sind „Forschungstagebücher" (Altrichter 1994) und qualitative Interviews mit Lehrkräften zur Deutung einzelner Unterrichts- bzw. Erhebungssituationen heranzuziehen.

Auch die Reichweite der Interpretation dieser Daten gilt es zu bedenken, da die Erhebung der Daten in Praxissituationen erfolgt, so daß der Generalisierung deutliche Grenzen gesetzt sind. Grundschulkinder liefern die Daten mit ihren Reaktionen auf die Impulse zu den Diagnostischen Lernsituationen. Dementsprechend sind die Daten oft relativ schwer zu kategorisieren. Die gefundenen Kategorien gelten grundsätzlich nur für den thematischen Bereich einer Unterrichtseinheit und haben in dieser einen spezifischen Sinn.

Entsprechend dem engen Gültigkeitsrahmen einzelner Kategorien treten zu verschiedenen Impulsen auch wieder neue, manchmal nicht wiederkehrende Kategorien auf.

Die Kategorisierung qualitativ sehr unterschiedlicher Kinderäußerungen unterliegt besonders der Gefahr subjektiver Verzerrung. Sie bedarf mehrfacher unabhängiger Kontrolle. Deshalb werden die zentralen Sammelprotokollpassagen jeder Unterrichtseinheit, in denen verschiedenartige Aussagen der Schülerinnen und Schüler zusammengefaßt sind, verschiedenen Projektmitarbeitenden zur Kategorisierung und anschließend auch nichtbeteiligten Lehrkräften zur Beurteilung vorgelegt (externe Validierung).

4. Schlußbemerkungen

Bislang gibt es nur wenige Beobachtungsstudien ähnlicher Zielperspektive (u.a. Beck, Scholz 1995), weil der Aufwand außerordentlich groß ist. Dies wird durch das Wissen um die Begrenztheit der Aussagen verstärkt, da Lernvoraussetzungen nicht generalisierbare Persönlichkeitsdimensionen sind, sondern konkrete inhaltsgebundene. Die Diskurse über Forschungsparadigmen stehen deshalb noch im Anfangsstadium.

Trotz der forschungsmethodischen Probleme, die sich zwangsläufig ergeben, wenn wir uns den subjektiven Zugangsweisen der Kinder als Fragestellung widmen, ist dieser Weg sehr wichtig, um zu empirisch belegten Anhaltspunkten für die Perspektiven der Kinder auf Inhalte des Sachunterrichts zu gelangen. Denn erst wenn wir die subjektiven Vorstellungen, Interessen, Rezeptionsweisen, Wissenselemente und Einstellungen für bestimmte Sachunterrichtsinhalte genauer kennen, werden wir einen lebendigen produktiven Sachunterricht entwickeln können.

Literatur

Altrichter, H./Posch, P.: Lehrer erforschen ihren Unterricht. Bad Heilbrunn: Klinkhardt 1994 (2)

Baacke, D./Schultze, T. (Hrsg.): Aus Geschichten lernen. München: Juventa 1984 (2)

Beck, G.: Wie Kinder sich Moral aneignen. In: Die Grundschulzeitschrift 5 (1991) 56, S. 4-5

Beck, G./Scholz, G.: Soziales Lernen. Kinder in der Grundschule. Reinbek 1995

Biester, W.: Zeichnen als Hilfe zum Verstehen im Sachunterricht der Grundschule. In: Lauterbach, R. u.a. (Hrsg.): Wie Kinder erkennen. Kiel: IPN und GDSU 1991, S. 82-97

Brunner, E. J./Tschacher, W.: Quantifizierende Inhaltsanalyse. In: König, E./Zedler, P. (Hrsg.): Bilanz qualitativer Forschung. Band II: Methoden. Weinheim:Beltz 1995, S. 619-632

Comenius, J. A.: Pädagogische Schriften. Bd.1. Große Unterrichtslehre. Langensalza 1904 (5)

Dick, A.: Vom unterrichtlichen Wissen zur Praxisreflexion. Bad Heilbrunn: Klinkhardt 1994

Diesterweg, F.A.: Wegweiser zur Bildung für deutsche Lehrer. Essen 1835

Duit, R.: Forschungen zur Bedeutung vorunterrichtlicher Vorstellungen für das Erlernen der Naturwissenschaften. In: Riquarts, K. u.a. (Hg.): Naturwissenschaftliche Bildung in der Bundesrepublik Deutschland. Band IV. Kiel 1992

Duit, R.: Zur Rolle der konstruktivistischen Sichtweise in der naturwissenschaftsdidaktischen Lehr- und Lernforschung. In: Zeitschrift für Pädagogik 41 (1995) 6, S. 905-923

Duit, R.: Schülervorstellungen - von Lerndefiziten zu neuen Unterrichtsansätzen. In: Naturwissenschaften im Unterricht Physik 4 (1993) 16, S. 4-10

Fichten, W.: Unterricht aus Schülersicht. Frankfurt - Bern: Lang 1993

Fichten, W. u.a.: LehrerInnen erforschen ihren Unterricht - StudentInnen erforschen Schule. Oldenburg: ZPB Heft 250/95, 1995

Fischer, D. (Hrsg.): Fallstudien in der Pädagogik. Konstanz: Faude 1982

Garz, D./Kraimer, K. (Hrsg.): Qualitativ-empirische Sozialforschung. Opladen: Leske & Budrich 1991

Girg, R.: Die Bedeutung des Vorverständnisses der Schüler für den Unterricht. Bad Heilbrunn: Klinkhardt 1994

Groeben, N./Rustemeyer, R.: Inhaltsanalyse. In: König, E./Zedler, P. (Hrsg.): Bilanz qualitativer Forschung. Band II: Methoden. Weinheim:Beltz 1995, S. 523-554

Heimann, P./ Otto, G./ Schulz, W.: Unterricht. Analyse und Planung. Hannover 1968 (3)

von Hentig, H.: Die Schule neu denken. München - Wien: Hanser 1993

Holling, H./Merkens, H.: Anwendungsorientierte Erziehungsforschung. In: Haft, H./Kordes, H. (Hrsg.): Methoden der Erziehungs und Bildungsforschung. Enzyklopädie Erziehungswissenschaft. Stuttgart: Klett-Cotta 1984, S. 109-141

Hopf, A.: Grundschularbeit heute. München 1993

Kahlert, J.: Ganzheit oder Perspektivität? Didaktische Risiken des fachübergreifenden Anspruchs und ein Vorschlag. In: Lauterbach, R. u.a. (Hrsg.): Curriculum Sachunterricht. Kiel: IPN und GDSU 1994, S. 71-85

Kaiser, A.: Geschlechtsneutrale Bildungstheorie und Didaktik. In: Hansmann, O./Marotzki, W. (Hrsg.): Diskurs Bildungstheorie I. Systematische Markierungen. Weinheim: Beltz 1988, S. 364-376

Kaiser, A: Soziales Lernen bei geschlechtsdifferenter Kultur? In: Kreienbaum, M.-A. u.a. (Hrsg.): Was ist eine gute Schule? Weinheim: DSV 1993, S. 24-57

Kaiser, A.: Einführung in die Didaktik des Sachunterrichts. Baltmannsweiler: Schneider 1995

Kaiser, A.: Lernvoraussetzungen für sozialwissenschaftlichen Sachunterricht. Oldenburg: ZPB 1996

Keller, M.: Die Entwicklung der Entwicklungspsycholoie. In: Psychologie heute 9 (1982) &, S. 44-45

Klafki, W. u.a.: Schulnahe Curriculumentwicklung und Handlungsforschung im Marburger Grundschulprojekt. Weinheim: Beltz 1982

Klafki, W.: Neue Studien zur Bildungstheorie und Didaktik. Weinheim: Beltz 1985

Klafki, W.: Allgemeinbildung in der Grundschule und der Bildungsauftrag des Sachunterrichts. In: Lauterbach, R. (Hrsg.): Brennpunkte des Sachunterrichts. Kiel: IPN und GDSU 1992, S. 11-31

Koch-Priewe, B./Stöcker, H.: Elemente einer Sachunterrichtsdidaktik - dargestellt am Erkenntnisprozeß einer Forscher-Lehrer-Gruppe bei der Entwicklung einer Unterrichtseinheit. In: Klafki, W. u.a.: Schulnahe Curriculumentwicklung und Handlungsforschung. Weinheim: Beltz 1982, S. 167-199

Koch-Priewe, B.: Subjektive didaktische Theorien von Lehrern. Frankfurt: Haag & Herchen 1986

Koch-Priewe, B.: Vorerfahrungen von Schülerinnen und Schülern im Unterricht. Skizze eines Dilemmas am Beispiel des Sachunterrichts. In: Die Deutsche Schule. 87 (1995) 1, S. 92-102

Köckeis-Stangl, E.: Methoden der Sozialisationsforschung. In: Hurrelmann, K./Ulich, D. (Hrsg.): Handbuch der Sozialisationsforschung. Weinheim: Beltz 1982, S. 321-370

König, E./Zedler, P. (Hrsg.): Bilanz qualitativer Forschung. Band II: Methoden. Weinheim: Beltz 1995

König, E./Zedler, P. (Hrsg.): Bilanz qualitativer Forschung. Band I: Grundlagen qualitativer Forschung. Weinheim: Beltz 1995

Kuckartz, U./Maurer, A.: MAX - Analysesystem für verbale Daten. Berlin 1990

Lehrke, M.: Interesse und Desinteresse am naturwissenschaftlich-technischen Unterricht. Kiel: IPN 1987

Lüders, C: Von der teilnehmenden Beobachtung zur ethnographischen Beschreibung. In: König, E./Zedler, P. (Hrsg.): Bilanz qualitativer Forschung. Band II: Methoden. Weinheim: Beltz 1995, S. 311-342

Mayer, W. G.: Der Sachunterricht. Anthropologie und Pädagogik. Teil 1. Heinsberg 1994

Mayring, P.: Qualitative Inhaltsanalyse. Weinheim: Beltz 1983

Merkens, H.: Teilnehmende Beobachtung und Inhaltsanalyse in der erziehungswissenschaftlichen Forschung. Weinheim: Beltz 1984

Renner, E.: Entwurf einer sozialisationsorientierten Konzeption von Sachunterricht - zugleich ein Beleg für die Notwendigkeit der Thematik „Dritte Welt". Heinsberg (Sonderdruck) 1982

Roth, M.: Bedeutungsverstehen und Sozialwissenschaft. Zu einem sozialen Rahmen der Einstellungszuschreibung. Frankfurt - Bern: Lang 1986

Rumpf, H.: Sachneutrale Unterichtsbeobachtung. In: Zeitschrift für Pädagogik 16. Jg. 1969, H. 3, S. 294-314

Rustemeyer, R/Bentler, A./König, E.: Subjektive Verarbeitung neuer Technologien: Eine Erkundungsstudie anhand der Inhaltsanalyse von Interviewtexten. In: König, E./Zedler, P. (Hrsg.): Bilanz qualitativer Forschung. Band II: Methoden. Weinheim: Beltz 1995, 587-618

Scholl, A.: Die Befragung als Kommunikationssituation. Zur Reaktivität im Forschungsinterview. Opladen: Leske & Budrich 1993

Strauss, A./Corbin, J.: Grounded Theory: Grundlagen Qualitativer Sozialforschung. Weinheim: Beltz 1995

Wagner, A.u.a.: Schülerzentrierter Unterricht. München: Urban & Schwarzenberg 1996
Wagner, A.: Bewußtseinskonflike im Schulalltag. Weinheim: Beltz 1984

Wilson, T. P.: Qualitative „oder" quantitative Methoden in der Sozialforschung. In: Kölner Zeitschrift für Soziologie und Sozialpsychologie, 34 (1987), S. 487-508

Wirth, H.: Woher kommen die guten Ideen im Unterricht? In: Grundschule, 14 (1982), H. 8, S. 361 - 362

Historisches Lernen im Sachunterricht – Bestandsaufnahme und Perspektiven der Forschung

Dietmar von Reeken, Universität Bielefeld

1. Einführung

Historisches Lernen im Sachunterricht - versucht sich ein Neuling auf diesem Gebiet über den Stand der didaktischen Forschung zu informieren, so hilft ihm weder ein Blick in die neueren geschichts- und sachunterrichtsdidaktischen Monographien und Sammelbände noch in die einschlägigen Fachzeitschriften. Der Eindruck drängt sich auf, daß sich Sachunterrichtsdidaktik und Geschichtsdidaktik in den letzten zehn bis fünfzehn Jahren wenig zu sagen hatten und historischen Fragestellungen und Inhalten im Sachunterricht der Grundschule in didaktischer Theorie wie unterrichtlicher Praxis nur wenig Aufmerksamkeit geschenkt wurde. Stimmt dieser Eindruck? Und wenn ja: Woran liegt diese Sprachlosigkeit?

Aufgabe dieses Aufsatzes soll eine Bestandsaufnahme des gegenseitigen Verhältnisses der beiden Disziplinen sein, um auf dieser Basis Perspektiven für notwendige künftige Forschungen entwickeln zu können[1].

2. Geschichtsdidaktik und Grundschule 1970 - 1995[2]

Mit dem Beginn der siebziger Jahre brach für den nun fast durchgehend „Sachunterricht“ genannten Realien- oder Heimatkundeunterricht eine neue Ära an. Im Zusammenwirken gesellschaftlicher und gesellschaftspolitischer

[1] Bei dem vorliegenden Aufsatz handelt es sich um die gekürzte und überarbeitete Fassung eines bereits erschienenen Beitrags (von Reeken 1996), der aus meinem Leipziger Vortrag vor allem um Perspektiven künftiger Forschung ergänzt wurde.

[2] Zur Entwicklung vor 1970, die hier aus Platzgründen entfallen mußte, vgl. von Reeken 1996, S. 349-353.

Veränderungen der sechziger Jahre, der aus den USA nach Deutschland übergreifenden Curriculumdiskussion im Gefolge Robinsohns, neuer lern- und entwicklungspsychologischer Erkenntnisse und der zunehmenden Kritik an der affirmativen Heimatkunde entstand eine intensive Diskussion über eine Neukonzeption dieses Unterrichtsfaches in der ja nunmehr auch weitgehend organisatorisch selbständigen Schulform Grundschule.

In der Beteiligung bzw. Nichtbeteiligung der Geschichtsdidaktik an dieser bis heute andauernden Diskussion lassen sich drei Phasen unterscheiden:

Bis etwa 1974 war sie an dem neuen wissenschaftlichen und bildungspolitischen Diskurs zum wissenschaftsorientierten Sachunterricht kaum beteiligt (vgl. Gärtner 1976, S. 134 - 141). Die in den Bundesländern durchweg neu entwickelten Lehrpläne kamen ohne Mitwirkung von Geschichtsdidaktikern zustande, was der massiven Zurückdrängung historischer Inhalte Vorschub leistete. Die nordrhein-westfälischen Richtlinien von 1973 etwa sahen im Sachunterricht neun eigenständige „Lernbereiche“ vor, darunter sogar Verkehrserziehung - Geschichte war nicht darunter, historische Inhalte waren vielmehr integriert in den Lernbereich „Soziale Studien“.

Ohne Zweifel hing diese Entwicklung mit den internen Problemen der Geschichtsdidaktik zusammen. In den Umbrüchen der späten sechziger und frühen siebziger Jahre mußte sie sich als wissenschaftliche und akademische Disziplin überhaupt erst herausbilden und gegen Widerstände der alten Geschichtsmethodik und der gegenüber den Ansprüchen einer eigenständigen Geschichtsdidaktik skeptischen Geschichtswissenschaft durchsetzen (vgl. Kuss 1994/95). Daß die Grundschule hierbei nicht im Blickpunkt ihres Interesses stand, verwundert nicht, vergegenwärtigt man sich die berufsbiographische Herkunft der meisten Geschichtsdidaktiker und die Konzentration des öffentlichen Interesses auf den Geschichtsunterricht in der Sekundarstufe I. Zudem war der Sachunterricht erklärtermaßen ein Integrationsfach, und der Streit um die Hessischen Rahmenrichtlinien des neuen Faches Gesellschaftslehre von 1972 hatte gezeigt, daß die Integration des gerade mit seinem eigenen Selbstverständnis ringenden Faches Geschichte in einen übergreifenden Lernbereich für Geschichtsdidaktik und -wissenschaft enorme Legitimations- und Identitätsprobleme aufwarf.

Betrachtet man die Publikationen zum Thema „Geschichte in der Grundschule“, so scheint sich seit 1974 ein allmählicher Wandel vollzogen zu haben. Pädagogische und grundschuldidaktische Zeitschriften erschienen mit konzeptionellen Beiträgen von Geschichtslehrern und -didaktikern zum Thema, die Frage nach „Geschichte in der Grundschule“ wurde in übergreifenden Sammelbänden zur

Sachunterrichtsdidaktik einbezogen und Unterrichtsentwürfe versuchten, Anleitungen zur Praxis historischen Lernens in der Grundschule zu vermitteln. Zwischen 1974 und 1981 entdeckte ein Teil der Geschichtsdidaktik den Sachunterricht. In erster Linie zu nennen sind Hilke Günther-Arndt, Irmgard Hantsche, Wolfgang Hug, Jochen Huhn, Hans-Georg Kirchhoff, Klaus Lampe und Hans-Dieter Schmid (vgl. Lampe 1976; Voit 1980; Hantsche, Schmid 1981). Die „Bibliographie zur Didaktik des Geschichtsunterrichts" von 1983 verzeichnet immerhin über hundert Beiträge, von denen sich allerdings ein beachtlicher Teil eher in der heimatkundlichen Tradition bewegte als geschichts- und sachunterrichtsdidaktische Innovation darzustellen (Gies, Spanik 1983, S. 79-85).

Höhepunkte der geschichtsdidaktischen Arbeit jener Jahre waren sicherlich Klaus Lampes Buch „Geschichte in der Grundschule" von 1976 (Lampe 1976), das Themenheft „Geschichtsunterricht auf der Primarstufe" der neuen Zeitschrift „Geschichtsdidaktik" 1977 und vor allem der Sammelband „Historisches Lernen in der Grundschule", der von Hantsche und Schmid herausgegeben wurde und 1981 in der für die geschichtsdidaktische Diskussion jener Jahre überaus wichtigen Klett-Reihe „Anmerkungen und Argumente zur historischen und politischen Bildung" erschien (Hantsche, Schmid 1981)[3]. Diese Veröffentlichungen spiegelten die Bereitschaft der Geschichtsdidaktik wider, traditionelle Abgrenzungen zu überwinden, und sie dienten gemeinsam mit dem allmählich beginnenden Diskurs über die Darstellung und Verwendung von Geschichte im außerschulischen Bereich zur Konturierung des Gegenstandes der „neuen" Wissenschaft Geschichtsdidaktik. Allerdings: Es war, wie gesagt, nur ein kleiner Teil der Zunft, der sich dieses Themas annahm, und es waren auch nur erste konzeptionelle Ansätze, denen weitgehend eine empirische Fundierung, eine historische Herleitung und eine pragmatische Überprüfung fehlten. Der Sammelband von Hantsche und Schmid 1981 stellte daher auch nicht nur einen Höhe-, sondern auch den Schlußpunkt einer produktiven Phase geschichtsdidaktischen Nachdenkens über die Grundschule und ihre spezifischen Lernbedingungen dar.

In den letzten 15 Jahren kann von einer eingehenden Auseinandersetzung der Geschichtsdidaktik mit den Problemen historischen Lernens in der Grundschule

[3] Vgl. außerdem Voit 1980, eine Sammlung wichtiger Aufsätze u.a. von Hug, Hantsche, Lampe, Kirchhoff und Günther-Arndt; dieser Band erschien bezeichnenderweise in der Reihe „Studientexte zur Grundschuldidaktik".

nicht mehr die Rede sein. Zwar erschienen bis zur Mitte der 1980er Jahre als Ausläufer der ersten Welle noch einige interessante Beiträge[4], ansonsten aber wandte sich die Geschichtsdidaktik wieder anderen Themen zu. Einige Beispiele: Was die neueren Gesamtdarstellungen - Joachim Rohlfes' „Geschichte und ihre Didaktik" (Rohlfes 1986) und Jochen Huhns „Geschichtsdidaktik. Eine Einführung" (Huhn 1994) - angeht, so interessiert sich Huhn nicht für die Problematik der Schulstufen, während Rohlfes immerhin der Primarstufe in dem Kapitel „Geschichte in der Schule" nicht weniger Raum als den Sekundarstufen widmet und die wichtigsten Ergebnisse der fruchtbaren Phase der Geschichtsdidaktik referiert und kritisch beleuchtet. Eine Rezeption der sachunterrichtsdidaktischen Literatur findet allerdings auch bei ihm nicht statt. Die neueren empirischen Studien der Geschichtsdidaktik, inspiriert und durchgeführt vor allem von Bodo von Borries, Hans-Jürgen Pandel und Jörn Rüsen, beziehen sich fast durchweg auf Kinder und Jugendliche nach dem Grundschulalter; der in diesem Zusammenhang in den letzten Jahren für die geschichtsdidaktische Theoriebildung und Forschung so überaus zentrale Begriff des „Geschichtsbewußtseins" wurde denn auch kaum auf Grundschulkinder bezogen[5]. Auf den letzten Tagungen der „Konferenz für Geschichtsdidaktik" fanden grundschul- oder sachunterrichtsspezifische Themen ebenfalls keinen Platz; hier ging es zwar um Fragestellungen, die auch für die Grundschule von Bedeutung wären - „Emotionen und historisches Lernen" oder „Historisches Lernen im vereinten Deutschland. Nation - Europa - Welt" -, doch nahm kaum einer der Beiträger explizit auf die Grundschule Bezug (Mütter, Uffelmann 1992; Uffelmann 1994). Und schließlich eine letzte Beobachtung: In der wichtigen, weil innovativen und zugleich unterrichtspraktischen geschichtsdidaktischen Zeitschrift „Geschichte lernen" waren 1988 bis 1994 von insgesamt 299 Unterrichtsbeiträgen nur 26 (= 8,7%) primarstufenspezifisch, wenn wir in einer großzügigen Auslegung - die sechsjährige Grundschule wird ja von vielen Grundschuldidaktikern angestrebt - die 5. und 6. Jahrgangsstufe hinzunehmen 45 (= 15,1%). Und dies ist noch ein vergleichsweise gutes Ergebnis, wenn wir uns vergegenwärtigen, daß die zweite wichtige Zeitschrift „Praxis Geschichte" im gleichen Zeitraum 281 Unterrichtsbeiträge ausschließlich für die Sekundarstufen

---

4 Bemerkenswert sind die grundschulspezifischen Kapitel IV und V, vor allem der Beitrag von Gunter Thiele in: Uffelmann 1986 - hier spielt sicher die geringere Distanz der Pädagogischen Hochschulen zur Grundschule eine zentrale Rolle! Grundlegend neuerdings auch Bergmann 1996 - dieser Beitrag erschien nach der Abfassung des ursprünglichen Manuskripts dieses Aufsatzes.

5 Die meines Wissens einzige Ausnahme - auf sehr schmaler empirischer Basis - stellt dar: El Darwich 1991.

präsentierte. Auch wenn dies von den Zielgruppen der Zeitschriften her - Käufer dürften überwiegend Geschichtslehrerinnen und -lehrer, kaum aber Sachunterrichtslehrerinnen und -lehrer sein - verständlich ist, so wirft es aber auch ein Licht auf die Situation der Forschung.

Die Gründe für diese weit klaffende Forschungslücke liegen vor allem in der Entwicklung der Geschichtsdidaktik selbst: Sie geriet nach der Aufbruchphase der 1970er Jahre in eine seitdem viel beklagte, aber wohl immer noch anhaltende Krise. Die Ursachen lagen auf mehreren Ebenen: der gesellschaftspolitischen „Tendenzwende" der späten 1970er Jahre, die einer progressiven Geschichtsdidaktik den Boden unter den Füßen entzog, der hohen Lehrerarbeitslosigkeit und den hiermit verbundenen massiven Stellenstreichungen an den Hochschulen, der anhaltenden Verweigerungshaltung eines Teils der Geschichtswissenschaft, aber auch den hohen theoretischen Ansprüchen der Geschichtsdidaktik, deren unterrichtspraktische Einlösung kaum handlungsrelevant gelang, so daß die Rezeption der Forschungen und Forschungsergebnisse zunehmend geringer wurde - die Geschichtsdidaktik geriet „zunehmend in die Defensive" (Schneider 1990, S. 17). Die verbliebenen Geschichtsdidaktiker konzentrierten sich, wenn sie sich denn weiterhin mit Schule befaßten, verständlicherweise eher auf die Probleme des nunmehr wieder etablierten, von kaum jemand ernsthaft in Frage gestellten Geschichtsunterrichts der Sekundarstufen I und II. Hier war eben die Existenzberechtigung einer akademischen Geschichtsdidaktik noch am ehesten unter Beweis zu stellen und nicht in einem Integrationsfach Sachunterricht, in dem die Konturen des Faches zu verschwimmen drohten.

3. Sachunterrichtsdidaktik und Geschichte 1970 - 1995

Ähnlich wie die Geschichtsdidaktik mußte sich die Sachunterrichtsdidaktik einen Platz im akademischen Kanon erst noch mühsam erkämpfen; anders als bei der Geschichtsdidaktik, die eben durch die Ausbildung von Haupt- und Realschul-, später auch von Gymnasiallehrern ein schon seit längerem etabliertes Standbein besaß, dauerte dieser Kampf wesentlich länger. Ein Indiz hierfür sind die Interessenvertretungen der beiden Wissenschaften: Die „Konferenz für Geschichtsdidaktik" als Zusammenschluß der an Hochschulen tätigen Geschichtsdidaktiker wurde 1972 begründet, die „Gesellschaft für Didaktik des Sachunterrichts" erst zwanzig Jahre später.

Die Frage nach „Geschichte in der Grundschule" spielte in der sachunterrichtsdidaktischen Diskussion der frühen siebziger Jahre zunächst kaum eine Rolle.

Dies hing nicht nur mit der konstatierten Untätigkeit der Geschichtsdidaktik zusammen, sondern auch mit der Tatsache, daß in Abkehr von der Tradition der Heimatkunde, in der ja die Geschichte eine nicht unbedeutende Rolle gespielt hatte, vor allem in der Integration naturwissenschaftlich-technischer Inhalte die zentrale Herausforderung für das neu zu konzipierende Unterrichtsfach gesehen wurde; das US-amerikanische Vorbild spielte hierbei eine wichtige Rolle. Zwar zeichnete sich im wissenschaftlichen Diskurs über den Sachunterricht allmählich eine Zweiteilung in einen gesellschaftswissenschaftlichen und einen naturwissenschaftlich-technischen Bereich ab, doch war letzterer als grundlegend neues Curriculumelement zunächst dominant und ersterer im Zuge der Zeit eher von neuen soziologischen und politologischen als von historischen Theorien, Inhalten und Methoden geprägt. Die Ziele eines sozialwissenschaftlichen Sachunterrichts - Schlüsselbegriffe waren: Aufklärung, Emanzipation, Soziales Lernen, Politische Bildung, Gesellschaftskritik - schienen nicht notwendigerweise nach historischem Lernen zu verlangen. Es war, zumal angesichts einer fehlenden Rezeption neuerer geschichtsdidaktischer Konzepte, unklar, inwiefern Geschichte einen wichtigen Beitrag zu einer geforderten kompensatorischen Erziehung im Sachunterricht leisten konnte.

Allmählich allerdings schälten sich in den Diskussionen fachpropädeutische Konzeptionen als dominante Modelle in der didaktischen Theoriebildung und vor allem in der Lehrplankonstruktion heraus, so daß der Geschichte, parallel zur oben beschriebenen Entdeckung des Sachunterrichts durch die Geschichtsdidaktik, wieder ein eigener Stellenwert zugemessen werden konnte. In dem 1972 erschienenen, von Lothar Katzenberger herausgegebenen zweibändigen Werk „Der Sachunterricht der Grundschule in Theorie und Praxis“ bestand der „soziokulturelle Fächerbereich“ des Sachunterrichts aus Soziallehre, Wirtschaftslehre, Erdkunde und eben Geschichte. Allerdings blieb dieser Stellenwert der Geschichte innerhalb des sozialwissenschaftlichen Lernbereichs umstritten; Antonius Holtmann etwa behauptete in seinem Beitrag zur Soziallehre: „Geschichte vermag innerhalb der sozialen Studien nichts Spezifisches zu leisten, was nicht durch soziales Lernen besser geleistet werden könnte“ (Holtmann 1972, S. 95).

Mit der Fächerpropädeutik wurden zwar die Ziele des Deutschen Bildungsrats, die dieser in seiner Grundlegung des Sachunterrichts im „Strukturplan für das Bildungswesen“ 1970 aufgestellt hatte, in Frage gestellt, denn er hatte eher eine Überwindung der Fächergrenzen angestrebt. Für die Geschichte aber bedeutete sie eine Chance zur Verankerung historischer Fragestellungen im Sachunterricht, die zumindest durch die Anstrengungen der Geschichtsdidaktik, wie oben angedeutet, zeitweise genutzt wurde. Eine Vorbereitung auf die „eigentliche" Aufgabe in den weiterführenden Schulen war eben der eigenen Zunft leichter zu vermitteln als ein eigenständiges, nicht an dem chronologischen Durchgang durch die Geschichte orientiertes, auf Zusammenarbeit mit anderen Fächern angewiesenes und quantitativ nur schwer einschätzbares historisches Curriculum in der Grundschule.

Daß der Diskurs nach wenigen Jahren wieder abbrach, lag nicht nur an der oben beschriebenen Krise der Geschichtsdidaktik, sondern hatte auch mit der Weiterentwicklung der Sachunterrichtsdidaktik zu tun. Die fachpropädeutischen Konzepte, ganz gleich ob sie das Schwergewicht auf die Inhalte aus den Fächern, auf fachliche Verfahren oder fachliche Strukturen legten, gerieten in den späten 1970er Jahren und den 1980er Jahren zunehmend in die Kritik. In der didaktischen Trias „Kind-Gesellschaft-Sache" hatte nach Ansicht vieler Kritiker die Sachunterrichtsdidaktik das Kind zugunsten von Gesellschaft und Sache vernachlässigt. In teilweise scharfen Angriffen wurden die didaktischen Konzepte und ihre Umsetzung in der Schule verantwortlich gemacht für die Krise des schulischen Unterrichts schlechthin. Wolfram Winnenburg etwa klagte 1987 an: „Fachwissenschaftliches Schubladenwissen, Stoffülle, Kopflastigkeit, Verlust an Kindgemäßheit, überzogene Leistungsanforderungen, stofforientiertes Rezeptionslernen als unausbleibbare Fehlfolgen führten in den letzten Jahren zu einer immer stärker werdenden 'Schulmüdigkeit', 'Schulangst' und 'Schulverweigerung'). " (Winnenburg 1987, S. 383f.) Auch wenn die Kritik hier deutlich überzogen scheint, richtig war daran, daß zum einen, wie Richard Meier mit Recht feststellte, in einer zu radikalen Wende möglicherweise weiterführende Ansätze des alten Anschauungs- und Heimatkundeunterrichts von vornherein ignoriert wurden (Meier 1989, S. 24), zum anderen die bloße Orientierung an einigen, ausgewählten Fachwissenschaften - deren Auswahl zudem kaum hinterfragt wurde[6] - kaum geeignet schien, subjektive und objektive, gegenwärtige und zukünftige Lebensprobleme von Kindern auszuwählen und zu Unterrichtsthemen zu machen, ganz zu schweigen von der Beschränkung auf ein bloß kognitives Lernen, die ganzheitliches und emotionales Lernen ausschloß.

Die Kritik mündete in eine neue Generation von Sachunterrichtskonzepten und Lehrplänen; Astrid Kaiser spricht von der „2. Phase des neueren Sachunterrichts, die gekennzeichnet ist durch eine Wiederentdeckung der didaktischen

---

[6] Auf dieses wichtige Problem eines Integrationsfaches, aber auch von Schule insgesamt verweist Kaiser 1995, S. 146. Walter Köhnlein nennt als „Bezugsfächer des Sachunterrichts ... die Sachfächer der weiterführenden Schulstufen: Erdkunde, Geschichte, Sozialkunde, Chemie, Biologie, Physik" (Köhnlein 1988, S. 531).

Kategorie 'Kind' bei gleichzeitigem Beibehalten einer realistischen Orientierung des Sachunterrichts und Aufrechterhalten eines weiten inhaltlichen Spektrums" (Kaiser 1995, S. 59). Auch die Geschichte gehörte und gehört weiter zu diesem inhaltlichen Spektrum, spielte und spielt aber wieder eine deutlich untergeordnete Rolle, über die zudem im didaktischen Diskurs nicht nachgedacht wurde. Diese These einer weitgehenden Ausblendung des historischen Lernens soll an einigen prominenten Beispielen aus den vergangenen Jahren belegt werden:

Bei Helmut Schreiers grundlegenden und teilweise sehr anregenden Darstellungen „Die Sache des Sachunterrichts" (1982) und „Der Gegenstand des Sachunterrichts" (1994) spielt die Geschichte kaum eine Rolle. Allerdings gilt dies für die meisten Bezugsfächer des Sachunterrichts, auch wenn sein Schwergewicht eher auf den Naturwissenschaften liegt und er, soweit erkennbar, die maßgebende geschichtsdidaktische Literatur zum Sachunterricht nicht rezipiert. Das historische Lernen scheint aber in sein Konzept des erfahrungsorientierten Sachunterrichts nach John Dewey prinzipiell durchaus integrierbar.

In Michael Soostmeyers Studie „Zur Sache Sachunterricht" (1988) fehlt ebenso wie in Schreiers Arbeiten die Bezugnahme auf die Geschichtsdidaktik. Immerhin bezeichnet er das „Wahrnehmen von Veränderungen im Verlaufe der Zeit" als wichtige Intention des Sachunterrichts. Der inhaltliche Schwerpunkt liegt allerdings auf der Zeitbegriffsbildung; ansonsten strebt er eine „Anbahnung eines geschichtlichen Zeitverständnisses" an, bei der er allenfalls bis in die Großelterngeneration der Kinder zurückgreifen will (Soostmeyer 1992, S. 409 - 411).

Werner G. Mayer widmet in seiner dreibändigen Studie „Der Sachunterricht" von 1993 dem „historischen Aspekt im Sachunterricht" immerhin eines seiner fünfzehn Kapitel. Inhaltlich aber ist dieses Kapitel problematisch: Ohne jegliche Kenntnis der geschichtsdidaktischen Diskussionen der letzten Jahrzehnte - einzige Fachanmerkung in diesem Kapitel ist der Hinweis auf einen Artikel Egon Friedells aus dem Jahr 1927(!) - plädiert er methodisch für erzählende Präsentation in Wort und Bild, inhaltlich für Kultur- und gegen Politikgeschichte, spricht von einer „geschichtlichen Propädeutik im Sachunterricht" und beschränkt sich in einer Aufzählung von „grundsätzlichen Anbahnungen" fast ausschließlich auf die Anhäufung von Wissen (Mayer 1993, S. 107 - 118)[7].

---

[7] Vollends fragwürdig ist sein Plädoyer für die Erstellung eines Geschichtsfrieses, wenn er dies abschließend begründet mit: „Der Zahlen-Strahl des Frieses stützt die europäisch-abendländischen Vorstellungen der Pfeil-Zeit! (Christi Geburt - Endzeit, Jüngstes Gericht)" (S. 109).

Astrid Kaiser (1995) schließlich befaßt sich zwar ausführlich - und sinnvollerweise - mit der Geschichte des Sachunterrichts, bei der Frage nach der „Sache des Sachunterrichts" spielt aber auch bei ihr die Geschichte keine wichtige Rolle. Dies ist auch nicht überraschend, lehnt sie doch eine Orientierung der Inhaltsauswahl an Fachinhalten ab und stützt sich stattdessen auf Klafkis gesellschaftliche Schlüsselprobleme, die sie kombiniert mit Interessen und Fähigkeiten von Kindern, die im Sachunterricht zur Geltung kommen bzw. erworben werden sollen. Historisches Lernen kommt dabei nicht ausdrücklich vor, könnte aber durchaus integriert werden - Hilfestellung aus den Forschungen der Geschichtsdidaktik nimmt auch sie hierfür nicht an[8].

Abschließend eine letzte Beobachtung, die diese knappe Analyse abrundet: Auch in einigen wichtigen Sammelbänden, die in den letzten Jahren erschienen - die von der Gesellschaft für Didaktik des Sachunterrichts herausgegebenen Bände 3 und 4 „Brennpunkte des Sachunterrichts" (Lauterbach et al. 1992) und „Dimensionen des Zusammenlebens" (Lauterbach et al. 1993), der Oldenburger Band „Grundlagen des Sachunterrichts" (Richter et al. 1993) und Duncker / Popps „Kind und Sache" (1994) - ist von der Geschichte, ist vom historischen Lernen nirgends die Rede.

Das Gesamtbild ist eindeutig: Während dem sozialen und politischen Lernen in nahezu allen Konzepten ein wichtiger Stellenwert zugemessen wird - ohne daß damit schon etwas über den jeweiligen Forschungsstand ausgesagt wäre - , während Umwelterziehung, interkulturelle Erziehung, Sexualerziehung und Geschlechtererziehung vieldiskutierte neue Inhalte darstellen, wird das historische Lernen von der Sachunterrichtsdidaktik weitgehend ignoriert. Wenn es denn doch für relevant gehalten wird, so werden Forschungsthemen und -ergebnisse der Geschichtsdidaktik souverän übersehen. Die Ursachen hierfür sind nur schwer zu ermitteln. Offensichtlich herrscht in der Sachunterrichtsdidaktik nach wie vor Unklarheit darüber, ob historisches Lernen in den heute diskutierten Curricula zum Sachunterricht überhaupt eine eigenständige Funktion wahrnehmen kann; abgesehen von der Zeitbegriffsbildung, die die meisten für wichtig halten, herrscht über kaum ein Ziel oder einen Inhalt ein Konsens. Daß dies so ist, liegt u.a. an der mangelnden Rezeption geschichtsdidaktischer Forschung. Da auch von der Sachunterrichtsdidaktik bislang niemand eine Eliminierung

---

[8] In ihrem eigenen Inhaltskatalog, einem „Minimalplan für die vier Grundschuljahre", taucht - bis auf „Zeit" - nicht ein historisches Thema auf (Kaiser 1995, S. 154 - 157).

der Geschichte verlangt hat[9], die zuständige Fachdidaktik aber kaum rezipiert wurde, ergibt sich der merkwürdige Zustand, daß sich die meisten Didaktikerinnen oder Didaktiker, wenn sie sich denn zur Geschichte äußerten, vermutlich von ihrem gesunden Menschenverstand bzw. von ihren Lehrerinnen- oder Lehrererfahrungen ausgingen. Für einen wissenschaftsorientierten Sachunterricht ist dieser Zustand unbefriedigend; auch die Geschichtsdidaktik gehört zu seinen Bezugswissenschaften.

4. Geschichtsbewußtsein im Sachunterricht? Aufriß eines möglichen Forschungsfeldes

An einer zentralen geschichtsdididaktischen Kategorie läßt sich zeigen, wie ein Forschungsfeld in der Kooperation geschichts- und sachunterrichtsdidaktischer Kompetenzen aussehen könnte: der Kategorie des „Geschichtsbewußtseins". Sie stand und steht in den vergangenen zwanzig Jahren in zunehmendem Maße im Zentrum geschichtsdidaktischen Nachdenkens (Pandel 1993). Das Geschichtsbewußtsein meint die Art und Weise, in der ein Individuum oder eine Gruppe sich die Vergangenheit „deutend so vergegenwärtigt, daß gegenwärtige Lebensverhältnisse verstanden und Zukunftsperspektiven ... erfahrungskonform entwickelt werden können" (Rüsen). Geschichtsbewußtsein ist also zum einen eher eine Denk-, vielleicht auch Fühlweise, ist eher eine Fähigkeit zur Verarbeitung historischer Sachverhalte und Deutungsmuster als ein bestimmter Bestand an Wissen über Geschichte, zum anderen beschränkt es sich nicht nur auf die Vergangenheit, sondern ist wegen seiner persönlichkeitsprägenden und handlungsrelevanten Wirkungen von grundlegender Bedeutung für Gegenwarts- und Zukunftsverständnis von Individuen und Gesellschaften. Hans-Jürgen Pandel hat versucht, die Struktur des Geschichtsbewußtseins genauer zu fassen (Pandel 1987). Er schlug eine Ausdifferenzierung in sieben Dimensionen, drei Basis- und vier ergänzende Kategorien, vor: Temporal-, Wirklichkeits- und Historizitätsbewußtsein sowie Identitäts-, politisches, ökonomisch-soziales und moralisches Bewußtsein (Abb. 1). Pandels Dimensionierungsversuch hat den Vorteil, daß mit ihm konkrete didaktische Forschungsprobleme - seien es konzeptionelle Erwägungen zum historischen Lernen, die Lehrplanarbeit oder

[9] Astrid Kaisers in über einen zukünftigen Sachunterricht umfassen - im Gegensatz zu den konkreteren Inhaltskatalogen (s.o. Anm. 8) - auch die historische Dimension, vgl. etwa: „Zukünftiger Sachunterricht muß die Inhalte in ihrer Entwicklung zeigen, er muß das Vorher und das Nachher sowie das Gewordensein und die Entwicklungsmöglichkeiten des Gegenwärtigen in den Mittelpunkt stellen." (Kaiser 1995, S. 174).

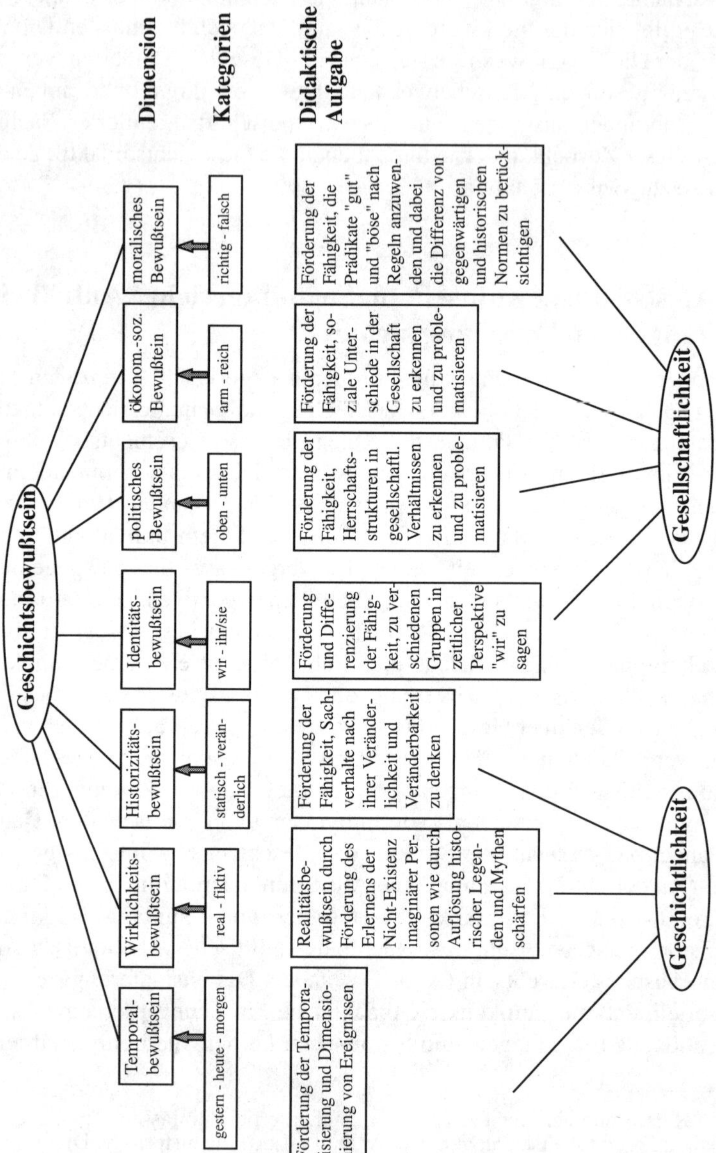

Abb. 1 Struktur des Geschichtsbewustseins nach Pandel 1987 (eigene Grafik nach Uffelmann 1990, S. 13-18)

die Konstruktion von Unterrichtsvorschlägen - theoretisch faßbar und empirisch umsetzbar werden.

Angenommen wird, daß das Geschichtsbewußtsein des Individuums - neben dem es auch eins von sozialen Gruppen oder gar ganzen Gesellschaften gibt - eine mentale Struktur ist, die sich im Individuum lebensgeschichtlich unter dem Einfluß von Reifungs- und Sozialisationsprozessen entwickelt. Die Grundlagen hierfür werden in Kindheit und Jugend gelegt. Das Kind differenziert, so Pandel, die grundlegenden Doppelkategorien (vgl. Abb. 1) aus und erwirbt so das kognitive Bezugssystem, das das Geschichtsbewußtsein ausmacht. Wie dies genau geschieht, ist noch weitgehend unbekannt. Erste, allerdings noch sehr vage und unsichere Ergebnisse empirischer Forschungen deuten darauf hin, daß Kinder entsprechend den Thesen Piagets und Kohlbergs entwicklungspsychologische Stufen der Geschichtsbewußtseinsentwicklung durchmachen (von Borries 1987). Der konkret-operationalen Phase Piagets - also grob gerechnet dem Grundschulalter - entspreche eine „konkret-narrative“ Stufe des Geschichtsbewußtseins, auf der die Kinder zwar Vergangenheit und Gegenwart unterscheiden, aber noch kein ausgeprägtes Historizitätsbewußtsein entwickeln können. „Darum werden Entwicklungen vom Einfachen zum Komplexen nicht wahrgenommen, Faszination geht von Handlungen und Leistungen starker, großer Persönlichkeiten aus. Ebenso fasziniert das Älteste, Entfernteste, Unheimlichste, Größte und Unerklärlichste“ (Noack 1994, S. 29).

Auf den Sachunterricht gewendet heißt dies, daß die Arbeit mit der Kategorie „Geschichtsbewußtsein“ die Chance bietet, im Forschungsprozeß endlich die Bedingungen, Möglichkeiten und Grenzen historischen Lernens im Sachunterricht theoretisch fundieren und hieraus auch pragmatische Schlüsse im Hinblick auf den Unterricht ziehen zu können. In den Sekundarstufen jedenfalls ist die Kategorie bereits bis in die konkrete Curriculumarbeit vorgedrungen. Ziel des historischen Lernens in der Schule ist demnach die Ausbildung und Förderung von Geschichtsbewußtsein. Damit muß der Geschichtsunterricht neben der Vermittlung von Informationen Kindern einsichtig machen, wie Analyse, Beurteilung und Wertung von Aussagen über Vergangenheit zustandekommen, um sie so in die Lage zu versetzen, eine eigene begründbare Position zu entwickeln. Das Ziel ist also ein reflektiertes, methodisch und diskursiv argumentierfähiges Geschichtsbewußtsein (Jeismann) - eine Forderung, die auch mit den Grundsätzen eines wissenschaftsorientierten Sachunterrichts übereinstimmt.

Daß Grundschulkinder bereits in der Lage zu sein scheinen, historisch zu lernen, zeigt ein kleines unterrichtliches Beispiel: Im Rahmen eines Forschungsprojekts zur „Perspektivität im Prozeß historischen Lernens“ wurde in einem vierten

Schuljahr das Thema „Nachkriegszeit" behandelt: „Ein zeitgenössisches Foto zeigt Kinder beim Kohlenklauen. Ein Schüler sagt: „Klauen tut man ja nicht!" Der Lehrer fragt: „Würdest du auch klauen?" der Schüler überlegt eine Weile, dann: „Wenn ich Hunger hätte - ja." Die Schlußfolgerung der Autoren lautet: „Der Viertklässler hat am konkreten Beispiel eine erste Einsicht in den Zusammenhang von Lebensbedingungen und Perspektive gewonnen, in diesem Fall die Einsicht in einen Wertekonflikt (zwischen 'Eigentum' und 'Überleben') unter veränderten Lebensbedingungen. Die Denkbewegung geht dabei sowohl in die Vergangenheit als auch - reflexiv - auf den eigenen Bezugsrahmen, auf die gegenwärtigen Lebensbedingungen des Schülers und auf seine Einstellung zu „Eigentum" (Henke-Bockschatz 1994, S. 158f.)[10].

Das Grundproblem historischen Lernens im Sachunterricht aber ist, daß die skizzierten theoretischen-konzeptionellen Überlegungen aufgrund der jahrzehntelangen Vernachlässigung in Geschichts- und Sachunterrichtsdidaktik noch kaum auf den notwendigen didaktischen Forschungen basieren. Vor allem in den Bereichen Theorie, Empirie und Pragmatik wäre daher ein dringender Forschungsbedarf, der abschließend knapp skizziert werden soll:

1. In der didaktischen Theoriebildung ist eine Einbindung des historischen Lernens in neuere sachunterrichtsdidaktische Konzepte erforderlich. Hierzu muß danach gefragt werden, welchen Stellenwert historisches Lernen als Förderung von Geschichtsbewußtsein etwa in Soostmeyers problemorientiertem, Schreiers erfahrungsorientiertem oder Kaisers regionalem Sachunterricht besitzt. Neue Themen und Zugänge wie die Eine-Welt- und die Umwelterziehung und das interkulturelle Lernen müssen um ihre historische Perspektive ergänzt werden. Umgekehrt müssen geschichtsdidaktische Konzepte wie der erfah-

---

[10] Daß historisches Lernen bereits im Grundschulalter möglich und nötig ist, möchte ich gegen erst jüngst wieder laut gewordene Skepsis behaupten. Pandel etwa äußert Zweifel, „Geschichte im Grund- und Orientierungsbereich einzusetzen", weil in dieser Altersstufe die historischen Sachverhalte nur in einem eingeschränkten Sinne verstanden werden (Pandel 1994, S. 119). Er geht dabei von der falschen Voraussetzung aus, intentionales historisches Lernen dürfe erst dann stattfinden, wenn die Entwicklungsvoraussetzungen für „reifes", „vollwertiges" historisches Lernen gegeben seien. Dagegen hat von Borries unter Bezugnahme auf Piaget bereits 1987 darauf hingewiesen, daß „'unreife' kindliche Geschichtsverständnisse (Wunderglauben, Personalisierung usw.) als Antwortversuche des Kindes auf Herausforderungen durch frühe Konfrontation mit Geschichte in und aus der Umwelt zu begreifen (sind). Diese Herausforderungen selbst sind noch nicht differenziert; und die kindlichen Antworten mögen Erwachsenen irrational und unangemessen erscheinen. Als Akkomodation und Assimiliation (Adaption) reichen beide zunächst durchaus hin."(von Borries 1987, S. 151f.) Folgt man dieser Auffassung - und ich neige ihr zu -, so ist historisches Lernen im Sachunterricht sehr wohl möglich und sinnvoll.

rungs-, der handlungs- und der problemorientierte Geschichtsunterricht auf ihre Tragfähigkeit für das sachunterrichtliche historische Lernen hin untersucht werden.

2. Über die tatsächliche Behandlung historischer Themen im Sachunterricht wissen wir bislang überhaupt nichts. Hier ist dringender empirischer Forschungsbedarf ebenso wie bei der Verifizierung der oben erwähnten, theoretisch gewonnenen Strukturstufen des Geschichtsbewußtseins. Ein Problem der meisten empirischen Untersuchungen zum Geschichtsbewußtsein ist bislang, daß fast ausschließlich die Auswirkungen historischen Lernens durch den Geschichtsunterricht thematisiert wurden und deshalb die Grundschule hier fast völlig ausgeblendet wurde. Die zentrale Forschungsfrage ist: Wie eignen sich Kinder überhaupt Geschichte an? Die Studie von Christina Ehlers kann hier nur ein erster Ansatz sein, weil sie sich wiederum auf die Kategorie „Zeit“ beschränkt, die aber eben nur einen Teil historischen Lernens repräsentiert (Ehlers 1989). Unterrichtsforschung durch Unterrichtsbeobachtungen, qualitative Schüler-Interviews, Analyse von schulischen Stoffverteilungsplänen und Klassenbüchern sowie Befragungen von Lehrkräften wäre angebracht. Dabei müßten auch Geschlechts- und Sozialgruppenunterschiede stärker in die Untersuchungen einbezogen werden. Auch über das Geschichtsbewußtsein von Lehrerinnen und Lehrern wissen wir bislang überhaupt nichts. Angesichts der Tatsache, daß nicht alle Sachunterrichts-lehrkräfte in ihrer Ausbildung mit den Spezifika historischen Lernens und des „Gegenstandes“ Geschichte in Berührung kommen, besteht die - allerdings noch zu verifizierende - Gefahr, daß hier der eigene Geschichtsunterricht und unreflektierte heimatkundliche Standards reproduziert werden.

3. Im Bereich der Pragmatik schließlich fehlen uns bislang völlig unmittelbar umsetzbare Unterrichtskonzepte zu konkreten Fragestellungen, die für die Entwicklung des Geschichtsbewußtseins in seinen verschiedenen Dimensionen wichtig wären. Mögliche historische Themen müßten auf ihre sachunterrichtsdidaktische Relevanz hin befragt und in praktikable, möglichst in der Kooperation von Universität und Schulen erprobte Unterrichtsvorschläge überführt werden (vgl. von Reeken 1995). Da angehende Sachunterrichtslehrkräfte, wie erwähnt, nur am Rande geschichtswissenschaftlich und geschichtsdidaktisch ausgebildet werden, ist hier dringender Entwicklungsbedarf, um Lehrerinnen und Lehrern die Möglichkeit zu bieten, historisches Lernen auf dem heutigen wissenschaftlichen Stand in ihre Unterrichtspraxis zu integrieren. Auch ein verstärktes Engagement in der Lehrerfortbildung wäre in diesem Zusammenhang vonnöten.

Literatur

Beck, G., Claussen, C.: Einführung in Probleme des Sachunterrichts. Frankfurt am Main 1979

Bergmann, K.: Wir und die anderen - Lernen an und aus Geschichte. In: Internationale Schulbuchforschung, 15 (1993), S. 179 - 200

ders.: Historisches Lernen in der Grundschule. In: George, S., Prote, I. (Hrsg.): Handbuch zur politischen Bildung in der Grundschule. Schwalbach/Ts. 1996, S. 319 - 342

von Borries, B.: „Reifung" oder „Sozialisation" des Geschichtsbewußtseins? Zur Rekonstruktion einer vorschnell verschütteten Kontroverse. In: Geschichtsdidaktik, 12 (1987), S. 143 - 159

Duncker, L., Popp, W. (Hrsg.): Kind und Sache. Zur pädagogischen Grundlegung des Sachunterrichts. Weinheim/München 1994

Ehlers, C.: Durch die Vergangenheit in die Zukunft. Eine Untersuchung zur Förderung des Zeitbewußtseins bei Grundschulkindern. Frankfurt am Main 1989

El Darwich, R.: Zur Genese von Kategorien des Geschichtsbewußtseins bei Kindern im Alter von 5 bis 14 Jahren. In: von Borries, B., Pandel, H.-J., Rüsen, J. (Hrsg.): Geschichtsbewußtsein empirisch. Pfaffenweiler 1991, S. 24-52

Gärtner, H.: Bibliographie Sachunterricht der Primarstufe. Eine Auswahl zur Theorie und Praxis. Paderborn 1976

Gies, H., Spanik, S.: Bibliographie zur Didaktik des Geschichtsunterrichts. Weinheim - Basel 1983

Hänsel, D.: Didaktik des Sachunterrichts. Sachunterricht als Innovation der Grundschule. Frankfurt am Main 1980

Hantsche, I., Schmid, H.-D. (Hrsg.): Historisches Lernen in der Grundschule. Stuttgart 1981

Henke-Bockschatz, G. u.a.: Perspektivität im Prozeß historischen Lernens. Zwischenbericht über ein Projekt. In: Uffelmann 1994, S. 152 - 164

Holtmann, A., Soziallehre (Soziale Studien). In: Katzenberger, L. F. (Hrsg.): Der Sachunterricht der Grundschule in Theorie und Praxis. Ein Handbuch für Studierende und Lehrer. Teil I. Ansbach 1972, S. 83 - 118

Huhn, J., Elementare Formen historischen Lernens. Ein Angebot zur Kooperation - auch über die Primarstufe hinaus; in: Geschichtsdidaktik, 2 (1977), S. 149-165

ders.: Geschichtsdidaktik. Eine Einführung. Köln u.a. 1994

Kaiser, A.: Einführung in die Didaktik des Sachunterrichts. Hohengehren 1995, S. 13 - 61

Köhnlein, W.: Sachunterrichts-Didaktik und die Aufgabe grundlegenden Lernens. Vorüberlegungen zur Konzipierung des Curriculums. In: Sachunterricht und Mathematik in der Primarstufe, 16 (1988), S. 524-531

Kuss, H.: Geschichtsdidaktik und Geschichtsunterricht in der Bundesrepublik Deutschland (1945/49 - 1990). In: Geschichte in Wissenschaft und Unterricht, 45 (1994), S. 735 - 758, 46 (1995), S. 3 - 15

Lampe, K.: Geschichte in der Grundschule. Kronberg/Ts. 1976

Lauterbach, R. u.a. (Hrsg.): Brennpunkte des Sachunterrichts. Kiel 1992

Lauterbach, R. u.a. (Hrsg.): Dimensionen des Zusammenlebens. Kiel 1993

Mayer, W. G.: Der Sachunterricht. Teil I: Anthropologie und Pädagogik. Anthropologische und pädagogische Grundlagen für einen mehrperspektivischen Projektunterricht. Heinsberg 1993

Meier, R.: Heimatkunde - Sachunterricht. Woher? Wozu? Wohin?. In: Die Grundschulzeitschrift, 3 (1989), H. 21, S. 20 - 27

Mütter, B., Uffelmann, U. (Hrsg.): Emotionen und historisches Lernen. Forschung - Vermittlung - Rezeption. Frankfurt am Main 1992

Noack, C.: Stufen der Ich-Entwicklung und Geschichtsbewußtsein. In: von Borries, B., Pandel, H.-J. (Hrsg.): Zur Genese historischer Denkformen. Pfaffenweiler 1994, S. 9 - 46

Pandel, H.-J.: Dimensionen des Geschichtsbewußtseins. Ein Versuch, seine Struktur für Empirie und Pragmatik diskutierbar zu machen. In: Geschichtsdidaktik, 12 (1987), S. 130 - 142

Pandel, H.-J.: Geschichtsbewußtsein. In: Geschichte in Wissenschaft und Unterricht, 44 (1993), S. 725 - 729

Pandel, H.-J.: Zur Genese narrativer Kompetenz. Empirische Untersuchungen bei Kindern und Jugendlichen, in: von Borries, B., Pandel, H.-J. (Hrsg.), Zur Genese historischer Denkformen. Qualitative und quantitative empirische Zugänge. Pfaffenweiler 1994, S. 99 - 121

von Reeken, Dietmar: Kindheitsgeschichte - Ein Königsweg historischen Lernens in der Grundschule?, in: Sachunterricht und Mathematik in der Primarstufe, 23 (1995), S. 542 - 555

von Reeken, Dietmar: Sachunterrichtsdidaktik und Geschichtsdidaktik: Bestandsaufnahme und Kritik eines Unverhältnisses. In: Geschichte in Wissenschaft und Unterricht, 47 (1996), S. 349 - 365

Richter, D. (Hrsg.): Grundlagen des Sachunterrichts. Lebensweltliche und fächerübergreifende Aspekte in fachdidaktischer Perspektive. Oldenburg 1993

Rohlfes, J.: Geschichte und ihre Didaktik. Göttingen 1986

Schmid, H.-D.: Historisches Lernen in der Grundschule. In: Bergmann, K. u.a. (Hrsg.): Handbuch der Geschichtsdidaktik. Seelze-Velber 4. Aufl. 1992, S. 539 - 545

Schneider, G.: Die Entwicklung der Geschichtsdidaktik seit den frühen siebziger Jahren, in: Niemetz, G. (Hrsg.): Aktuelle Probleme der Geschichtsdidaktik, Stuttgart 1990, S. 12 - 43

Schreier, H.: Der Gegenstand des Sachunterrichts. Bad Heilbrunn 1994

Schreier, H.: Die Sache des Sachunterrichts. Paderborn 1982

Soostmeyer, M.: Zur Sache Sachunterricht. Begründung eines situations-, handlungs- und sachorientierten Unterrichts in der Grundschule. Frankfurt am Main u.a. 2. Aufl. 1992

Uffelmann, U. (Hrsg.): Didaktik der Geschichte. Aus der Arbeit der Pädagogischen Hochschulen Baden-Württembergs. Villingen-Schwenningen 1986

Uffelmann, U.: Geschichtsbewußtsein und Problemorientierter Geschichtsunterricht, in: K. Goebel u.a. (Hrsg.): „Am Gespräch des menschlichen Geistes über die Jahrhunderte teilzuhaben ...". Festschrift für Hans Georg Kirchhoff zum 60. Geburtstag, Bochum 1990, S. 7-20

Uffelmann, U. (Hrsg.): Historisches Lernen im vereinten Deutschland. Nation - Europa - Welt. Weinheim 1994

Uffelmann, U. u.a.: Problemorientierter Geschichtsunterricht. Grundlegung und Konkretion. Villingen-Schwenningen 1990

Voit, H. (Bearb.): Geschichtsunterricht in der Grundschule. Bad Heilbrunn/Obb. 1980

Winnenburg, W.: Sachunterricht - Quo vadis?. In: Sachunterricht und Mathematik in der Primarstufe 15(1987), S. 382 - 289

Curriculare Entwicklungen und Forschungsaufgaben für den Sachunterricht in Japan

Nobuyuki Hadara, Soka Universität in Tokio

Die Fächer der Primarschule in Japan umfaßten nach 1947 Japanisch, Mathematik, Sozialkunde, Naturkunde, Bildende Kunst/Werken, Textiles Werken (5./6. Klasse) und Sport und standen gleichberechtigt nebeneinander. In einem Erlaß des japanischen Kultusministeriums vom 15. März 1989 wurde gesetzlich bestimmt, „Lebenskunde" (SEIKATSUKA: SEIKATSU = Leben, KA = Kunde) als neues Fach statt Naturkunde und Sozialkunde in den 1./2. Klassen einzuführen. Die Lebenskunde hebt nicht so sehr auf die Wissenschaft und die Fächer, sondern auf die Lebenswirklichkeit der Kinder ab und behandelt lebensweltliche Strukturen. Nach einer Probezeit wird Lebenskunde seit 1992 in allen Primarschulen Japans unterrichtet. Das bedeutet, daß zum ersten Mal in diesen etwa 40 Jahren ein neues Fach für die Grundschule entwickelt worden ist. In der 3. bis 6. Klasse sind Natur- und Sozialkunde unverändert geblieben. Deshalb kann sowohl Lebenskunde (1./2. Klasse) als auch Natur- und Sozialkunde (3./4. Klasse) in Japan als hauptsächlich dem deutschen Fachbereich „Sachunterricht" der Grundschule entsprechend betrachtet werden. Dieser Beitrag behandelt die Lebenskunde.

Es gibt viele Diskussionen sowie Praxis- und Forschungsaufgaben in der Lebenskunde-Didaktik, weil sie gerade erst eingeführt wurde und der Rahmen des Fachs starken Veränderungen unterworfen ist. Ich möchte in diesem kleinen Beitrag versuchen,

1. eine grobe Skizze des japanischen Schulwesens zu vermitteln,
2. in einem kurzen Abriß die Entwicklung der Lehr- und Rahmenpläne in der Primarschule zu beschreiben,
3. Ziel und Inhalt der Lebenskunde vorzustellen,
4. die Diskussion mit den Fachgesellschaften für Physik und Physikdidaktik zu beschreiben,
5. die Frage „Was ist Kindorientierung in der Lebenskunde?" zu beleuchten und
6. die neuen Forschungsaufgaben, die sich in Japan aufgrund der Einführung der Lebenskunde ergeben, darzustellen.

1. Der Aufbau des japanischen Schulwesens

Das japanische Schulwesen besteht aus fünf Stufen: Kinderhort (für 1-6jährige) oder Kindergarten (für 3-6jährige), Primarschule (für 6-12jährige), Mittelschule (für 12-15jährige), Oberschule (für 15-18jährige) und ein zweijähriges Junior College oder Universität (ab 18 Jahre). Die ersten 9 Schuljahre sind Pflicht für alle Japaner. Diese Art von Schulwesen wurde von den amerikanischen Besatzungskräften nach dem zweiten Weltkrieg eingeführt.

Die japanischen Primarschulen sind Ganztagsschulen. Ein Pflichtschüler in der Primarschule hat 35 Schulwochen (34 Schulwochen in der 1. Klasse) im Jahr:

850 Unterrichtsstunden (102 Lebenskunde-Stunden) in der 1. Klasse,
950 Unterrichtsstunden (105 Lebenskunde-Stunden) in der 2. Klasse,
980 Unterrichtsstunden (105 Sozialkunde- und 105 Naturkunde-Stunden) in der 3. Klasse und
1015 Unterrichtsstunden (105 Sozialkunde- und 105 Naturkunde-Stunden) ab 4. Klasse.

Jede Unterrichtsstunde umfaßt 45 Minuten. Der gesamte Schulunterricht findet unter den nationalen Lehr- und Rahmenplänen statt. Sämtliche Schulbücher werden von der Regierung kostenfrei an alle Schüler verteilt.

2. Zur Entwicklung der Lehr- und Rahmenpläne

Die Lehr- und Rahmenpläne der japanischen Schulen haben sich dem gesellschaftlichen und zeitlichen Wandel angepaßt. Dabei wurden auch die Einflüsse der Curriculumrevision und -entwicklung fortschrittlicher Länder aufgenommen.[1]

Die Lehr- und Rahmenpläne wurden zuerst 1947 festgelegt und dann 1951, 1958, 1968, 1977 und 1989 revidiert. Dabei sind die Revisionen von 1958 und 1977 als Wendepunkte anzusehen (vgl. Oura (Hrsg.) 1990, S. 18-44, Takada 1995, S. 52-68), da sie einen enormen Einfluß auf die Entwicklung der Primarschulpädagogik in Japan genommen haben. Das sogenannte *„Experience Cur-*

[1] Dabei sind die Einflüsse der USA (relativ gesehen) stärker als die von anderen Ländern. Didaktiker in Japan haben jedoch immer auch Interesse an den Lehr- und Rahmenplänen der Grundschule in allen deutschen Ländern gehabt. Es dient als Beweis, daß sie z.B. die Lehr- und Rahmenpläne des deutschen Sachunterrichts in allen Revisionen nach 1969 in Japan vorgestellt haben (die der neuen Bundesländer noch wenig).

riculum" (ein kindorientiertes Curriculum) wurde 1958 zu einem *„subject-matter Curriculum"* (einem fächerorientierten Curriculum) umgestaltet. Dabei wurde die Systematisierung der Lerninhalte gefordert. Die Lehr- und Rahmenpläne von 1968 stellen einen Höhepunkt der Wissenschaftsorientierung, der Abstimmung zwischen Primar- und Sekundarschule, der Modernisierung, Strukturierung und sorgfältigsten Wahl der Lerninhalte dar. Es handelt sich um ein wissenschaftsorientiertes Curriculum und um Einteilung der Lerninhalte in mathematische und naturwissenschaftlich-technische Fachbereiche.

In der Neubestimmung auf kindgemäße Lernformen im Jahr 1977 wird eine Reaktion auf intellektualistische Übertreibungen gesehen. Man umschreibt diese Tendenz mit dem aus den USA übernommenen Begriff der Humanisierung des Ausbildungsgangs. Bei der Revision 1977 wurden – auch mit Blick auf Versager in der Schule – die kindliche Lebenswelt und die subjektiven Lernbedingungen der Kinder stärker berücksichtigt als zuvor. Die Theorien der „informal education" aus Großbritannien und „open education/school" aus den USA (vgl. Klewitz/Mitzkat 1979, Wallrabenstein 1994) haben großen Einfluß ausgeübt, als die Lebenskunde 1989 eingeführt wurde. Man kann sich also vorstellen, daß die kindgemäße Lernform den Lehrplan damals noch stärker beherrschte.

3. Ziel und Inhalt der Lebenskunde

Die Primarschule hat nach den Lehr- und Rahmenplänen von 1989 folgende Aufgaben (Monbusho 1993a, S. 4):

- Sie richtet ihr Augenmerk mit starker Lebenskraft und einer großen inneren Herzlichkeit auf die Erziehung von Menschen, je nach kindlichem Entwicklungsstand und fachlichen Begabungen.
- Sie vermittelt die grundlegende und fundamentale Aussage, als Bürger gebraucht zu werden, und sie fördert die Individualisierung der Kinder.
- Sie legt Wert auf den Eifer, sich zu bilden, sowie auf die Fähigkeit, sich selbständig in der wandelnden Gesellschaft zu orientieren.
- Sie hält es für wichtig, mitmenschliches Verstehen durch eine multi- und interkulturelle Erziehung und durch das Vermitteln der traditionellen japanischen Kultur und Gewohnheiten zu unterstützen.

Diese Aufgabenstellungen treiben die Humanisierung des Ausbildungsgangs aus dem Jahre 1977 weiter voran. Die Richtung der Zusammenstellung der Fächer sowie das Ziel der Lebenskunde wurden desweiteren vom japanischen Bildungsrat für Lehr- und Rahmenpläneentwicklung vorgegeben:

„Die Zusammenstellung aller Fächer in der 3. bis 6. Klasse bleibt wie bisher bestehen, aber in der 1. und 2. Klasse wird die Lebenskunde als neues Fach eingeführt, mit dem Aspekt, fundamentale Fähigkeiten, Fertigkeiten und Verhaltensweisen für das Leben und das Lernen zu entwickeln und sie entsprechend dem körperlichen und geistigen Entwicklungsstand der Kinder in den unteren Klassen zu unterrichten. Hier ist die Unterrichtsform des erlebenden Lernens angebracht. Die folgenden drei Punkte werden als Zielsetzung der Lebenskunde für richtig gehalten:

1. Die Kinder entwickeln durch konkrete Tätigkeiten und Erlebnisse Interesse an der sie umgehenden Gesellschaft und Natur.
2. Das Lernen ist auf sie selbst und ihr Leben ausgerichtet.
3. Im Lernprozeß erwerben sie lebensnotwendige Gewohnheiten und Fertigkeiten als Grundlage ihrer Selbständigkeit. Demgemäß werden Sozialkunde und Naturkunde in der 1. und 2. Klasse abgeschafft." (Sajima u.a (Hrsg.) 1992, S.15)

Es geht um die Lebenswirklichkeit des Kindes. Die Bestandteile dieser Wirklichkeit sind das *Ich,* die *Gesellschaft* und die *Natur,* wobei sie sich in der Lebenswelt aufeinander beziehen. Die Lebenskunde basiert auf dem Lernen durch konkrete Tätigkeiten und Erlebnisse wie Beobachten, Untersuchen, Herstellen, Züchten, Pflegen, Ausdrücken, Vorstellen, Spielen u.a. und gibt den Kindern die Möglichkeit, ihre eigenen Lebenserfahrungen in der Darstellung durch Sprache, Gemälde, körperliche Bewegung, Dramatisierung u.a. zu vertiefen.

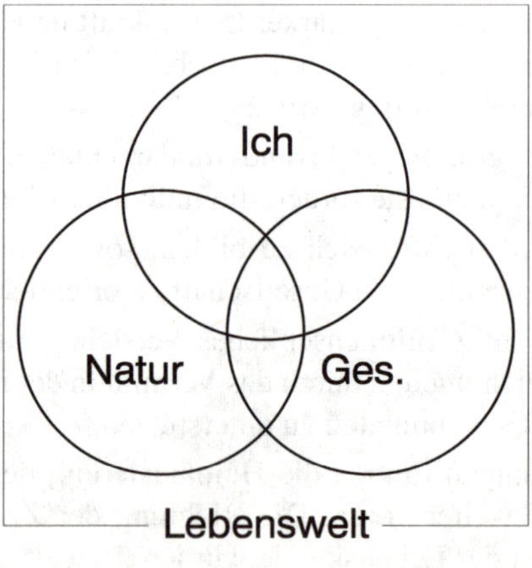

Abb. 1 Das Ich, die Gesellschaft und die Natur in der Lebenswelt des Kindes

Folgende 10 Lebensbereiche hat die Lebenskunde zum Inhalt (Monbusho 1989, S.17-18):

1) Gesundes und sicheres Leben
2) Umgangsweisen mit Menschen der Umgebung
3) Nutzung öffentlicher Einrichtungen
4) Leben und Konsum
5) Mitteilung von Informationen
6) Umgang mit der Natur/der Umwelt
7) Wandel der vier Jahreszeiten in Bezug zum Leben
8) die Herstellung von Sachen
9) die eigene Entwicklung/das Wachstum
10) Grundlegende Lebensgewohnheiten

Die Einführung der Lebenskunde mußte auf viele der bisherigen fachlichen Anschauungen verändernd einwirken, z.B. auf Anschauungen über die Lernumwelt, die Lernorganisation, Lernmethoden, Lernatmosphäre und Lerntätigkeiten. Hieraus ergab sich ebenso eine Auseinandersetzung mit den bisherigen Fächern.

4. Diskussionen mit drei physikalischen Gesellschaften

Die Gesellschaft für angewandte Physik, die Japanische Gesellschaft für Physik und die Japanische Gesellschaft für Didaktik der Physik haben eine gemeinsame Erklärung abgegeben, die sich gegen die Lebenskunde stellt und die Wiedereinführung der Naturkunde für alle Klassen verlangt. Die Erklärung enthält folgende fünf Forderungen:

1. Die Anzahl und fachliche Ausrichtung der Unterrichtsstunden in Naturkunde in der Grund-, Mittel- und Oberschule soll wieder hergestellt werden.
2. Naturkunde soll in den unteren Klassen der Grundschule wieder eingerichtet werden.
3. Es sollen Einrichtungen angeordnet werden die sicherstellen, daß Kinder befriedigende Experimente und Beobachtungen machen können.
4. Wissenschaftliches Wissen bzw. Physik soll als Volksbildung für alle Schüler von der Grund- bis Oberschule unterrichtet werden.

5. Es sollen Lehrerinnen und Lehrer für die Grund- und Mittelschule ausgebildet werden, die fundierte wissenschaftliche Kenntnisse, einen weiten Horizont und ein hervorragendes Urteilsvermögen haben.

Daß diese Wissenschaftler in die Gesellschaft organisierend eingreifen und eine solche Erklärung abgeben, ist auch in wissenschaftlicher Hinsicht bedeutungsvoll. Aber auch ein allgemeinverständlicher Grund sollte hier angeboten werden. Dazu wäre es notwendig, daß die Fachwissenschaftler Vorschläge zur Problemlösung machen und darstellen. Denn die Erklärung verlangt die Wiedereinrichtung der Naturkunde ohne wissenschaftliche Gründe zu nennen und fordert ohne wissenschaftliche Argumente einen Anstieg der Zahl an Unterrichtsstunden (vgl. Terao 1995). Die Wiedereinrichtung der Naturkunde würde die Aufhebung der Lebenskunde bedeuten. Ich will hier genauer auf Forderung 2. eingehen. Der Text lautet folgendermaßen:

„Naturkunde soll in den unteren Klassen der Grundschule wieder eingerichtet werden: Nach der Umsetzung der neuen Lehr- und Rahmenpläne wurde Naturkunde in der ersten und zweiten Klasse abgeschafft und Lebenskunde neu eingeführt. Dabei werden physikalische Sachverhalte nicht mehr als Unterrichtsstoff behandelt. Kinder lernen in den ersten zwei Jahren, ohne daß sich Ansätze der Naturforschung in ihnen entwickeln können. Das ist ein unermeßlicher Verlust. Bevor es zu spät ist, muß der naturwissenschaftliche Unterricht so schnell wie möglich wieder eingerichtet werden. Die Lerninhalte der bisherigen Naturkunde der ersten und zweiten Klasse wurden gemäß der neuen Richtlinie in die restlichen Klassen (besonders in die dritte Klasse) gestopft. Kritisch ist man besorgt darum, daß die bedenkliche Situation entstehen wird, in der viele Kinder die geforderten Lerninhalte der Naturkunde, welche sie dann in der dritten Klasse zum ersten Mal vermittelt bekommen, ablehnen."

Die gemeinsame Erklärung der drei Fachgesellschaften enthielt viele Einschätzungen und Vorurteile. Ich möchte hier vier Fragen vom Standpunkt der Lebenskunde-Didaktik aus stellen und prüfen.

1. Trifft es zu, daß „physikalische Sachverhalte nicht mehr als Unterrichtsstoff" behandelt werden?

2. Können Lehrerinnen und Lehrer der Lebenskunde nicht dazu beitragen, daß sich erste Ansätze zur Naturforschung in den Kindern entwickeln?

3. Wurden die Lerninhalte der bisherige Naturkunde in der ersten und zweiten Klasse auf Grund der neuen Richtlinie tatsächlich in die restlichen Klassen (besonders in die dritte Klasse) gestopft?

4. Ist es eine richtige Einschätzung, daß die bedenkliche Situation entstehen wird, in der viele Kinder die geforderten Lerninhalte der Naturkunde ablehnen?

Vergleich zwischen beiden Unterrichtskonzeptionen

"Naturkunde" im 1. Schuljahr vor der Revision	Gegenwärtige "Lebenskunde" im 1. Schuljahr
1) Verschiedenartige Pflanzen suchen und mit Blättern, Blumen und Nüssen arbeiten.	1) Spiel mit Blumen und Pflanzen
2) Samen und Knollen einpflanzen und pflegen	2) Verschiedenartige Gewächse anpflanzen, wie z.B. Trichterwinde
3) Verschiedene Tiere suchen und züchten	3) Verschiedenartige Tiere züchten, wie z.B. Flußkrebs
4) Bewegliches Spielzeug herstellen und es in Bewegung setzen	4) Herstellen von Spielzeug und damit spielen
5) Experimente mit dem Magneten	5) – jetzt im 3. Schuljahr –
6) Mit dem Schatten experimentieren	6) Spiele im Freien – teilw. im 3. Schuljahr –
7) Himmel und Erde bei heiterem Wetter oder an Regentagen beobachten / Experimente mit Regenwasser und Eis	7) Mit Erde spielen / Der Regentag / Das Spiel mit Schnee und Eis / Pflanzungen
8) Verschiedene Steine sammeln und Experimente mit ihnen machen	8) Das Spiel im/am Bach/Fluß – teilw. im 3. Schuljahr –

"Naturkunde" im 2.Schuljahr vor der Revision	Gegenwärtige "Lebenskunde" im 2. Schuljahr
1) Samen einpflanzen und Pflanzen pflegen	1) Gemüse anbauen – teilw. im 3., 4, und 5. Schuljahr –
2) Die Tiere im Gebüsch oder Wasser suchen und züchten	2) Die Insekten / Das Aquarium – teilw. im die 3., 4. und 5. Schuljahr –
3) Unterschiedliche Materialien in Wasser auflösen, die verschiedenen Zustände beob-achten und Methoden zur Auflösung aus-denken	3) Das Spiel mit Erde / Wasser einfärben – teilw. im 5. Schuljahr –
4) Luft in Gefäße füllen, verschließen und im Wasser versenken	4) Mit der Luft bewegte Schiffe herstellen – teilw. im 3. Schuljahr –
5) Mit Gewichten bewegtes Spielzeug herstellen und es in Betrieb setzen	5) Die Pendelpuppe / Der Fallschirm – teilw. im 4. und 5. Schuljahr –
6) Einen kleinen Glühdraht an einer Batterie befestigen, Licht anmachen und mit ihm experimentieren	6) – im 4. und 6. Schuljahr –
7) Klangerzeugung mit verschiedenen Dingen und sie untersuchen	7) Musikinstrumente herstellen – teilw. im 3. Schuljahr –
8) Vergleich zwischen dem Erdboden an sonnigen und schattigen Stellen	8) Spielen im Freien und Anpflanzungen – teilw. im 3. Schuljahr –
9) Experimente mit Sand, Erde und Wasser	9) Das Spiel mit Erde / Arbeit mit Pflanzen – teilw. im 4. Schuljahr –

Zu 1. Es muß danach gefragt werden, was denn die „physikalischen Sachverhalte", die in der 1. und 2. Klasse unterrichtet werden sollen, überhaupt beinhalten. Man kann sagen, daß z.B. die Herstellung von mit Wind bewegtem Spielzeug oder von schwimmenden Schiffen im Lebensbereich „Herstellung von Sachen" gleichermaßen physikalische Sachverhalte enthält oder sie mindestens als Bestandteil aufweist, wie es bei Experimenten in Naturkunde der Fall wäre.

Zu 2. Die Beobachtung der natürlichen Umgebung, das Züchten und das Pflegen von Tieren und Pflanzen, oder Aufgaben wie „Wir finden den Herbst", bei der die Kinder den Wechsel der vier Jahreszeiten beobachten, oder das Thema „Wetter und Leben" beschäftigen sich auch in Teilaspekten oder unter ganzheitlicher Behandlungsweise mit physikalischen/naturwissenschaftlichen Sachverhalten. Dieses ist der angemessene Unterrichtsstoff, damit sich, „erste Ansätze der Naturforschung in Kindern entwickeln können".

Zu 3. Die Inhalte der vorherigen und der neuen Lehr- und Rahmenpläne müssen miteinander verglichen werden. Was dabei ganz deutlich wird, ist, daß nur zwei Themen völlig auf die späteren Klassen verschoben wurden, nämlich „Experimente mit dem Magneten" und „einen kleinen Glühdraht an einer Batterie befestigen, Licht anmachen und mit ihm experimentieren". Sonst sind alle Themen in der Lebenskunde geblieben, von denen viele naturwissenschaftlichen Inhalts sind und denen Experimente der Kinder als Basis für weiterführendes Lernen zugrunde liegen. Deshalb ist der Kritikpunkt, „... wurde in die dritte Klasse gestopft", nicht haltbar. Lebenskunde enthält keine direkten physikalischen Themen wie Magnetismus oder Funktionsweise der Batterie und der Glühbirne, die physikalische Phänomene oder technische/mathematische Regeln aufzeigen; vielmehr werden die Lebensbereiche als Zusammenhang des Selbst, der natürlichen und der sozialen Umgebung, erlebbar gemacht, wobei auch physikalische Sachverhalte vermittelt werden.

Zu 4. Für eine solche Einschätzung der Lage gibt es keinen hinreichenden Grund. Man sollte die Situation auf der Basis der empirischen Forschung beurteilen, indem man die Lernergebnisse der Kinder im Fach Lebenskunde auf der Grundlage der Untersuchung des wirklichen Sachverhaltes zu begreifen sucht. Diese jedoch berichtet an keiner Stelle von einer Abneigung der Kinder gegen Naturkunde. Je nachdem, wie der Unterricht der Lebenskunde gestaltet wird, bekommen die Kinder einen guten Zugang zur Naturkunde. Praxisnahe Forschungen haben bereits ergeben, daß die Tätigkeiten, die Erfahrungen, die Planungsfähigkeit und das Lernen durch Handeln in der Lebenskunde die Basis für das Lernen ab der dritten Klasse bilden (Terao u.a. 1996, S.27-39).

Die oben erwähnte gemeinsame Erklärung ist eine oberflächliche und dogmatische Kritik, die auf jegliche Überprüfung der erwähnten Tatsachen verzichtet. Sie ist nicht gerechtfertigt. Der Grund für mich, diese Gemeinschaftserklärung aufgegriffen zu haben, besteht nicht nur darin, ihr zu widersprechen. Denn mir scheint ein grundsätzlicher Gegensatz zwischen der Fachdidaktik und der Lebenskundedidaktik zu existieren, der sich nicht einfach dadurch auflösen läßt, daß man sich auf halbem Weg trifft.

5. Lebenskunde – Was ist Kindorientierung?

Die Ursachen für Gegensätzlichkeiten können nicht nur in dem Problem der Zu- oder Abnahme von Unterrichtsstunden gesehen werden, sondern müssen auch in den grundsätzlich unterschiedlichen Haltungen zur Didaktik begründet sein. Sie werden mit dichotomen Begriffspaaren (vgl. Möller 1990, S.35-36) wie Kindgemäßheit versus Wissenschaftsorientierung, offener versus geschlossener Unterricht, integriertes versus fachliches Curriculum vertreten.

Wie wir bereits im ersten Abschnitt angemerkt haben, lagen die Wendepunkte der kurzen Entwicklungsgeschichte der Lehr- und Rahmenpläne in Japan 1958 und 1977. 1958 wurde aus der Orientierung am Kind eine Orientierung an den Wissenschaften, eine Tendenz, deren Höhepunkt sich 1968 einstellte. 1977 stellten wir fest, daß sich die pendelartige Bewegung (vgl. Köhnlein 1984, S.35) der Wissenschaftsorientierung auf dem Rückzug befand. Insofern könnte man die Einführung der Lebenskunde 1989 zur Zeit als einen Moment ansehen, der diese Pendelbewegung am Pol der Kindgemäßheit repräsentiert. Ist diese Erscheinung aber eine einfache Pendelbewegung? Läßt sich diese Entwicklung tatsächlich mit dem Bild einer einfachen Pendelbewegung adäquat darstellen?

Mit Hilfe eines bildhaften Beispiels will ich versuchen, den Unterschied zwischen diesen dichotomen Begriffen vom Standpunkt der Lebenskunde-Didaktik aus anschaulicher zu erläutern. Stellen wir uns einen Schuh vor. Da wäre fürs erste die Sohle. Sie stellt das Curriculum dar. Schulbuch und Unterrichtsmaterial dagegen werden durch das Obermaterial symbolisch vertreten. Denn sie werden entsprechend dem Curriculum entwickelt und geformt. Bestenfalls sollten die Schuhe den eigenen Füßen entsprechend hergestellt werden. Aber nach Maß angefertigte Schuhe sind sehr teuer und darüber hinaus braucht man viel Zeit und eine ausgefeilte Technik, um einen Schuh exakt einem Fuß anzupassen. Im Gegensatz dazu sind Fertigfabrikate billig. Hier werden aus einigen Standardmodellen alle möglichen Varianten hergestellt, von denen man dann anhand der Anprobe ein Paar auswählt, indem man darauf achtet, daß die eigenen Füße irgendwie möglichst gut in die Schuhe passen. Letzteres ist einfacher als die Maßanfertigung.

Um bei unserem Bild zu bleiben, läßt sich in Bezug auf die Unterrichtsformen feststellen, daß sie sich geschichtlich in folgender Weise verändert haben: Aus der Art, die Füße aller Kinder einer einzigen Schuhgröße anzupassen, ist eine Möglichkeit geworden, aus vielfältigen Schuhgrößen auswählen zu können. In der gegenwärtigen Situation hofft man darauf, die Schuhe möglichst jedem einzelnen Fuß entsprechend auszusuchen. Das kann ein Wunsch oder eine Perspektive bei der Einführung der Lebenskunde sein.

Der bisherige Sachunterricht in Japan hatte viele verschiedene Rahmenbedingungen: die Art des Klassenraums, der Lernort, die Einheit der Unterrichtsstunde, der Rahmen des Fachs, die Beziehung zwischen Lehrer und Kindern u.a. Die Lehrerinnen und Lehrer mußten, um unseren Vergleich zu Ende zu führen, pro Semester kontrollieren, ob die Kinder ihre Füße den Standardschuhen anpassen konnten. Der Klassenraum war gleichsam eine Werkstatt, wo Kinder ihre Füße den Schuhen passend machen mußten. Auch die Unterrichtsmethode hat Mittel und Wege gefunden, diesen Vorgang zu fördern. Doch auch wenn man den Kindern noch so hübsche Schuhe zeigt, sie also von Lehrerinnen und Lehrern verführt werden, werden sie sich bald eingeengt und ungemütlich fühlen, wenn die Schuhe nicht zu ihren Füßen passen. Die Lebenskunde kann uns nun neue Möglichkeiten anbieten, andere Lernprozesse zu organisieren und eine Neugestaltung von Unterricht und Schule zu verwirklichen.

Das Interesse an der Lebenskunde auf der Forschungs- und Praxisebene konzentriert sich auf die Offenheit von Unterricht und Schule unter Berücksichtigung der gegenwärtigen Schul- und Kindsituation. Die Didaktiker der Lebenskunde sind bestrebt, einige effektive Bestandteile des offenen Unterrichts und der offenen Schule aufzunehmen (vgl. Kato/Takaura 1987, Higashiurachoritsu unosatoshogakko 1994):

- Projektunterricht, Freiarbeit, Tages- und Wochenplanarbeit, handlungsorientiertes und praktisches Lernen, Spielformen, entdeckendes Lernen, Hilfestellung der Lehrerinnen und Lehrer im Unterricht,
- themenzentriertes Lernen, fächerverbindender und -übergreifender Unterricht, integriertes Curriculum,
- Ausstattung mit vielfältigen Arbeitsmaterialien, Gliederung des Klassenraumes in verschiedene Arbeitszonen, Bereicherung der Arbeitsumgebung,

- Kooperationen von Lehrkräften innerhalb und außerhalb der Schule, Team-Teaching, Einbeziehung oder Unterstützung durch außerschulische Menschen und Einrichtungen usw.

Die jetzige Situation ist dadurch gekennzeichnet, daß Lehrerinnen und Lehrer noch nicht an solche Formen gewöhnt sind. Von ihnen werden folgende Schwierigkeiten mit der Lebenskunde in der Schulpraxis berichtet:

1. Die Vorbereitung für den Unterricht ist sehr anstrengend.
2. Die Leistungsbeurteilung ist schwierig und nimmt viel Zeit in Anspruch.
3. Die freie Arbeitszeit der Kinder ist zu knapp.
4. Die Lehrerinnen und Lehrer selbst haben nicht genügend Kenntnisse und Erfahrungen in Bezug auf die Zucht und Pflege von Tieren und Pflanzen, die Herstellung von Dingen, Natur-Expeditionen und das Spiel.
5. Es gibt keine ausreichende regionale Adressenliste von Spezialisten für die Kooperationsprojekte.
6. Die Räumlichkeiten, z.B. um die Herstellungsarbeit durchzuführen und die hergestellten Produkte aufbewahren zu können sowie Einrichtungen wie Blumenbeete, Gemüsegarten oder Ställe, sind unzureichend.
7. Der Zusammenhang zwischen den einzelnen Lebensbereichen als Themen ist nicht klar und kontinuierlich.
8. Auch wenn die Lernprozesse frei differenziert gestaltet würden, bleibt eine gewisse Unnatürlichkeit des Lernprozesses sowie eine bestimmte Einheitlichkeit der Ausdrucksformen bestehen.
9. Informationen über die Schulumgebung sind nicht ausreichend erfaßt.

Eine Reform der Lehrerausbildung ist zwingend notwendig, weil sich die Kritik der Lehrer und Lehrerinnen sonst in zunehmendem Maße gegen die Lebenskunde richten wird.

6. Die neuen Forschungsaufgaben der Lebenskunde

Die Lebenskunde beinhaltet immer einige Punkte, die von Haltungen, welche im Ansatz wissenschaftsorientiert sind, kritisiert werden. Die didaktische Forschung soll aber dazu beitragen, den Konflikt nicht als einfache Pendelbewegung zwischen beiden Polen zu betrachten. Dabei würden uns die Diskussionen in der Didaktik des Sachunterrichts in Deutschland seit den 60er Jahren bereichern (z.B. Soostmeyer 1978 und 1992). Wenn der Didaktiker zumindest in der

Lage wäre, theoretisch zu erläutern, wie eine Seite bisher von der anderen kritisiert wurde und die problematischen Punkte erklären könnte, könnte sich das Pendel zwischen beiden Polen zum Zweck des Vergleichs bis in die Endpositionen bewegen. Mindestens auf dem neuesten Stand der Kritik des Ansatzes der Wissenschaftsorientierung sollte sich die didaktische Diskussion beziehen und darauf aufbauen. Gleichzeitig sollte sich der Sachunterricht auch mit den veränderten Kindheitsbedingungen und dem Erfahrungswandel der Kinder sowie mit der Art des Bildungsauftrags in Gegenwart und Zukunft, den Klafki durch "Schlüsselprobleme" bezeichnet hat, auseinandersetzen. (Klafki 1992) In diesem Rahmen möchte ich zum Schluß das gegenwärtige Problembewußtsein und die Forschungsaufgabe zum Bereich der Lebenskunde aufzeigen.

1. Der Auftrag der Primarschule besteht darin, Kindern zu ermöglichen, eine Basis zur Orientierung und zum Handeln in ihrer Lebenswelt sowie für das Lernen auf weiterführenden Schulen zu erwerben. Die Primarschule übernimmt die Aufgabe, Kinder mit konkreten Sachen und Phänomenen umgehen zu lassen und das Fundament für abstrakte Erkenntnisfähigkeiten zu kultivieren. Auf dem Boden primärer Erfahrungen und Tätigkeiten ist es möglich, abstrakte Begriffe zu erlernen und Gegenstände mit Sprache und Zahlen zu analysieren.

Aber das Gefühl für die Realität geht in der kindlichen Lebenswirklichkeit allmählich verloren. Denn eine konkrete und praktische Welt (Natur, Spiel und Arbeit) verschwindet mehr und mehr aus der Umgebung des Kindes, und die Tätigkeiten, mit denen das Kind lebendige Realitäten berührt, sind stark in den Hintergrund getreten. Dieser Veränderung gemäß soll die Lebenskunde so gestaltet werden, daß die Kinder in einem handlungsorientierten und praktischen Umgang mit ihrer Lebensumgebung mittels ihres Kopfs, Herzens und ihrer Hände lernen können. Mindestens zwei Punkte sollten unter Berücksichtigung der Kultivierung der Lernfähigkeit, des Lern- und Erkenntnisprozesses und der persönlichen Sinnbeziehungen wissenschaftlich untersucht und analysiert werden: Erstens, was fördert die Entwicklung des Kindes? und zweitens, woraus besteht der Faktor, der die Entwicklung hemmen oder umdrehen kann? Ganz bestimmt müßte die Lebenskunde ohne einen methodischen und planmäßigen Aufbau des Wissens als bloßes Spiel und als Vergötterung von Natur und Kind kritisiert werden.

2. Im Vorschulbereich wandeln sich Lernvoraussetzungen und Entwicklungsstand der Kinder aufgrund der gesellschaftlichen Veränderungen im Vergleich zu früher, insbesondere durch die zunehmende Vielgestaltigkeit der Familienstruktur, des Wohnumfeldes, der Spiele und Erfahrungen im Umgang mit Natur, durch Fernsehen und Computerspiele. Das kindorientierte, individualisierende

und differenzierende Lernen wird also immer mehr gefordert. Die Zusammenarbeit zwischen Kindergarten und Primarschule und ein problemfreier Übergang von der einen zur anderen Einrichtung sind zudem wichtig. Sie würde die kontinuierliche Lernentwicklung der Kinder ermöglichen. Die Theorien von "informal education" und "open education/classroom/school" geben uns dabei viele Anregungen.

Es muß zugleich auch überlegt werden, wie das Lernen des Kindes von der kindlichen Form zur fachlichen Form oder von der Lebenskunde in den Fachunterricht übergeleitet werden kann. Dazu müssen wir auch über die Aussöhnung antagonistischer Prinzipien wie Orientierung am Kind und Wissenschaftsorientierung nachdenken.

3. Die gegenwärtige Gesellschaft ist geprägt von verschiedenen interdisziplinären Problemen, die sich nicht vollständig mit den Einteilungen des herrschenden Wissenschaftssystems oder dem Rahmen der Schulfächer decken: das Umweltproblem, die multi- und interkulturelle Erziehung, die Friedenserziehung usw.; diese fordern uns in Form von regionalen, nationalen und internationalen Aufgaben heraus. Die inhaltlich-curriculare Konstruktion in den Lehr- und Rahmenplänen einerseits und die notwendigen Fähigkeiten zur ganzheitlichen und problemlösenden Herangehensweise im Primarschulunterricht, u.a. im Sachunterricht, andererseits, stellen große Anforderungen an uns. Hier dürfen wir uns ebenfalls nicht damit zufrieden geben, den integrierten oder fächerübergreifenden Unterricht als eine Frage zu verstehen, die nur die unteren Klassen der Primarschule betrifft.

Literatur

Amano, M. u.a.: Nishidoitsu niokeru jijitsukyoju no kyokasyo bunseki (Analyse von Lehrbüchern des Sachunterrichts in Westdeutschland). Tokio: Gyosei 1987

Amano, M.: Kyoikukatei no riron to jissen (Theorie und Praxis des Curriculms). Tokio: Jusonbo 1993

Einsiedler, W.: Überlegungen zur Entwicklung des Sachunterrichts der Grundschule und zu einer mehrdimensionalen und komplementären Sachunterrichtskonzeption. In: Pädagogische Welt, 33(1979)8, S. 489-501

Hameyer, U.: Grundbildung im Sachunterricht. In: Grundschule, 24(1992)9, S 10-15

Harada, N.: Nishidoitsu no jijitsukyoju to kagakutekihokozuke no gainen (Sachunterricht und der Begriff der Wissenschaftsorientierung in Westdeutschland). In: Soka daigaku daigakuin kiyo, 12(1990)

Harada, N.: Doitsu renpo kyowakoku no jijitukyoju to jugyokosei genri (Sachunterricht und grundlegende Prinzipien des Unterrichtskonzepts der Grundschule in der BRD). In: Sodai kyoiku kenkyu, 1(1991)

Harada, N. u.a. (Hrsg.): Kodomo ga ikiteiru jugyo (Lebendige Kinder im Unterricht). Kyoto: Kitaoji-Shobo 1994

Harada, N./Soostmeyer, M.: Jijitsukyoju no kyojugaku (Zur Didaktik des Sachunterrichts). In: Sodai kyoiku kenkyu, 4(1995)

Higashiurachoritsu unosatoshogakko: Gakushu no tayoka to team teaching (Differenzierung des Lernens und team teaching). Nagoya: Reimei-Shobo 1994

Kato, K./Takaura, K.: Koseikakyoiku no sozo (Erschaffung des individualisierten Unterrichts). Tokio: Meiji-tosho 1987

Klafki,W.: Allgemeinbildung in der Grundschule und der Bildungsauftrag des Sachunterrichts. In: Lauterbach, R. u.a. (Hrsg.): Brennpunkte des Sachunterrichts. Kiel 1992, S. 11-31

Klewitz, E./Mitzkat, H.: Offener Unterricht. In: Kochan, B./Neuhaus-Siemon, E. (Hrsg.): Taschenlexikon Grundschule. Königstein/Ts.: Scriptor 1979

Köhnlein,W.: Die Hinwendung zu einem naturwissenschaftlich orientierten Sachunterricht in der Grundschule. In: Bauer, H.F./Köhnlein, W. (Hrsg.): Problemfeld Natur und Technik. Bad Heilbrunn: Klinkhardt 1984, S. 23-37

Köhnlein, W.: Einführung: Curriculum Sachunterricht. In: Lauterbach, R. u.a. (Hrsg.): Curriculum Sachunterricht. Kiel 1994, S. 8-17

Möller, K.: Handeln, Denken und Verstehen. Essen: Westarp Wissenschaften 1990

Monbusho (Kultusministerium): Syogakko sidosho seikatsuhen (Lehr- und Rahmenplan Lebenskunde), 1989

Monbusho: Sidokeikaku no sakusei to gakusyusido (Verfassung des Lehrplans und Lernmethoden), 1990

Monbusho: Atarashi gakuryokukan ni tatsu kyoikukatei no sozo to tenkai (Erschaffung und Entwicklung des Curriculms, aufbauend auf neuen Aspekten der Lernfähigkeiten), 1993a

Monbusho: Atarashii gakuryokukan ni tatsu seikatsuka no gakusyusido no sozo (Erschaffung von Lernmethoden in der Lebenskunde aufbauend auf neuen Aspekten der Lernfähigkeiten), 1993b

Muto, T. u.a. (Hrsg.): Seikatsuka jugyo no kangaekata/susumekata (Die Denkweisen und Entfaltungen des Lebenskunde-Unterrichts). Tokio: Gyosei 1992

Otomo, H.: Seikatsuka to jijitsukyoju (Lebenskunde und Sachunterricht). In: Asakura, R. (Hrsg.): Seikatsuka no sido to syakaika heno hatten. Tokio: Kenkyu-shuppan 1991

Oura, T. (Hrsg.): Kyoiku no hoho/gijutsu (Methode und Technik der Erziehung). Tokio: Sanbunsha 1990

Sajima, T. u.a. (Hrsg.): Seikatsuka jugyo kenkyu (Unterrichtsforschungen der Lebenskunde). Tokio: Kyoiku-shuppan 1992

Sekretariat der Ständigen Konferenz der Kultusminister der Länder in der Bundesrepublik Deutschland (Hrsg.): Empfehlungen zur Arbeit in der Grundschule vom 06.05.1994

Soostmeyer, M.: Problemorientiertes Lernen im Sachunterricht. Paderborn u.a.: Schöningh 1978

Soostmeyer, M.: Zur Sache Sachunterricht. Frankfurt/M.: Peter Lang ²1992

Takada, K.: Gakushushido no riron to jissen (Theorie und Praxis der Lernmethoden). Tokio: Jusonbo 1995

Terao, S.: Seikatsuka de sodatetai chikara / sodatta chikara (Sich entwickelnde/entwikkelte Fähigkeiten in der Lebenskunde). In: Seikatsuka, (1995), S. 4-10

Terao, S. u.a.: Seikatsuka wo kaku tosita goka/kanrentekina kyoiku no tenkai to sono kyoikukoka ni kansuru jisshoteki kenkyu (Empirische Forschung über Entfaltungen und Effekt des Gesamtunterrichts/fächerverbindenden Unterrichts, Lebenskunde zum Mittelpunkt zu machen). Fukuoka kyouiku daigaku 1996

Wallrabenstein, W.: Offene Schule – Offener Unterricht. Reinbek: Rowohlt, 4. Auflage 1994

In der Reihe *„Probleme und Perspektiven des Sachunterrichts"* sind bisher folgende Bände erschienen:

Wie Kinder erkennen
1990 (Band 1)

Wege des Ordnens
1991 (Band 2)

Brennpunkte des Sachunterrichts
1992 (Band 3)

Dimensionen des Zusammenlebens
1993 (Band 4)

Curriculum Sachunterricht
1994 (Band 5)

Die Bände 1-5 sind erhältlich beim: Institut für die Pädagogik der Naturwissenschaften (IPN) an der Universität Kiel
Olshausenstraße 62; 24098 Kiel
Preis: je DM 15,—

Bisher bei Klinkhardt erschienen:

Marquardt-Mau, B.; Köhnlein, W.; Cech, D.; Lauterbach, R. (Hrsg.): Lehrerbildung Sachunterricht. Probleme und Perspektiven des Sachunterrichts, Bd. 6. Bad Heilbrunn: Klinkhardt 1996.
Preis: 27,00 DM

In der Reihe „Forschungen zur Didaktik des Sachunterrichts" ist bisher erschienen:

Hartinger, A.: Interessenförderung - Eine Studie zum Sachunterricht. Forschungen zur Didaktik des Sachunterrichts, Bd. 2. Herausgegeben von Köhnlein, W.; Marquardt-Mau, B.; Schreier, H.. Bad Heilbrunn: Klinkhardt 1997. Preis 29,80 DM